대한민국 인사혁명

대한민국

휴머니즘 인사혁명을 위한 22가지 질문

인사혁명

이창길 지음

서문

대한민국은 '인사' 공화국일까? 많은 사람들은 '그렇다'고 답할 것이다. 모든 권력은 인사로부터 나오기 때문이다. 대통령의 권력만이 아니다. 장·차관의 권력도 인사권에서 나온다. 공공기관의 장이나 민간 기업 사장들도 마찬가지다. 정당 대표는 물론, 언론기관과 의료기관의 장, 대학 총장과 각급 학교의 장, 심지어 시민단체, 노동조합, 연구기관, 봉사단체 장들의 권력 역시 인사권에서 나온다. 기관장만이 아니라 부서장도 마찬가지다. 모든 조직의 관리자는 인사 권력의 소유자이자 행사자이다.

　　대한민국은 인사 '공화국'일까? '그렇다'고 말하긴 어려울 것이다. 오히려 인사 '군주제'와 가깝지 않을까. 피인사자는 인사 명령과 폭력에 시달리는 피지배자와 같고, 아무 죄도 없이 조사를 받는 피의자와도 같다. 자신의 희망을 전달하기도 어렵고, 인사권자와의 상담도 쉽지 않다. 때로는 억울하고 부당하지만 아무 소리 없이 그저 포기하고 만다. 인사에는 민주주의도 없고 휴머니즘도 없다.

그런데 인사권자 역시 대부분 피인사자이다. 인사로부터 자유로운 사람은 없다. 아무리 능력이 뛰어난 인물이고 높은 직위의 관리자라도 인사권자 앞에서는 고개를 숙인다. 승진이나 영전의 명을 받으면 환호하고 좋아하지만, 탈락 소식을 들으면 좌절하고 자책한다. 그들의 행복을 인사가 결정한다고 해도 과언이 아니다.

이 책은 인사혁명을 위한 책이다. 인사 '군주제'를 인사 '공화제'로 바꾸기 위함이다. 인사권자 중심의 인사에서 피인사자 중심의 인사 민주주의를 실현하고자 함이다. 피인사자들 모두가 존중받고 인간적인 영혼을 회복하기 위한 휴머니즘 인사혁명을 원한다. 대한민국 직장인들이 인사로부터 자유로워지는 인사 '민주공화국'을 꿈꾼다.

19세기 중반 유럽에 혁명의 유령이 떠돌았듯이, 21세기 초 한국에 인사혁명의 조건과 전제가 무르익고 있다. 온 국민이 다함께 참여하여 정치혁명을 이루었다. 나라다운 나라를 만들기 위한 일이었다. 이제는 자기 삶을 바꾸기 위한 조직혁명과 인사혁명을 시작할 때다. 피인사자들의 간절한 바람이고, 우리 시대 또 하나의 과제이다.

1945년 해방 이후 지금까지 70여 년간 여러 차례 인사 개혁이 추진되었지만, 근본적 변화를 이뤄 내지는 못했다. 계급과 경력 중심의 인사 체계는 오래된 관행이 되었고, 인사 이동과 승진, 보수 체계 또한 반세기 이전과 크게 다를 바 없다. 조직 내 인권과 평등, 공정의 가치는 여전히 뒷전이고, 영혼 없는 복종과 침묵만이 감돌고 있다.

역사학자 E. H. 카는 『역사란 무엇인가』에서 "인간사의 진보는 기존 질서와 그것이 의지하고 있는 전제들에 대하여 근본적인 도전을 감행했던 인간들에 의해 이루어진다"고 했다. 역사적 진보는 도전적 인간들의 자발적인 운동을 통해 이루어진다는 것이다. 인사혁명도 마찬가지다. 피인사자들은 조직의 명령에 묵묵히 복종하는 '조직인organization man'이 아니라, 건강한 교양과 정신을 갖춘 '조직시민organization citizen'이 되어야 한다. 인사혁명은 조직시민으로서의 권리를 당당하게 행사하고 국민이 맡긴 책무를 다하게 하는 일이다.

인사혁명은 민주혁명이다. 1980년대 이후 정치와 사회 전반의 거센 민주화 바람에도 불구하고 우리 사회 조직들은 아직 민주주의와 거리가 멀다. 국민이 맡긴 권력을 과도하게 사용하고, 국민의 이익보다 조직의 이익을 앞세우기도 한다. 조직 내부를 들여다보면 더욱 그렇다. 대화와 소통보다는 결정과 결론을 다그치는 경우가 많고, 참여와 토론과 논쟁은 시간낭비로 여긴다. 그러나 일체의 소음을 인정하지 않는다면 민주주의는 결코 실현될 수 없다. 아무도 말하지 않는 인사일러스in silence보다는 조금은 소란스러운 언사일런스unsilence를 원한다.

인사혁명은 조직혁명이다. 그렇다고 조직 자체를 파괴하기 위한 운동이 아니다. 조직 속에 민주주의가 살아 있고, 인사 속에 휴머니즘을 되살리는 혁명이다. 조직과 개인의 접점을 찾아 조직시민들이 자신들의 권리를 보장받고, 나아가 민주적 책무를 다하게 하는 시스템이다. 우리 사회를 따뜻한 인간주의와 아래로부터의 민주주의가 결합하여 조직시민이 다함께 살아가는 행복한 공동체로 만들어 가는 것이다.

인사혁명은 제도혁명이다. 무릇 모든 혁명은 '운동'으로 시작하지만 '제도'로 완성된다. 우리는 여러 차례에 걸쳐 혁명을 시도했지만, 늘 완성하지는 못했다. 기득권의 뿌리는 깊었고 과거의 잔재들이 거부했기 때문이다. 독일 출신의 정치학자 한나 아렌트는 1단계 혁명은 봉기와 해방이고, 2단계 혁명은 혁명 정신이 지속되기 위한 헌법 제정이라고 했다.[1] 법과 제도의 변화 없이 혁명은 완성될 수 없다는 점을 강조한 것이다. 인사혁명 역시 인사 제도의 변화 없이는 그 성공을 기대할 수 없다. 이제 제도 변화를 통해 행동을 바꿀 차례이다.

인사혁명은 세대혁명이다. 인사혁명은 90년대생 청년세대를 위한 시대적 소명이기도 하다. 이들은 자유, 맞춤, 정밀, 정직, 협업, 재미, 속도, 혁신을 선호한다.[2] 과거와 달리 삶과 행복의 패러다임이 뚜렷이 바뀌고 있다. 기존 인사 제도는 그들에게 희망과 행복을 주지 못한다. 오히려 아픔과 고통을 주고 나태함을 길들인다. 그들이 세상을 향해 인사혁명을 외치고 있다. 인사혁명은 현재 우리 사회를 지배하고 있는 기성세대가 마무리해야 할 최소한의 책무가 아닐까.

이 책은 대한민국 인사혁명을 위한 핵심 가치를 4가지로 보았다. 인권, 공정, 영혼, 민주이다. 우리가 조직 속의 개인으로 살아가면서 가장 부족하다고 생각되는 가치들이다. 이들 가치에 따라 인사 철학과 방향에 관한 근본적인 질문을 던지고 싶었다. 또한 사람들이 가슴속에 품고 있는 인사혁명에 대한 열망과 간절함을 담고자 했다.

무엇보다도 먼저 인권을 묻고 싶었다. 피인사자들은 인간의 기본적인 권리를 보장받고 있을까. 계급과 복종, 기강이란 이름 아래 박탈당하고 있지는 않은가. 공익을 위해 개인의 기본권을 침해하거나 지나치게 제한하는 일은 없는가. 시민의 한 사람으로서 헌법이 보장하는 기본권에 대해 숙고해 보았다.

또한 인사 과정의 공정성을 묻고 싶었다. 보이지 않는 인사 차별의 현실, 불공정한 채용과 승진의 실태를 바꿀 수는 없을까. 예측하기 어려운 보직 이동, 목적을 잃어버린 성과평가, 변하지 않는 불합리한 보수 체계에 대해서도 논의했다. 무엇이 공정이고, 무엇이 평등인지 다루고자 했다.

잃어버린 영혼에 대해서도 묻고 싶었다. 우리 조직에는 왜 휴머니즘이 없을까. 인간주의 조직을 만드는 것이 그토록 어려운가. 진정한 역량이란 무엇이며, 정치적 중립성은 반드시 지켜야 할 철칙일까. 인사부서의 비뚤어진 행태를 어떻게 보아야 할지 고민하지 않을 수 없었다.

마지막으로 인사 민주주의에 대해 묻고 싶었다. 인사권은 인사권자의 고유 권한일까. 인사 권한을 나눔으로써 인사 민주주의를 실현하는 것이 그토록 어려운 일인가. 창의적 인재들을 존중하는 인사와 조직을 만들려면 어떻게 해야 할까. 직장 대표나 노동조합을 어떻게 바라보아야 할까. 제5세대는 어떤 인사 시스템을 원할까.

이 책에서 제시한 대한민국 인사혁명을 위한 22가지의 질문은 피인사자들만의 질문은 아니다. 인사권자들이 던지는 끝없는 질문이자 숙제이기도 하다. 인사 현실 앞에서 갈등하는 수백 가지 질문 중에서 큰 줄기만 추린 것이다. 지면의 제약으로 포함되지 못한 중요한 질문들도 있을 것이다. 앞으로 독자들과 함께 고민할 부분이다. 수많은 곁가지 질문들도 있을 것이다.

질문만 던지기보다는 대답도 같이 생각했다. 가능하면 현실적이고 구체적인 대안을 제시하고자 했다. 우리가 과거와 현재 목격했던 현장 속에서 인사혁명의 대안을 마련하고, 다른 나라들의 모범적인 사례와 경험도 나누고자 했다. 고전문학과 역사, 철학 속에 담긴 외침들도 대안에 녹여 보려고 했다. 굳이 명시적인 대안이 아니더라도 다양한 스토리에 숨어 있는 대안을 추론해 보면 좋을 것이다.

이 책은 제2의 다산이 되겠다는 마음으로 필자의 경험과 생각을 담았다. 지금으로부터 200년 전 봉건적 유교 문화에 반기를 들었던 다산의 민본주의적 실학 혁명에서 배울 점이 많다고 생각했기 때문이다.

20세기의 삭막한 '피로사회'를 뒤로하고 21세기 휴머니즘 인사혁명을 상상해 본다. 200만 명에 달하는 공공부문 종사자를 포함하여 2,700만 명에 이르는 취업자들의 웃음과 행복을 바라는 간절한 마음을 담고 싶었다. 이 책이 던진 질문에 작은 메아리들이 울리고 사회적 논의가 시작되기를 소망한다.

집필 과정에서 많은 사람들의 도움을 받았다. 먼저 지금까지 인사와 조직을 연구하고 함께 논의했던 선배·동료 학자들께 존경과 감사의 인사를 올린다. 공사公私 조직에서 인사 문제를 고민하고 걱정했던 직장인들과의 소중한 만남과 조언에도 감사드린다. 특히 원고를 읽고 진지하게 의견을 나눴던 일곱 명의 젊은 사무관들에게 특별한 감사의 마음을 전한다.

그중 한 사무관의 솔직한 고백은 아직도 뇌리를 흔든다. "국민을 위해 일하기보다 상관이 원하는 방향으로 일하는 것이 미덕이 되어 버렸습니다. 거대한 시스템의 부속품으로 느껴졌고, 시작할 때 가졌던 열정과 의지는 점점 사라져 가고 있습니다." 그가 말한 안타까운 현실이 원고를 마무리하는 데 큰 힘이 되었다.

어른들의 모순과 한계를 날카롭게 지적한 두 아들과의 대화, 공직에 30여 년간 근무하고 있는 아내의 현장감 있는 조언도 큰 도움이 되었다. 부족한 원고를 출판해 주신 나무와숲 최헌걸 대표와 이경옥 주간께도 마음 깊이 고마움을 전한다. 독자 여러분의 건강한 삶을 기원한다.

세종대 집현관 연구실에서
이창길

차 례

I

인사혁명 1

인권

1 탈계급은 신화인가?

보고하라, 보고하라, 보고하라[1]

2014년 4월 16일 오전 8시 49분 50초, 세월호가 급격히 기울어졌다. 탑승 중인 단원고 학생으로부터 119 신고를 받은 목포해양경찰서는 상급 기관인 서해해양경찰청에 긴급 상황이 발생했음을 알렸다. 9시 6분 서해청 산하 진도해상교통관제센터VTS가 세월호와 최초로 교신하기 시작했다. 긴박했던 세월호는 "배가 기울어서 넘어가고 있습니다", "지금 승객을 해상으로 탈출시키면 해경이 바로 구조할 수 있겠습니까?"라고 거듭 물었다. 진도VTS는 대답을 머뭇거리며 승객 탈출 여부를 서해청 상황실에 물었다. 상황 보고를 받은 유연식 상황담당관은 "승객 탈출은 선장이 판단할 일"이라고 일축해 버렸다.

9시 27분경 B511 헬기가 가장 먼저 세월호 상공에 도착해 "현재 여객선 40~45도로 기울어져 있다", "지금 승객들은 대부분 선상과 배 안에 있다"고 보고했다. 이어 "해상에는 지금 인원이 없다"고 재차 보고했다. 그러나 B511 헬기 보고를 받은 해경 지휘 라인의 탈출 명령이나 구조 지시는 없었다. 시간은 하염없이 흐르고, 얼마 후 황영태 본청 상황실장이 "상황 지휘는 지방청에서 직접 하랍니다"라고 남의 일처럼 지시했다. 배가 가라앉고 있던 긴박했던 순간에 본청이 서해청에 내린 유일한 지시였다.

B511 헬기에 이어 9시 35분쯤 현장에 도착한 123경비정도 당황하기는 마찬가지였다. 김경일 정장은 "해상에도 갑판에도 사람이 안 보인다", "구명정도 해상에 하나도 투하되지 않았다", "배는 좌현으로 50도 정도 기울어진 상태"라고 보고했다. 이처럼 사고 현장의 모든 정보는 해경 본청 상황실에 직접 보고됐으나 김석균 해경청장을 비롯해 차장, 상황실장, 경비과장 등 핵심 지휘 라인의 명확한 조치나 지시는 없었다. 수백 명의 어린 생명을 구조할 수 있었던 촌각의 시간은 그렇게 흘러갔다.

9시 38분 이후 청와대는 해양경찰청에 수시로 보고를 요청한다. 세월호가 80% 이상 침몰됐던 10시 30분까지 이러한 요청은 계속되었다. "현지 영상 있습니까?", "그 영상 좀 잠시 보내줄 수 있습니까?", "VIP 보고 때문에 그런데 핸드폰으로 보내줄 수 있습니까?" 국가안보실 상황반장 최종필 대령은 다그쳤다. "지금 구조 인원이 얼마나 됐습니까?", "진도행정 50명까지 받았습니다." "저희가 106명까지 받았습니다."… "아 그래요? 뭐야 그러면…."

궁금하다. 김경일, 유연식, 황영태, 김석균, 최종필 등 모든 지휘 라인은 누구를 위해, 무엇을 위해 구조 조치가 아닌 상황 보고에 집착했을까? 최초 신고 후 아무런 조치 없이 긴급 구조의 골든타임을 허비한 이유가 무엇일까? 300여 명의 승객이 탄 배가 바닷속에 가라앉는 현장을 쳐다보면서 무슨 생각을 하고 있었을까? 최초 신고 상황에서 민간 상선인 두라에이스호 문예식 선장은 답답한 듯 소리쳤다. "구명 튜브라도 착용을 시켜서 탈출을 시키십시오! 빨리." 그렇게도 간단한 결정을 상황이 끝날 때까지 왜 아무도 말하지 못했던가. 상황 보고로 시작해서 상황 보고로 끝나 버린 상황을 어떻게 이해해야 할까.

당시 상황 보고를 하고, 그 보고를 받는 사람들은 예외 없이 똑같이 행동했다. 오직 보고만 있었고, 구조는 없었다. 모두 시스템 속의 일개 부품일 뿐이었다. 그들의 마음속에는 위기에 빠진 승객은 없고 명령하고 지시하는 상관만 있었다. 위계적인 계급 구조가 낳은 참극이고, 엄격한 지휘와 명령 체계로 이루어진 딱딱한 관료제가 낳은 인재였다. 권한은 주어졌지만 아무도 책임지지 않는 시스템이다.

이러한 시스템과 리더십의 실패는 세월호 참사에만 국한된 일이 아니다. 우리 사회의 크고 작은 위기와 재난, 정책의 실패도 마찬가지다. 폭우로 홍수가 발생하고, 경제 위기로 민생이 파탄나고, 국민의 인권과 안전이 침해받아도 동일한 결과가 발생하지 않을 것이라고 장담할 수 있을까? 사회 곳곳에 도사리고 있는 세월호 같은 참담한 비극을 이제는 걱정하지 않아도 될까? 과연 지휘 라인의 책임자들이 세월호 참사에서 보여준 것 같은 무대응과 무능력, 무책임에서 벗어났다고 말할 수 있을까?

신분으로서의 계급제는 위헌이다

　　　　　세월호 참사를 겪은 지 어느덧 6년 이상 흘렀다. 그 사이 '사람을 존중하는 세상', '나라다운 나라'를 표방하는 새로운 리더십으로 정권이 교체되었다. 잘못된 관행과 권위적인 문화를 청산하고 따뜻하고 인간적인 정부를 만들고 있다. 위기와 재난에 대한 경각심도 높아졌고, 경험과 역량도 많이 보강됐다.

　　그런데 시스템도 변했을까? 유감스럽게도 세월호 참사 이후 계급 관료제는 조금도 변하지 않았다. 계급과 서열은 여전히 굳건하다. 군인이나 경찰만이 아니고 일반 공무원도 그렇다. 국가공무원법 제4조 1항은 "일반직 공무원은 1급부터 9급까지 계급으로 구분한다"고 명시하고 있다. 그때나 지금이나 동일한 규정이다. 다른 직종들도 마찬가지다.

　　우리 사회에서 반상 계급의 신분 제도는 1894년 갑오개혁 당시 법적으로 이미 폐지되었다. 신분제 폐지는 조선 말기 동학 농민들이 요구했던 폐정개혁안의 핵심 내용이었다. 이를 통해 노비 제도가 폐지되어 천민들은 비로소 해방되었다. 이를 이어받아 1919년 3·1 기미독립선언서는 만인이 평등하다고 선언했다. 우리나라 헌법 역시 1948년 제정할 당시부터 "사회적 특수 계급의 제도는 인정되지 아니하며, 어떠한 형태로도 이를 창설할 수 없다"고 명백히 규정했다. 따지고 보면 국가공무원법의 계급 규정은 이러한 헌법을 위반한 '위헌 규정'인 셈이다.

　　140년 전에 이미 단행된 신분제 폐지와 그 이후 민주주의 발전과 평등권의 강화에도 불구하고 공직사회는 여전히 계급제, 신분제를 유지하고 있다. 1948년 국가공무원법 제정 당시에는 5개였던 계급이 1979년 박정희 정부에서 9개로 오히려 확대되었다. 그리고 지금까지 70여 년 동안 계급 관료제가 양산한 수많은 병폐와 비극을 목격하고서도 국가공무원법을 개정할 의지나 노력이 보이지 않는 것이 현실이다.

물론 그동안 개선 노력이 전혀 없었던 것은 아니다. 특정 직종이나 직위를 중심으로 계급 폐지나 완화가 시도되었다. 중앙부처 상위직은 2006년 '고위공무원단'으로 통합되었다. 당시 1급, 2급, 3급을 없애고 '고위공무원단'을 만든 것이다. 사실상 3개의 계급을 폐지한 것이다. 20세기의 낙후된 유산인 계급제를 폐지하는 방향에서 보면 획기적인 개혁 조치였다.

현재 계급 의식과 문화가 가장 강한 조직이라 할 수 있는 검찰은 정부 수립 당시만 해도 계급이나 직급이 없었다. 모두 단일 계급이었다. 하지만 유감스럽게도 1981년 전두환 정부는 검사를 검찰총장을 포함하여 5개의 '직급'으로 구분했다. 검찰총장, 고등검사장, 검사장, 고등검찰관과 검찰관이다. 엄격한 계급제에 익숙한 군부 정권이 만든 역사적 후퇴였다. 그러다가 2004년 노무현 정부 들어와서 검찰총장을 제외한 모든 검사의 직급을 검사로 단일화했다. 검사의 직급을 사실상 폐지하는 데 20년이 걸린 셈이다. 그 결과 적어도 법령상으로는 검찰에 '계급'이 없어졌다.

하지만 현실을 보면 계급과 서열은 건재하다. 누구도 계급제가 폐지됐다고 생각하지 않는다. 부분적인 노력에도 불구하고 위헌적인 계급제가 여전히 살아 있기 때문이다. 그것은 직위와 직책을 계급으로 인식하기 때문이다. 검찰의 경우 고검장, 지검장, 고검 차장, 고검 부장, 지검 차장, 지검 부장, 평검사라는 서열 구조가 여전하다.

앞에서 언급했듯이, 일반 공무원의 경우는 아예 계급이 명문화되어 있다. 명문화된 계급은 권위적인 문화와 서열화된 행동을 만들고 있다. 100만 명이 넘는 사람들이 머리와 가슴에 계급장을 달고 줄지어 있다고 해도 과언이 아니다.

이토록 엄격한 계급 제도를 운영하고 있는 나라는 거의 없다. 미국과 영국, 호주 등 영미 국가는 계급제가 아닌 '직위분류제'를 채택하고 있다. 직무와 직위를 중심으로 인사 제도를 운영한다. 심지어 일본도 법 형식적으로는 '직계제'라는 직위분류제를 시행하고 있다. 직무의 종류와 복잡성 및 책임도에 따라 직위를 분류하여 운영한다.

유럽 국가 중에서는 프랑스와 독일이 계급제를 운영하고 있으나 우리와는 적지 않은 차이가 있다. 독일은 4개의 '계급군'으로 나누는데, 계급군별로 자격 요건이나 채용 요건이 다를 뿐만 아니라 전국에 통일된 계급으로 상정하기도 어렵다. 각 부처가 자율적으로 선발하여 채용하고 있기 때문이다. 이와 달리 프랑스는 모든 공무원에게 적용되는 통일된 계급 없이 직종별로 공무원단을 운영한다. '직종단'별로 계급이 다르고, 직종단 내 계급도 3개에 불과하다. 직종 간에 인사 제도가 달라 계급을 비교하기도 사실상 어렵다. 뿐만 아니라 계급과 직위가 분리되어 특정 직위의 보직은 계급의 높낮이와 상관없이 능력 중심으로 배치된다.[2]

이처럼 대부분의 OECD 국가는 우리나라만큼 계급과 서열이 많지 않고, 직무와 상관없이 계급에 따라 직책을 부여하지도 않는다. 직무와 직급의 명칭도 부처별 또는 직종별로 다양하다. 우리의 미래를 설계할 중요한 참고자료가 아닐까.

관료제가 합리적이라는 환상

　　　　　　세월호 참사를 목격하고 나서도 계급 관료제를 찬성하는 사람들이 적지 않다. 계급제 완화에는 찬성하면서도 폐지하자는 의견에는 머뭇거린다. 그들은 계급제 폐지를 주장하는 사람들에게 반문한다.

'사회 조직, 특히 정부 조직에서 계급을 없애는 것이 가능한가? 모든 사회 조직은 불가피하게 계층적으로 운영할 수밖에 없다. 조직 내 계층적 구조와 위계적 질서가 없으면 합리적 결정이 이루어지기 어렵고, 임의적·자의적 결정이 만연하여 혼란과 불안이 초래될 것이다. 계급제와 신분 보장을 통해 사회는 안정적으로 운영되어 왔다. 수직적 계층을 통해 노동 분업과 협업이 이루어지고, 전문적이고 효율적인 관리가 가능하다.'

그들은 관료제의 안정성·중립성·전문성은 엄격한 계급 체계에서 나온다며, 관료제를 강화해야 한다는 주장까지도 서슴지 않는다.

이러한 주장이 모두 잘못된 것은 아니다. 20세기 초 근대 사회를 분석한 막스 베버 역시 관료제를 이러한 관점에서 설명했다. 그는 계급제적 신분제를 관료제의 핵심 특성으로 규정하면서, 관료제의 위계 구조 때문에 관료들이 보다 정확하고 합리적으로 업무를 처리한다고 보았다. 그리고 "상사들의 자의적인 조치를 배제하기 위해 관료에게는 지위를 부여하고 승진과 노후 대책을 보장한다"[3]고 했다. "추상적인 규칙들의 질서정연한 세계"를 만들어 여기에 충성을 다하도록 설계한 것이다. 법과 규정을 통해 계급과 신분을 보장한 것이다.

하지만 베버는 현대 사회의 관료제를 희망적으로 보지 않았다. 19세기 말부터 자본주의와 함께 확산된 효율성과 합리성 중심의 관료제는 인간의 보편적 가치인 인간성을 "철창iron cage 속에 가둘 것"[4]이라고 예고했다. 또한 관료제로 편성된 지배 집단이 무소불위의 지위와 권력을 가질 가능성도 크게 우려했다.[5] 위계적 구조가 전제주의를 낳을 수 있다는 것이다.

이러한 베버의 예측을 증명이라도 하듯, 1920년 베버가 사망하고 10여 년 후 독일에서는 히틀러가 집권하여 극단적 관료제의 전형을 보여 주었다. 나치 독일의 총통으로서 히틀러는 폭력적 전체주의를 집행하는 수단으로 관료제를 이용했다. 기술적 합리성에만 집착했던 관료제는 그의 명령과 결정을 충실히 이행하는 충복이 되었다. 20세기 초 권위적 위계질서의 토대 위에 관료제가 저지른 만행과 학살은 인류 최대의 불행으로 생생히 기억되고 있다.

베버가 발견한 관료제의 또 하나의 특성은 비밀성이었다. 관료들은 자신들이 알게 된 지식이나 의도를 비밀로 함으로써 자신의 우위를 더 높이려고 한다는 것이다. 자신들을 제외한 모든 이해관계자, 즉 국회나 행정수반, 국민이나 단체, 정당에 이르기까지 모두 아마추어로 만들고, 전문가인 관료들은 암호 문자 같은 언어와 기술을 통해 "직무상 비밀"이라는 특수한 발명품을 만들어 열렬히 옹호한다는 것이다.[6]

그러나 베버가 지적한 관료제의 가장 큰 맹점은 맹목적인 '형식성'과 '비인간성'이다. 법원의 심급제처럼 관료제에서는 상급 관청이 하급 관청을 감독하는 방식의 단일지도 체제로 운영되기 때문에 형식적 합리성에 매몰되기 쉽다.[7] 구체적인 사람이나 상황을 염두에 두지 않고 형식적인 정의에 매몰되기 쉽다는 말이다. 법 형식만을 강조한 나머지 지도자나 관리자의 인간적 배려나 포용적 관리도 허용되기 어렵다. 인간적 요소를 배제함으로써 비인간적인 조직을 만들고, 비공식적 관행이 확산됨으로써 가산관료제나 봉건관료제로 회귀할 수도 있다.

대한민국은 가부장적 봉건관료제인가?

대한민국 현실을 보자. 겉으로 보기에는 완벽한 베버의 합리적 관료제 같다. 계급과 위계질서를 법률로 명확히 규정하고, 공개경쟁을 통해 관료들을 채용한다. 시험에 합격한 사람들은 철저한 신분 보장으로 평생직장을 갖게 되며, 경력에 따른 승진, 고정된 봉급 체계, 퇴직연금은 모범적인 근대 관료제 그 자체다. 또한 시험을 통해 선발된 우수한 관료들은 헌신과 희생과 봉사의 자세로 직무에 매진함으로써 전형적인 근대 관료제의 장점을 유감없이 보여주었다. 특히 정부 주도의 경제성장 시대에 보여준 관료들의 역할과 열정은 우리 관료제의 강점이자 자랑임에 틀림없다.

하지만 우리나라 관료제가 베버가 말한 합리적인 관료제일까. 연줄과 인맥의 작용 없이 법과 규정이 지배하고 있는가? 채용과 승진이 공정하게 이루어지는가? 사적 이익에 따른 자의적 업무 처리는 없는가? 권위적 계층 구조에 의해 권력이 사유화되고 있지는 않은가? 특히 인사 문제의 경우, 출신과 배경, 친소親疏와 인맥, 파벌과 정실에 의한 결정이 지배하고 있지 않은가?

김용철 변호사는 2010년 그의 저서 『삼성을 생각한다』에서 검찰의 계급을 이렇게 회고한다. "상석 검사는 무섭고 자상한 형이고 부장, 차장은 어버이였으며, 무서운 할아버지인 검사장에게 결재 받으러 갈 때는 다리가 후들거렸다. 특히 총장은 감히 바라볼 수도 없는 하늘이었다." "부모형제에겐 불손해도 상관에겐 항상 극진했다. 또 '조직의 적은 나의 적'이고 '상관의 평온한 심기가 곧 나의 행복'이었다."[8] 법치法治 아닌 인치人治의 검찰 관료제를 지적한 것이다. 지금은 얼마나 변했을까?

비공식적 인간관계로 인해 공적 관계가 왜곡된 것이 검찰만은 아니다. 공적 인사 질서가 무너지는 폐해를 우린 이미 너무 많이 봐왔다. 군 내부의 사조직이었던 하나회, 인사의 비공식 라인인 대통령 아들이 인사에 개입한 'YS 키즈', 이른바 '영포회(1980년에 결성된 경상북도 영일·포항 출신 5급 이상의 중앙부처 공무원 사조직)' 중심의 인사 전횡, 박근혜 정부의 문고리 3인방을 일컫는 '만만회', 최근에는 검찰총장 측근들로 불리는 OOO 사단 등 사적 인연에 의한 정실 인사가 끊이지 않고 있다. 정치적 임명 과정에서만이 아니다. 공조직 전반에서 사적 관계가 공공연하게 인사를 왜곡하고 있다.

베버는 전통적 권위나 가부장적 정실이 지배하는 관료제를 '가산家産 관료제'라고 불렀다.[9] 합리적 관료제 이전의 봉건관료제로, 직무가 아닌 전통적 권위 관계나 정실적 인간관계가 지배하는 구조이다. 상명하복의 위계 구조는 가부장제로 변모하여 합리적 의사결정을 방해한다. 극단적 수직 관계에 몰린 관료 개인들은 비공식 집단이라는 안식처를 찾게 되고, 결국 비공식적 인간관계가 직무적 관계를 지배하게 된다. 상사는 아버지로서, 형님 또는 삼촌으로서 역할을 수행하며, 부하 직원은 가부장 아래서 근무하는 동생이자 조카로서 사적·인간적 관계를 형성한다. 우리 사회, 우리 조직이 봉건적 가산관료제에 머물러 있지 않은지 되돌아볼 일이다.

계급, 21세기 가장 먼저 버려야 할 첫 번째 유산

21세기인 지금은 변했을까? 변하고 있을까? 우리 좀 더 솔직해지자. 정치적 민주주의가 확대되면서 공식 계급 구조는 더욱 공고해지고, 조직 내부의 계급 의식도 더 강해지고 있지 않은가. 중앙부처의 경우, 결재 단계가 과거 사무관-과장-국장-차관-장관에서 사무관-팀장-과장-국장-실장-차관-장관으로 바뀌었다. 5단계에서 7단계로 늘어난 것이다. 어느 순간 실장이 최고의 핵심 결재 단계로 자리잡아 국장, 과장의 권한과 역할이 대폭 축소되었다. 계급사회로 회귀하는 명백한 역사적 퇴행이 아닐 수 없다.

먼저 법령으로 계급이 폐지된 검찰을 보자. 최근 검찰총장은 신임 검사 전출식에서 "어느 위치에 가나 어느 임지에 가나 검사는 검사동일체 원칙에 입각해서 운영되는 조직"이라고 강조했다.[10] 이러한 발언이 검사 업무와 책임의 중요성을 강조하기 위한 것인지, 아니면 검찰 계급제를 강조한 것인지는 명확하지 않다. 하지만 검사동일체의 원칙을 통해 '검사는 하나다'라는 것을 강조했다는 점만은 분명해 보인다. 검찰총장을 정점으로 모든 검사가 상명하복의 원리에 따라 일사불란하게 움직이는 통일체라는 뜻이다. 이를 검찰이 아직도 봉건적 계급사회의 속성을 그대로 유지하고 있다는 반증이라고 하면 지나친 해석일까.

"계급이 깡패다"라는 말이 있다. 계급 만능의 위계 조직인 군대를 회상하면서 군 제대자들이 흔히 내뱉는 문구이다. 이는 계급이 언제든지 폭력적으로 활용될 수 있음을 뜻한다. 계급이란 개념에는 '사람'이 없다. 조직속의 개인은 사람보다는 계급으로 치환된다. 개인적 특성이나 지식, 역량, 관점도 모두 해체된다. 아무리 유능한 사람도 계급이 낮으면 무능해 보이고, 아무리 무능한 사람도 계급이 높으면 유능한 사람으로 인정받는다. 이러한 계급화는 폭력적 관계를 만드는 출발점이 된다.

백범 김구 선생은 일찍이 계급은 독재라고 말하며, "모든 계급 독재중에서 가장 무서운 것은 철학을 기초로 하는 계급 독재"라고 했다. 특히 수백 년 동안 조선에서 행해진 계급 독재는 유교, 그중에서도 주자학파의 철학에 기초한 것이어서 정치에서만이 아니라 사상, 학문, 사회생활, 가정생활까지도 규정하는 독재였다고 진단했다.[11] 우리 사회에 뿌리 깊게 고착된 위계적 구조와 문화를 지적한 것이다. 놀라운 통찰이 아닐 수 없다.

옛 소련에서 태어나 한국으로 귀화한 박노자 오슬로대 동양학과 교수는 그의 저서 『당신들의 대한민국』에서 우리 사회를 병영사회로 진단한다.[12] 『88만원 세대』의 작가 우석훈도 "80년대 군사문화가 만들어낸 위계적 문화"를 지적하면서 청년들과의 파열음을 걱정한다.[13]

계급과 서열 속에 힘겹게 살아가는 청년세대 직장인, 그리고 이제 막 입사해 사회생활을 시작하는 90년대생과 밀레니얼 세대에게 직장이란 무엇인가? 활동적이고, 창의적이며, 첨단 정보 기술에 익숙한 청년세대를 계급제의 철창에 계속 가두어 둘 것인가?

이제 신분으로서 계급을 폐지하고 직위와 직무 중심으로 가야 하지 않겠는가. 민주화와 정보화가 보편화된 21세기에 100년 전의 베버식 계급제와 관료제는 이제 수명을 다하지 않았는가.

2 누구를 위한 복종인가?

상사의 시종인가, 국가의 아들인가

프랑스 실존주의 철학자이자 작가 장 폴 사르트르는 그의 대표작 『말』에서 자신의 어린 시절을 회상하며 자신이 태어나자마자 죽은 아버지를 이렇게 묘사한다.

아버지가 살아 있었다면 어떤 꾸준한 고집이 내 속에 뿌리 박혔으리라. 아버지의 기분이 내 원리 원칙이 되고, 그의 무지가 내 지식이 되며, 그의 원한이 나의 오만으로, 그의 괴벽이 나의 율법으로 변해서 그는 내 속에 자리 잡고 있었으리라. 그 존경스러운 입주자는 나로 하여금 나 자신에 대한 존경심을 기르게 해주었으리라. 그리고 그 자존심을 토대로 삼아 내 삶의 권리를 일으켜 세웠으리라. 나를 만든 아버지가 내 장래를 결정해 놓았으리라. 나는 공과대학생이 될 팔자를 타고나 평생이 보장되었으리라.[14]

이 책을 읽고 나는 말할 수 없는 충격을 받았다. 아버지에 대한 극단적이고 불편한 표현이 며칠 동안 뇌리에서 떠나지 않았다. 아버지 없이 태어난 운명에서 시작된 사르트르의 실존적 고민은 과거 아들로서 내가 겪었던 역사이자, 현재 내 아들이 겪고 있는 현실일지도 모른다는 생각이 들었다. '알맞게 죽어 준' 아버지 덕택에 사르트르는 자유를 갖게 되었다. 아버지가 소망했을 법한 공과대학 졸업 후 평범한 직장인으로 살았다면, 노벨문학상을 거부하는 자유로운 인간 사르트르를 상상하기 어려웠을 것이다. 우리 시대 모든 아버지에게 아들의 실존을 생각하고 고민하게 하는 사르트르의 지성에 감탄하게 된다.

그는 말한다. "명령하는 것과 복종하는 것은 똑같은 짓이다. 가장 권위 있는 지배자라도 다른 사람의 이름으로, 아버지라는 기생자의 거룩한 이름으로 명령을 내리고, 자기가 겪은 추상적 폭력을 남에게 행사한다."[15] 아버지와 아들의 관계를 넘어 명령과 복종의 권력 관계가 만들어 내는 폭력성을 고발한 것이다. 폭력적인 권력 관계가 낳은 인간 영혼의 상실이야말로 현대 사회에서 해결해야 할 중요한 문제라는 인식이 깔려 있다.

국가나 조직, 그리고 상사의 명령에 복종하는 사람들 역시 같은 상황에 있다고 말하면 지나친 상상일까. 사르트르가 말한 아버지는 국가이고, 조직이며, 상사이다. 또한 아들의 자유로운 영혼을 억압하고 명령하는 지배자이다. 자신은 국가의 이름으로, 조직의 이름으로, 상사의 이름으로 명령하고 지시하면 복종해야 하는 대상이다. 우리 직장인들의 실존적 고민을 낳는 지점이 바로 여기에 있다.

우리나라 국가공무원법 제57조는 이를 아예 명문으로 규정하고 있다.

"공무원은 직무를 수행할 때 소속 상관의 직무상 명령에 복종하여야 한다." 별도의 예외 규정이나 단서 규정도 없다. 어떤 예외도 없이 직무상의 명령에 복종해야 한다. 법 형식만을 본다면 공무원은 어떤 위법한 지시나 부당한 명령도 따라야 하는 것이 엄연한 현실이다. 다만 지방공무원법에는 단서 조항으로 의견을 진술할 수 있는 기회를 부여하고 있을 뿐이다.

독일의 경우는 다르다. 히틀러 독재정권에 철저하게 복종했던 '영혼 없는' 관료들의 일탈의 역사를 기억하고 있기 때문인지 상관의 명령에 대한 복종 규정은 신중하고 조심스럽다. 독일공무원법은 상관의 직무상 명령에 복종하되 "의견 제시 의무"와 상관 명령의 합법성에 대한 "이의제기 의무"를 규정하고 있다.[16] 공무원의 복종 의무를 규정하면서도, 기본적으로 "공무원은 상관에게 의견을 제시하고 상관을 보좌해야 한다"고 되어 있다. 또한 "공무원이 특정 법 조항에 근거하여 지시에 구속되지 않고 단지 법만을 따라야 하는 경우에는 이와 같은 복종의 의무가 적용되지 않는다"고 규정하고 있다.[17] 위법한 지시에는 복종할 필요가 없고, 해서도 안 된다는 점을 분명히 명문화한 것이다. 이처럼 직무상 행위의 합법성과 관련한 문제는 공무원 개인이 온전히 책임지도록 되어 있다.

만약 직무상 명령의 합법성이 의심되면 공무원은 즉각 직속상관에게 이의를 제기해야 한다. 그럼에도 불구하고 명령이 유지된다면, 직속상관의 상관 또는 그 위의 상관에게 의견을 개진한다. 그래도 여전히 명령이 유지되면 이를 집행하되, 그에 대한 개인의 책임은 면제된다.[18] 선의의 공무원을 보호하기 위한 법률적 장치인 셈이다. 직속상관이 명령의 즉시 수행을 요구할 경우에도 이를 따르고 집행하되, 개인에게 책임을 묻지 않는다. 공적 결정의 단일성을 유지하되, 공무원의 직무 관계에서 복종의 목적과 의미를 명확히 제시하고, 상관으로부터 불필요한 억압을 받지 않도록 장치를 만들어 놓은 것이다. 독일인들의 과거 잘못에 대한 철저한 반성과 치밀한 대안 제시에 새삼 놀라지 않을 수 없다.

복종과 충성의 마피아, 검찰

엄격한 명령과 맹목적 복종이 이루어지는 대표적인 집단은 마피아다. 조직의 명령을 따르지 않거나 집단을 이탈한 사람에게는 가차없는 보복이 가해진다. 마피아는 착취적이고 수직적인 권위와 종속으로 이루어진 관계가 지배하는 조직으로, 수평적 유대가 거의 없다.[19] 이탈리아의 정치학자 안토니오 그람시는 1970년대 마피아의 생성을 "거대한 사회적 해체 상태"의 결과로 해석했다.[20] 마피아의 본거지인 이탈리아 남부 대다수 사람들의 체념적 복종이 마피아를 만들었다는 것이다. 사회적 혼란 상태에서 의지할 곳 없는 사람들이 자신의 안전을 보장받기 위해 개인에 의한 권력의 전횡을 인정하지 않을 수 없었다는 진단이다. 이처럼 마피아의 생성 과정에는 복종자들의 체념이 작용했지만, 마피아의 활동 과정에서는 명령자의 폭력이 지배했다.

흔히 우리 검찰 조직도 마피아 같다고 말한다. 상명하복으로 무장된 무소불위의 권력 집단이라는 인식 때문이다. 지금까지 추진된 역대 정부의 검찰 개혁도 검찰의 마피아적 특성을 지우기 위한 노력이 아니었을까.

2004년에 검찰청법 제7조가 개정되었다. 검사는 검찰 사무에 관해 "상사의 명령에 복종한다"를 "소속 상급자의 지휘·감독에 따른다"로 개정했다. 그리고 지휘·감독의 적법성 여부에 대하여 이견이 있는 때에는 이의를 제기할 수 있도록 했다. 검찰과 경찰의 상명하복 관계도 바뀌었다. 2011년 검찰청법 개정으로 검찰에 대한 경찰의 '복종' 의무도 삭제되었다. 이는 역사적 개혁 조치임에 틀림없다.

지난 2013년 국정원의 댓글조작 사건 때 수사팀장이었던 윤석열 검사는 국정감사장에서 "사람에 충성하지 않는다"고 말했다.[21] 상사 개인에게 충성하지 않고 상사의 개인적 명령에도 복종하지 않는다는 것이다. 많은 사람들이 상사의 명령보다는 법과 양심에 따라 직무를 수행한다는 단호한 의지의 표현으로 이해하고 그의 용기 있는 발언에 박수를 보냈다. 국민이 생각하기에, 검찰에는 상사만 있고 국민은 없었기 때문이다. 특검 수사 과정에서 수사권으로 보복하면 "깡패나 하는 짓이지 검사입니까?"라고 발언했을 때는 검사로서 법과 양심이 가장 중요한 가치임을 확인케 했다.

그런데 이어지는 발언에서 그는 "조직을 대단히 사랑한다"고 했다.[22] TV를 보고 있던 많은 국민의 기대와 달리 '국민'이 아닌 '조직'을 사랑한다는 것이었다. 오랜 기간 몸담고 있는 검찰 조직에 대한 의리와 충성이고, 끈끈한 애정의 표현이었다. 자신이 속한 조직에 대한 사랑은 당연한 일이다. 그리고 국민으로부터 위임받은 조직의 목적과 미션, 그리고 직무의 수행은 자부심을 가질 만하다. 하지만 많은 국민은 그 지점에서 약간의 거리감을 느꼈다. 알 수 없는 두려움과 배신감 같은 것도 느꼈다. 그의 발언이 국민 입장에서 보여준 소신과 원칙이라기보다는 자기 조직에 대한 이기적 사랑은 아닌지 의구심이 들었기 때문이다.

현재 검찰 개혁은 우리 사회의 대표적 현안이 되었다. 검사동일체라는 시각에서 전국의 모든 사건을 명령하고 지휘하는 검찰 체제를 더 이상 방치할 수 없다는 것이다. 검찰 개혁을 주장하는 임은정 검사는 "검사가 법과 원칙이 아닌 상급자의 명령을 실천하고 관철하는 데에 질주했기 때문에 한국이 검찰공화국이 됐다"며 상명하복을 중시하는 검찰에서 부조리하고 불공정한 시스템을 스스로 극복하기는 어렵다고 말한다.[23] 즉 검찰의 중립성과 독립성이 중요한 과제임에 틀림없지만, 검사동일체의 원칙 하에 자의적이고 정치적인 수사는 누가 어떻게 통제할 것인가의 문제를 제기한 것이다.

권위에 대한 복종이 초래한 폭력

미국의 사회심리학자 스탠리 밀그램은 권위에 복종하는 인간의 행태를 연구했다. 그는 1933년부터 1945년까지 수백만 명의 무고한 사람들이 한 사람의 명령에 따라 일사불란하게 처형된 역사를 상기하면서 '징벌에 의한 학습 효과'라는 이름으로 권위에 대한 복종 실험을 했다.[24]

먼저 피실험자들을 모집해 선생과 학생으로 역할을 나누고 각각 1명씩 그룹을 지어 실험을 했다. 학생인 피실험자를 의자에 앉히고 양팔을 의자에 묶은 다음 전기충격기와 연결된 전지를 손목에 부착했다. 선생인 피실험자는 이를 지켜본 후 자기 방으로 이동하여 실험자의 명령과 지시에 따라 단어 맞히기 문제를 내고, 학생이 한 문제씩 틀릴 때마다 더 높은 전기 충격을 가하게 했다. 전기충격기는 최저 15볼트에서 최고 450볼트까지 전압을 올릴 수 있었다.

연구 결과는 놀라웠다. 피실험자의 65%가 450볼트까지 전압을 올렸던 것이다. 문제를 틀린 학생이 벽을 치면서 고통을 호소하고, 심지어 그 충격으로 죽은 듯 조용해져도 가장 높은 단계까지 전기 충격을 가한 것이다(사실 학생은 배우였고 전기충격기도 가짜였다). 명령에 복종한 대부분의 피실험자는 특이한 성격의 괴물이 아니라 평범한 사람들이었다. 그러나 위계적 시스템 하에서 자신을 명령자의 '대리인'으로 인식하고 아무런 죄책감 없이 피권력자에게 무자비한 폭력을 가한 것이다. 권위적인 명령에 충실하게 복종한 결과였다.

이러한 밀그램의 실험은 폐쇄적 공간에서 이루어졌다는 특징이 있다. 폐쇄적 공간은 친밀성을 강요한다. 친밀성은 인간적 관계의 형성이라는 긍정적 측면이 있는 반면, 개인의 사고와 행동을 제약하고 강압하기도 한다. 인간적 관계에서 실험자의 명령을 직접 거부하거나 저항하기가 어렵다.

관료제 역시 하나의 폐쇄된 틀이다. 조직의 두터운 경계는 폐쇄된 실내 공간을 만들고, 그 속에서 만들어진 친밀성은 무조건적 순응과 복종을 낳는다. 베버는 친밀성의 위험을 예측하고 이를 막기 위한 관료제를 제시했지만, 폐쇄성이 친밀성을 낳고 친밀성이 무자비한 폭력과 무조건적 복종을 만들 수 있다는 역설은 예측하지 못한 듯하다.

영국의 인문학자 데이비드 하비는 발자크의 작품들을 통해 친밀성에 대한 공포와 실내의 본성에 대해 이야기한다.[25] 철저하게 차단된 공간은 친밀성으로 채워지면서 한 사람의 내면생활에 다른 사람들이 끊임없이 침투해 들어오고, 나아가 그것을 종속시키고 압도하려는 세계가 형성된다. 그런 세계에서 친밀성이 가하는 위협에 맞서 자신을 감정적으로나 물리적으로 보호하려는 시도도 나타나지만, 대부분의 사람들은 기꺼이 굴복함으로써 폐쇄된 내부 공간은 치명적인 결과를 낳는다는 것이다. 관료제 내부의 친밀성이 가하는 복종과 위협, 강요의 현실이 이를 잘 말해 주고 있다.

관료사회의 폐쇄성과 과다한 친밀성은 소외감을 낳기도 한다. 그 소외감이 관료들의 주체성 있는 행동을 방해한다는 연구도 있다.[26] 우리 관료들은 자신의 업무에 자부심을 갖고 있으나, 성취감이나 인정감의 부족으로 무력감을 느끼면서 무관심이 증가한다는 것이다. 이로 인해 법령에 수동적으로 따르고 상사의 요구에 단순히 복종하게 된다. 마피아의 체념적 복종과 유사한 심리 상태라고 할 수 있다. 소외감을 많이 느낄수록 안정적인 자리 보전을 위한 자기방어가 강하게 나타나고, 경제적 보상만을 높이려는 태도가 강해지며, 무력감으로 인한 무규범적 일탈이 나타날 수 있다는 것이다.

관료들의 소외감은 막스 베버도 이미 예측한 일이다. 관료들은 명령에 대한 복종을 자신의 명예와 연결시켜 소외감 극복에 스스로 나선다. 베버에 따르면 "공무원의 명예는 상급기관의 명령을 마치 자신의 신념과 일치하는 것처럼 성실히 수행하는 능력에 있다."[27] 그릇된 명령이라 하더라도 성실하게 수행하고, 부하직원의 항의에도 불구하고 상관이 명령을 고집하는 것 모두 마찬가지다. 상관은 부하직원의 있을지도 모르는 도덕적 불안을 자신의 책임으로 돌림으로써 부하직원이 도덕적 판단을 유보하고 실행하도록 의지를 강화시킨다. 그러나 이런 행태는 도덕적 규율이 아니라 명백한 자기 부정의 일종이라고 지적한다.[28]

복종의 대상은 양심과 헌법 그리고 민주주의

공무원은 누구에게 충성해야 할까? 대통령인가, 장관인가, 상사인가? 지금으로부터 130여 년 전, 19세기 말 행정학의 시초가 된 논문에서 우드로 윌슨은 "정부 관료들은 공공의 이익을 위한다기보다는 상사의 권위나 무책임한 장관에 무조건적으로 복종하고 봉사하는 데 여념이 없다"고 지적하고, 정부 관료들이 상사보다는 공동체의 발전을 위해 자기 역량을 최대한 발휘하여 봉사하는 방법을 찾아야 한다고 주장했다. "자신의 신분을 유지하고, 자기의 야망을 실현하며, 자기의 명예를 향상시키면서 최상의 공익을 실현할 수 있는 방법을 찾아야 한다"는 것이다.[29]

이처럼 윌슨은 명령과 복종의 기준을 인간의 양심에 호소한다. 양심적인 판단과 결정은 상사의 부당한 명령에 앞선다는 것이다. 공무원들에게 공공성, 공공의 가치, 공직윤리, 공직관 등을 강조하는 것은 이 때문이다. 상부기관의 명령에 무조건 복종하지 말고 국민에 대한 봉사자로서 자신의 양심에 따라 올바른 결정을 해야 한다는 것이다. 도덕적 양심이 정당한 명령과 복종을 판단하는 기준이 되는 것이다.

하지만 이때도 양심이 무엇인지, 정의가 무엇인지를 두고 논란이 불가피하다. 부당한 명령이 무엇인지에 대한 논란이 제기되면 정당한 명령과 정당한 복종이 무엇인지 가늠하기 어려워지기 때문이다. 정당한 명령과 복종의 판단 기준으로서 양심을 구체화할 수 있는 근거를 어디에서 찾아야 할까.

독일 공무원들은 헌법을 강조한다. 법치주의가 강한 독일 사회의 반영으로 이해할 수 있지만, 헌법과 헌법적 가치에 기초해 공무원 개개인은 행동하고 결정한다. 2019년 한 독일 공무원은 필자와의 인터뷰에서 "자신의 업무를 방해하거나 자신의 행동과 사고를 침해할 경우 헌법 위반으로 해석하고 헌법 정신을 강조한다"고 말했다.

독일 헌법은 1919년 최초로 바이마르 헌법이 제정된 이후 2014년까지 총 60회 개정되었지만, 일부 조항을 추가했을 뿐 기본 사항은 거의 그대로다. 동독과 서독이 통일된 뒤에도 영토 조항 일부만 개정되었다. 따라서 공무원들은 헌법을 공직 생활과 정책 결정에서 최고의 규범으로서 인식하고 준수한다는 것이다.

이와 달리 우리는 헌법보다 법률 지상주의와 법률 규정의 형식 논리에 빠져 있는 것 같다. 심지어 시행령을 자신의 판단 및 행동 기준으로 삼는 경우도 허다하다. 현장의 실제 상황보다 형식적 규정을 들이대면서 권력을 행사하는 것이다. 그렇다 보니 헌법적 가치가 경시되거나 헌법 정신과 배치되는 경우가 많다. 공무원의 폭력적 대응이나 갑질 행위는 이런 헌법 의식의 결여 때문이라고 할 수 있다. 헌법적 가치를 실현해야 할 최고의 원칙으로 삼는 독일 공무원과는 적지 않은 차이가 있다.

홀로코스트의 최고 권위자인 라울 힐베르크는 『유럽 유대인의 파괴』에서 "1933년 초 한 공무원이 행정 법규에 '비非아리아인'에 대한 최초 규정을 써넣었을 때 유럽 유대인의 운명은 봉인되었다"고 썼다.[30] 그 공무원은 아무런 죄책감 없이 '유대인 없는 유럽'이라는 주어진 목표를 위해 규정안을 준비하고 조속히 심의 의결될 수 있도록 노력했을 것이다. "히로시마나 드레스덴에 폭탄을 투하하는 비행기의 조종사처럼 관료제가 제공한 도덕적 수면제를 먹고 행정적 기술적 성공을 위해 회의를 진행하고 야근을 했을지도 모를 일이다."[31] 헌법 정신이나 가치에 대한 이해 없이 법령을 입안하고 실행했을 때의 엄청난 후과를 말해 주는 사례이다.

대부분의 공직자는 양심과 헌법에 따라 명령과 복종의 정당성 여부를 스스로 판단할 수 있다. 양심과 헌법에 위배되지 않는다면 대부분의 경우 합당한 결정이 될 것이다. 그럼에도 불구하고 명령 복종 여부를 헌법에 따르라고 하면 일선 관리들은 업무에 실제 적용하기 힘든 추상적 규범이라고 인식하기 쉽다. 특히 헌법의 다양한 가치 간에 충돌과 논란이 발생하는 경우는 더욱 그렇다. 그렇다면 보다 현실적인 복종의 기준은 무엇일까?

1946년 뉘른베르크 전범 재판에서 유대인 학살을 지휘했던 독일 경찰 오토 올렌도르프는 당시 "왜 학살 지휘부에서 사임하지 않았느냐?"는 판사의 질문에 이렇게 답했다. "나는 그런 조치들이 도덕적이었는지 부도덕한 것이었는지 판단할 위치에 있지 않다고 생각한다." 그리고 "나는 내가 군인이었으며, 따라서 거대한 기계의 비교적 낮은 위치에 있는 하나의 톱니에 지나지 않았다"고 변명한다.[32] 자신이 저지른 범죄에 대한 도덕적 책임이나 헌법적 책임은 온데간데없고, 오직 상사의 명령만 행동의 근거가 되었던 것이다. 이 같은 맹목적인 복종의 결과는 역사상 유례없는 비극을 낳았다.

개인의 복종 여부를 판단하는 마지막 기준은 국민이다. 헌법과 양심에 따라 대부분의 복종 행위에 대한 판단을 내릴 수 있지만, 특정 정책이나 명령에 대한 구체적인 행동 기준은 결국 국민의 의사가 될 수밖에 없다. 대중 민주주의 하에서 국민의 의사는 민주적 정당성을 가진 정치권력에서 나온다. 민주적 정당성이란 정치권력의 획득, 과정, 결과의 정당성을 말한다. 공무원에게는 이러한 세 가지 정당성을 가진 정부와 그들이 추진하는 정책에 따라야 할 책임과 의무가 있다. 즉, 다수결의 원리에 따라 민주적 정당성을 가진 정치권력에 복무해야 한다.[33] 헌법 가치 상호간의 충돌이나 헌법 해석 및 적용상의 논란은 법원의 최종 판단 이전에는 정치가 해결해야 할 문제이기 때문이다.

부당한 명령에는 아름다운 저항을!

장은수 편집문화실험실 대표는 한 칼럼에서 "부당한 명령은 지독한 인간적 모멸감을 주는 고문이나 다름없으며, 궁극적으로 무력감이나 무책임을 동반하는 '병적 충성'으로 몰아간다"고 지적한다.[34] 복종의 문화는 인간의 주체성을 파괴하고, 노예 근성에 사로잡힌 타율적 주체를 낳는다. 병적 충성과 복종은 개인을 파괴할 뿐만 아니라 조직의 병리이다. 이를 방지하는 첫 번째 길은 부당한 명령을 하지 않는 것이다.

형법 제123조에는 공무원이 직권을 남용하여 사람으로 하여금 의무 없는 일을 하게 하거나 사람의 권리 행사를 방해한 때에는 5년 이하의 징역, 10년 이하의 자격정지 또는 1천만 원 이하의 벌금에 처하도록 되어 있다. 법원은 직권남용을 "공무원이 일반적인 직무 권한에 속하는 사항을 불법하게 행사하는 것, 즉 형식적, 외형적으로는 직무 집행으로 보이나 그 실질은 정당한 권한 이외의 행위를 하는 경우"라고 정의했다. 상사의 명령과 지시가 무한 권한이 아니라는 것이다.

부당한 명령이나 강압적 지시에 대해서는 아름다운 저항이 필요하다. 헌법과 양심으로 판단하기 곤란한 경우에는 헌법상의 '민주공화국'을 떠올려 보자. 이를 위해서는 민주주의적 시민 정신이 필요하다. 일상의 명령과 지시가 권한을 넘는 행위인지 명령하는 상사뿐만 아니라 복종하는 부하도 경계해야 할 의무와 책임이 있다는 말이다.

시오노 나나미는 『로마인 이야기』에서 로마 시대 트라야누스 황제 시절에 에스파냐 남부의 베티카 속주 총독이었던 클라시쿠스에 대한 재판을 소개하고 있다.[35] 원고는 속주민 전체였고, 피고는 총독과 함께 뇌물을 받은 부총독 2명이었다. 피고인 부총독의 변호사는 상급자의 명령이어서 복종할 수밖에 없었다고 주장한다.

하지만 원고의 변호인단은 백방의 노력 끝에 판례 기록을 구해서 이를 반박한다. "로마에서는 군단병에게도 상관의 명령이 법률에 위배될 경우에는 복종할 의무를 부과하지 않"는다는 것이다. 재판 결과는 원고측 승소로, 부총독 2명에게 유죄가 선고되었다. 수뢰 이외에 상관의 명령에 맹종한 것 자체가 공직자로서 자격이 없다는 것도 유죄 사유에 추가되었다. 두 사람 모두 변경으로 5년 유배형을 받았다.

"미리 복종하지 말라"

관료제 하의 개인이 알아서 미리 복종하는 것은 더 심각한 일이 아닐 수 없다. 상대방의 눈치를 살펴 적절한 언사와 행동을 하는 것은 기본 예의이기는 하지만, 지나친 상사 눈치 보기는 예측 복종을 낳는다. 공식 지시와 명령이 없음에도 상사가 원할 것으로 생각되는 일을 찾아 미리 복종하는 것이다.

예일대 정치학과 티모시 스나이더 교수는 그의 저서 『폭정』에서 민주주의를 위협하고 폭정을 방지하기 위해 평범한 시민들이 지켜야 할 준칙 20가지를 제시한다.[36] 그 첫 번째가 "미리 복종하지 말라"는 것이다. 1938년 오스트리아 나치는 독일 합병을 예측하고 먼저 독립국 오스트리아의 상징을 지우기 시작했다. 1941년 나치 친위대는 히틀러의 명확한 지시나 명령이 없었음에도 그의 의도를 미리 예측하여 대량학살의 구체적인 방법을 고안하기 시작했다.[37] 인류 역사의 불행과 폭정은 권위자의 구체적 명령을 미리 예측해서 복종한 행동의 결과라는 분석이다.

이러한 예측 복종은 위법이나 부정을 서슴지 않게 되고, 급기야 폭정으로 이어질 수 있기 때문에 위험하다. 폐쇄적 관료사회도 이러한 예측복종 행태로부터 자유롭지 않다. 민주주의 사회에서 평범한 사람들이 범하기 쉬운 위험이지만, 다양한 규정과 통제 속에 생활하는 관료들의 경우는 그 위험성이 더 높아진다. 자신의 영달을 위해 상관에게 무조건 충성하고 부하에게 충성을 강요하지 않았는지 돌아볼 일이다. 상관에게 자신의 의견을 제시하고, 부하에게는 할말을 하게 하는, 상관과 부하의 아름다운 관계가 그리운 시대이다.

3 조직은 왜 기강을 원하는가?

감시와 처벌, 파놉티콘에서 시놉티콘으로

19세기 프랑스 철학자 미셸 푸코는 원형 감옥인 '파놉티콘Panopticon'을 통해 권력의 감시와 처벌 구조를 상세하게 설명했다. 권력이 개인의 신체와 행동을 어떻게 조종하고 규율하는지를 설명한 것이다. 푸코는 이것을 17세기 말 페스트가 유행했을 때 취해야 할 행정 지침에서 발견했다. 전염병 확산을 막기 위한 도시의 행정 지침이 사회 권력의 통제 구조나 방식과 너무 닮았던 것이다.

첫 번째 조치는 엄격한 공간 분할이다. 도시와 그 주변을 봉쇄하고, 죽음의 도시로부터의 탈출을 금지한다. 거리의 동물들을 모두 죽이고, 도시를 구역으로 구분하여 감독자들이 관리한다. 모든 거리는 감시되고, 거리에 있는 자들은 사형에 처해진다. 지정된 날에는 모든 사람들이 자가격리되고, 검사 종료 시까지 감독관이 질서를 유지한다. 모든 가정의 보급품은 자체 해결하되, 작은 관을 통해 빵과 와인만 보급된다. 사람들과 접촉하지 않기 위해 순서를 정해 외출할 수 있다. 오직 감독관, 행정관 및 경호원들만 거리에서 움직일 수 있다. 환자를 운반하고 시체를 묻고, 건물을 소독하는 사람들만 가능하다. 분리되고, 움직이지 않고, 얼어붙은 공간이 된다. 개인들이 움직이면 생명이 위독하고, 전염되며, 처벌된다.[38]

그에 따르면, 현대 사회는 '규율 사회'이다. 원형 감옥처럼 개인의 모든 것이 관찰되고 감시당한다. 이는 비단 감옥뿐만 아니라 군대, 학교, 병원, 회사 등 모든 장소에서 일어나는 현상이다. 일상생활에서 'OOO을 해야 한다'는 식의 규범적 판단을 통해 우리의 몸과 정신을 구속하는 것이다. 나아가 개인을 규격화하고 끊임없이 검사한다. 과학화된 근대 사회의 개인들은 감옥 안의 죄수와도 같다.

관료제의 내부 통제 방식 역시 규율 사회의 전형을 보여주는 것이 아닐까. 폐쇄적이고 분할된 공간에 갇혀 있는 개인의 모든 활동이 관찰되고 기록되며 규율된다. 조직의 이름으로 출근과 퇴근, 외출과 외박 등 모든 행동이 기록되고 통제된다. 중앙집권적 감시 통제 조직을 만들어 권력을 강화하고 정당화하는 것이다. 이러한 감시 체제는 거의 자동적으로 작동하는 구조이다.

노르웨이의 범죄학자 토마스 매티슨은 역파놉티콘, 즉 시놉티콘Synopticon을 말한다. 다수가 소수의 권력자를 감시하는 시스템이다.[39] 현대 사회의 조직은 파놉티콘에서 시놉티콘으로 변하고 있다는 것이다. 소수가 운영하는 조직이 다수의 개인을 감시하기보다는 다수의 개인이 소수가 관리하는 조직을 감시하는 것이다. 힘없는 다수의 민중이 소수의 권력자들을 감시하고 처벌하는 현상이 나타나기 시작한 것이다.

　19세기 이후 민주주의는 이러한 시놉티콘 현상을 가속화했다. 민주주의가 발달한 미국의 경우, 공무원들의 자의적 권력 행사를 막기 위해 엄격한 통제 법령과 규정을 두지 않는 경향이 있다.[40] 공무원들이 지켜야 할 의무를 상세하게 규정하지도 않고, 공무원의 권리가 무엇인지 명확히 규정하기 위해 노력하지도 않는다. 민주적 통제를 통해 얼마든지 공무원 개인을 감시하고 처벌할 수 있기 때문이다. 강력한 복무 규정을 두지 않더라도 권력 행사 과정에서 다수자들의 감시에 의해 운영되는 민주적 시스템이다. 엄격한 규범과 규정을 통해 다수의 개인을 통제하고 감시하는 시스템인 우리와는 차이가 있다.

사라져야 할 행정 용어 1호, 공직기강

　　　　　1980년 8월 6일 국가보위비상대책위원회* 상임위원장이었던 육군대장 전두환은 이른바 '사회 지도층' 인사들을 모아 조찬기도회를 가졌다. 5·18 광주민주화운동을 무력으로 진압하고 실권을 거머쥔

---

* 1979년 12·12 군사반란을 일으킨 신군부가 정권 장악을 위해 설치한 임시 행정기구로, 1980년 5월 27일 광주민주화운동에 대한 무력진압을 끝낸 지 3일 만에 출범하여 1981년 4월 10일까지 입법권까지 장악한 신군부 실세 기구임.

그는 대통령에 버금가는 행보를 하고 있었다. 그는 인사말을 통해 이렇게 연설했다. "지난봄부터 우리에게는 더 큰 시련이 닥쳐왔습니다. 나라의 기본 질서를 위태롭게 했던 일부 정치인들의 과열된 정치 활동, 사회 기강의 해이를 틈탄 갖가지 비리, 그리고 일부 학생들의 몰지각한 난동으로 우리 사회는 큰 혼란에 빠졌으며, 급기야는 불순불자들의 배후 조종에 의하여 불행한 광주 사태까지 일어났던 것입니다."[41]

그날 연설의 핵심은 사회 '기강'을 바로잡겠다는 것이었다. 조찬기도회에서 할 수 있는 이야기인지는 차치하고서라도 기강 확립 차원에서 사회를 바라보았다는 것은 부인할 수 없다. 대통령이 되기 이전에 한 연설이 국가기록원에 공식 '대통령 연설문'으로 수록된 것도 이상한 일이지만, 그 내용을 보면 나라의 기본 질서의 위태, 몰지각한 난동, 불순분자들의 배후 조종에 이르기까지 당시의 삼엄했던 상황을 짐작할 수 있다. 사회 기강을 강조함으로써 강력한 감시와 처벌을 이야기한 것이다.

이 연설을 하고 나서 보름 후 최규하 대통령 권한대행은 사임했고, 그때까지 군인 신분을 유지했던 전두환 보안사령관은 대통령 선거 나흘을 앞두고 대장으로 승진 예편했다. 8월 26일에는 단독 후보로 출마해 장충체육관에서 '통일주체국민회의' 대의원의 99.4%가 찬성하는 압도적 득표율로 대통령에 당선되었다. 연설문에서 말한 사회 '기강' 확립의 의도된 결과를 스스로 성취한 셈이다.

기강이란 무엇인가? 한자사전을 보면, 기강紀綱은 '벼리 기紀', '벼리 강綱'으로 되어 있다. 벼리는 "그물의 위쪽 코를 꿰어 놓은 줄"이라고 한다. 즉 잡아당겨 그물을 오므렸다 폈다 할 수 있는 줄이다. 위쪽 줄이 아래

쪽 가는 줄을 꿰어 당기는 역할을 한다. 그 의미 자체에 부정적 함의가 담긴 것은 아니다. 국어사전에서 기강은 "규율과 법도를 아울러 이르는 말"이라고 정의되는데, '근무 자세'나 '태도'로 순화되었다고 씌어 있다. 이것 역시 그 자체로 나쁜 뜻을 가지고 있지 않다.

하지만 기강을 활용한 역사를 보면, 부정적 이미지를 지우기 어렵다. '기강'은 군대의 '기강', 즉 군기에서 유래한 것으로 본다. "군기가 빠졌다"는 말은 복종과 위협을 강요하는 비아냥으로 사용하곤 했다. 권위주의적 군사정권 시절에 대통령이 정부와 사회를 장악하기 위해 빈번하게 사용했던 군대 용어 중 하나다.

외국에서도 기강은 부정적 의미를 내포한 경우가 많다. 미국의 역사학자 테오도르 페렌바크는 6·25 전쟁을 다룬 『이런 전쟁』 서문에서 특별히 '기강'의 개념과 의미를 설명했다. 기강은 "조국"이나 "일"처럼 파시스트 이념에 활용되면서 매우 불쾌하고 혐오스러운 의미를 내포하게 됐다는 것이다.[42] 기강은 원래 프로이센 척탄병이 "아무 생각이 없는 로봇"처럼 조직의 명령에 무조건 복종하라는 뜻은 아니라는 것이다.[43]

하지만 우리 관료사회에서 '기강'이라는 용어를 사용하는 하명자도, 기강을 당하는 수명자도 그런 뜻으로 이해하고 있는 현실을 어떻게 봐야 할까. 국가공무원 복무규정 제3조의 "근무 기강 확립"의 규정이 주는 억압의 느낌을 지울 수는 없을까.

공직기강은 근무 자세나 태도를 일컫는 강한 어조의 표현이다. "공직의 복무 질서가 흐트러지는 현상"이라고 부정적으로 표현하고 해석한다.[44] 공직자들의 행동을 광범위하게 통제하기 위한 규범적인 용어이며,

어감 역시 권위적이고 억압적인 의미를 지울 수 없다. 영어로 하면 기강은 'discipline'이다. 앞에서 언급한 미셸 푸코의 저서 『감시와 처벌』에서 감시를 영어 'Discipline'으로 번역하기도 한다.[45] 즉 기강의 개념에는 감시라는 의미가 내포되어 있다. 기강을 정당한 규율과 질서라는 순수한 개념보다는 부정적인 억압과 감시의 의미로 이해하지 않을 수 없는 것이 현실이다.

역대 대통령, 기강을 왜 강조했나?

『조선왕조실록』[46]을 보면 '기강'을 가장 강조했던 왕은 정조(재위 1776~1800)이다. 매년 평균 24회, 즉 한 달에 두 번 정도 기강을 언급했다. 그다음이 광해군(재위 1608~1623)이다. 연평균 18회 정도 언급했다. 그 뒤를 이어 중종, 고종 순이다. 사도세자의 아들로 즉위 초기에 신변의 위협을 느꼈던 정조는 왕권 강화와 정치 개혁이 필요했고, 당쟁의 폐해로 천신만고 끝에 왕위를 물려받은 광해군 역시 당쟁을 억제하고 왕권 강화가 필요했기 때문일 것이다. 아울러 선왕인 영조와 선조로부터 왕위 계승과 관련하여 논란이 끊이지 않았던 가운데 즉위한 상황도 비슷하다.

정조는 즉위년 4월과 5월 두 달 동안 무려 11번에 걸쳐 기강을 언급한다. 광해군도 즉위한 해에 23번이나 기강을 언급한다. 조선 왕조에서 기강을 강조한 것은 즉위 수난, 왕권 강화, 정적 숙청, 당쟁 심화, 개혁 단행 등과 관련 있음을 알 수 있다. 왕권 강화를 통해 조정을 장악하고 정적을 숙청하는 수단으로 기강을 활용했던 것이 아닌가 싶다.

역대 대통령의 연설문을 보면,[47] 이승만 대통령은 1950년 이후 기강을 한 번도 언급하지 않았다. 박정희 대통령은 1964년 연두교서에서 공직 '기강'을 언급한 후 18년간 재임하면서 대통령 연설문에 총 77번 사용했다. 매년 대국민 연설에서 서너 번씩 언급했다는 의미다. 대통령 말고 당시 국무총리나 장관들이 '기강' 발언을 얼마나 했는지는 가늠하기도 어렵다.

박정희 대통령 다음으로 공직 '기강'을 가장 많이 언급한 김영삼 대통령은 재임 기간에 55회 발언했다. 전두환·노태우 대통령은 각각 25회 언급했다. 비공식 발언에는 얼마나 포함됐을지 가늠하기도 어렵다. 김대중 대통령은 17회 언급했으며, 노무현 대통령은 불과 4번 언급했다. 이명박·박근혜 대통령의 경우, 약간 늘어나 각각 8회를 언급했다.

문재인 대통령은 취임 후 3년 동안 대통령 연설문에 '기강'을 2번 언급했다. 2017년 8월 23일 외교부·통일부 핵심 정책 토의 모두 발언에서 외교관들이 "국가를 위해서 헌신하는 분들이 많은데 일부 불미스러운 일로 국격을 떨어뜨리는 일이 없도록 내부 기강을 세워 주기 바랍니다"라고 한 것과 2019년 5월 29일 제21회 국무회의 모두 발언에서 외교관의 기밀 유출에 대해 "이 사건을 공직기강을 바로 세우는 계기로 삼아야 한다"고 말한 것이다. 이처럼 두 번의 '기강' 언급도 외교관에 대한 언급이고, 전체 공직사회를 대상으로 하여 복무 관리와 점검 차원에서 강조한 것은 아니었다.

공직기강을 언급하는 것은 특정 사건이나 국가적 위기에 즈음하여 공직사회의 잘못된 행태와 태도를 지적하고 경각심을 환기하기 위한 조치이다. 기강을 언급하는 경우, 위협적이고 하향적인 명령 형식의 발언이 많다. 특히 대통령의 '공직기강' 발언에는 공직사회 전반에 대한 불신이 담겨 있다. 대체로 정책 변화나 혁신에 대한 공직사회의 조직적 반발이나 저항이 나타난 경우, 대통령이나 정부가 추진하는 중요한 정치적·사회적 이슈가 곤경에 처한 경우, 권력에 불편한 특정 사건을 회피하기 위한 희생양이 필요한 경우, 대통령이 직접 나서 공직기강을 강조한다. 공직사회를 장악하여 정부의 정책과 이익을 강압적으로 실현하기 위해서이다. 공직자를 신뢰와 협력의 대상으로 본다면 '공직기강의 확립'을 강조하기 어렵다.

'품위유지' 의무를 폐지하자

육군3사관학교 사관생도인 A는 4회에 걸쳐 학교 밖에서 음주를 했다. 외박 중 지인과 함께 소주 1병을 나누어 마셨고, 가족과 함께 저녁식사를 하면서 부모의 권유로 소주 2~4잔을 마셨으며, 하계휴가 기간에 친구 2명과 함께 소주 4~5잔을 마셨고, 추석 연휴에 집에서 차례를 지내고 정종 2잔을 음복했다.[48]

이에 교장은 '사관생도 행정예규' 제12조에서 정한 품위유지 의무를 위반했다는 이유로 A에게 퇴학 처분을 내렸다. 사관생도가 준수해야 할 규정을 어겼다는 것이다. 하지만 대법원은 퇴학 처분 취소 판결을 내렸다.

모든 사적 생활에서까지 예외 없이 금주 의무 이행을 요구하는 것은 사관생도의 일반적 행동자유권을 침해한 것으로 본 것이다.[49]

K대 음악대학 교수 A씨는 전임교원 임용 무효 소송을 제기한 임용지원자 B의 소송 과정에서 임용 과정이 담긴 진술서를 작성하여 전달했고, B의 소송대리인은 다음날 법원에 이를 참고자료로 제출했다. 총장은 임용 규정을 들어 A씨에게 감봉 처분 징계를 내렸다. "교원 채용 업무에 직·간접적으로 관여한 교직원은 업무 수행 과정에서 습득한 모든 사항에 대하여 기밀로 보안을 유지하여야 한다"는 규정을 어겼다는 것이다.[50] 이 사건의 처분 근거 역시 품위유지 의무 위반이었다.

그러나 대법원은 교원으로서의 품위를 손상하는 행위에 해당한다고 볼 수 없다고 판결했다.[51] 법원에 진술서를 제출함으로써 학교나 교원에 대한 국민의 신뢰가 실추되었다고 단정하기 어렵다는 것이다. 법원에 진술서를 제출한 원고의 행위가 분별없는 행동이라거나 방법 자체에 비난 가능성이나 부작용이 크다고 볼 수 없다고 판시했다. 징계 처분은 최종 기각되었다.

이처럼 우리 사회는 공직기강과 규율 차원에서 품위유지 의무를 요구한다. 조직 내부의 직무상 의무를 넘어 직무 외 개인 생활에서도 품위를 유지할 것을 요구한다. 국가공무원법 제63조는 "공무원은 직무의 내외를 불문하고 그 품위가 손상되는 행위를 하여서는 아니 된다"고 규정하고 있다. 국민 전체에 대한 봉사자로서 '품위'를 지키라는 이야기다. 공직 사회에 대한 국민의 신뢰를 실추시킬 우려가 있어서는 안 된다는 것이다.

국민에 대한 봉사자로서 품위와 품격을 가진 도덕적 인간이 되라는 것은 좋은 일임에 틀림없다. 하지만 품위유지 의무 규정은 추상적이고 모호하다. 이를 명분으로 언제든지 징계를 할 수 있다. 도덕을 법의 잣대로 재단하다 보니 도덕적 품위를 강요하는 법 규정으로 인식된다. 대법원은 품위를 "직무 내외를 불문하고 국민의 수임자로서의 직책을 맡아 수행해 나가기에 손색이 없는 인품", "몸가짐"이라고 규정하고 있다.[52] 품위의 개념을 명확히 하려는 취지였겠지만, '몸가짐'이나 '인품'이라는 용어를 사용하는 것은 직무 이외의 생활을 규율하는 추상적이고 도덕적인 인격 통제가 아닐 수 없다.

일본도 국가공무원법 99조에 "직원은 당해 관직의 신용을 손상하거나 관직 전체의 불명예가 되는 행위를 하여서는 아니 된다"며 품위유지 의무와 유사한 규정을 두고 있다. 하지만 우리처럼 포괄적이고 폭력적이지는 않다. 관직과의 관련성을 강조하고 행위의 내용이 상대적으로 구체적이다. 되도록 법률적 용어를 사용하여 의무 조항의 범위와 한계를 엿볼 수 있다. 이로 미루어 보건대 우리의 품위유지 규정은 부정와 불명예에 대한 처벌이라기보다는 도덕을 강요하는 긍정적 폭력이 아닐까.

이제 품위유지 의무를 폐지하면 어떨까. 공직자의 인권을 보장하고 불필요한 사적 통제를 방지하기 위해서이다. "품위유지 의무를 폐지하자"고 하면 품위가 필요 없다는 것이냐고 반문한다. 하지만 일상생활을 지나치게 규제하는 품위유지 의무가 없더라도 다른 윤리 법령과 형사 법률에 의한 처벌은 얼마든지 가능하다. 금품이나 향응 수수는 물론, 음주운전, 직장 내 괴롭힘, 성희롱 등은 다른 관련 법률로도 충분히 통제할 수 있다.

낙타와 사자, 그리고 아이

독일 철학자 프리드리히 니체는 그의 저서 『차라투스트라는 이렇게 말했다』에서 정신의 변화를 낙타와 사자를 비유해 설명했다.[53] 첫 번째 정신은 짐을 가득 실은 채 사막을 달리는 낙타와 같다. 인내심 많은 정신이다. 무겁기 그지없는 짐을 짊어지고 사막을 달려가는 정신이다. 참고 견디면서 자신을 낮추는 것이다. 두 번째 정신은 사막의 주인이 되고자 하는 사자와 같다. 새로운 가치를 위해 권리를 쟁취하는 것이다. '너는 해야 한다'가 낙타 정신이라면 '나는 원한다'고 말하는 것이 사자 정신이다. 세 번째는 순진무구하고 성스러운 긍정의 아이 정신이다. 스스로 돌아가는 수레바퀴로서 자신의 의지로 원하고 자신의 세계를 되찾는 정신이다.

세 가지 정신의 변화를 공직 시스템에 적용하면, 의무와 권리, 가치로 표현할 수 있다. 우리 관료들은 도덕적 규범이나 의무만을 짊어지는 낙타 정신에 빠져 있는 것은 아닐까. 모든 규범과 기강, 의무를 지키기 위해 참고 순응하며 생활하는 공직은 액셀러레이터 없이 브레이크만 있는 자동차와도 같다. 기강만을 강조하는 조직은 더 이상 움직이지 못하고 멈추어 버리고 말 것이다. 성실성과 인내심만을 강조하기 때문에 침묵하고 수동적이며 소극적인 태도에서 벗어나기도 어렵다.

낙타에서 사자로 바꾸면 어떨까. '해야 한다'는 의무 중심 시스템에서 '나는 원한다'는 권리 중심의 시스템으로 전환하는 것이 필요하다. 과거 조직들은 강한 브레이크를 통해 낙타 정신의 편익을 누렸다. 무거운 짐을

짙어지고 낙타들은 묵묵히 사막을 걸었다. 그러나 과도한 규범과 기강, 일방적인 명령과 지시, 빈번한 감사와 감찰, 과도한 의무와 책임으로는 더 이상 움직일 수 없는 수준에 이르렀다. 현대의 조직에는 사자 정신이 필요하다. 새로운 가치 창조를 위한 엑셀러레이터가 필요하다. 새로운 창조를 위한 권리를 보장하지 않으면 글로벌 정글을 지배할 수 없다. 공직기강만을 강조하면 열정과 창의성은 사라지게 된다.

이제는 한 발 더 나아가 '사자' 정신을 넘어 '아이' 정신을 가져야 한다. 액셀러레이터도 너무 급하게 밟으면 탈이 난다. 사자 정신이 지나치면 잘못된 강탈로 이어질 수 있다. 아이의 순수함으로 돌아가 창의적 움직임을 만들어야 한다. 낙타나 사자가 아닌 사람의 정신을 되찾아야 한다. 필요할 때만 브레이크와 액셀러레이터를 밟아야 한다. 조직의 기강이나 규율보다 개인의 권리와 창의를 보장해야 한다. 더 이상 공직기강이라는 세찬 바람에만 의존할 수 없는 시대가 아닌가.

4 은밀한 사생활, 모두 공개해야 하나?

간디와 법정 스님이 공직자였다면

"나는 가난한 탁발승이오. 내가 가진 거라고는 물레와 교도소에서 쓰던 밥그릇과 염소젖 깡통, 허름한 담요 여섯 장, 수건 그리고 대단치도 않은 평판, 이것뿐이오."[54]

인도의 마하트마 간디가 1931년 9월 영국 런던에서 열린 원탁회의에 참석하기 위해 가던 도중 마르세유 세관원에게 소지품을 펼쳐 보이면서 했던 말이다.

법정 스님은 '무소유'를 강조했다. "우리는 필요에 의해서 물건을 갖지만, 때로는 그 물건 때문에 마음이 쓰이게 된다. 무엇인가를 갖는다는 것은 무엇인가에 얽매이는 것이다."[55] 많이 소유하고 있다는 것은 그만큼 많이 얽매여 있다는 것이다. 소유하지 않으면 무언가에 얽매일 필요도 없고 편안하고 자유롭게 생활할 수 있다는 뜻이다.

만약 간디나 법정 스님이 공직자였다면 가장 이상적인 청렴한 관리가 되었을지 모른다. 하지만 고위 공직자가 되기 위한 요건으로 두 분에게 개인이 가진 소지품과 신상정보를 모두 공개하라고 하면 어땠을까? 물레와 밥그릇, 깡통과 담요, 법의의 개수를 모두 신고하고, 이를 만천하에 공개하라고 한다면 어땠을까? 거기에 건강 상태와 신체 특징, 과거의 행적과 교육 이력, 부모님의 이력이나 재산 목록까지 요청하면 어땠을까? 두 분모두 부끄러움 없는 사생활이니 떳떳하게 제출하고 공개할 법도 하지만, 개인 영역에 대한 국가의 지나친 통제에 어이없는 표정을 짓지 않았을까.

그래서 우리 헌법은 "국가는 개인이 가지는 불가침의 기본적 인권을 확인하고 이를 보장할 의무를 진다"(제10조)고 규정하고 있다. 아울러 "모든 국민은 사생활의 비밀과 자유를 침해받지 아니한다"(제17조)고 명시하고 있다. 이를 뒷받침하도록 2011년에는 늦었지만 개인정보보호법을 제정하여 개인정보의 수집은 "정보 주체의 동의를 받은 경우"에 한하도록 했다. 그 사용도 수집 목적의 범위 내에서 가능하도록 했다. 기본 입법 취지는 개인정보를 보호함으로써 "개인의 자유와 권리를 보호하고, 나아가 개인의 존엄과 가치를 구현"하는 것이다. 또한 인사청문회법 제14조 제2항에는 "개인의 명예나 사생활을 부당하게 침해할 우려가 명백한 경우"에는 청문회를 공개하지 아니할 수 있다고 규정하고 있다.

일반적으로 프라이버시는 1888년 미국 대법관 토마스 쿨리가 말한 "홀로 있을 권리right to be let alone"[56]에서 출발했다. 미국의 변호사와 법관이었던 새무엘 워렌과 루이스 브랜다이스가 '프라이버시 권리right to privacy'라고 명명하면서 신체의 자유는 물론, 인간의 존엄성과 인격의

불가침성에 기반한 독자적인 권리로 정착된 개념이다.[57]

이러한 프라이버시 침해는 네 가지 유형의 불법 행위로 요약된다. 즉, 사생활 침입, 난처한 개인적 사실의 공개, 공중의 오해를 유발하는 공표, 그리고 성명 초상의 영리적 무단 사용이다.[58] 사생활의 침입, 공개, 공표, 무단 사용은 어떤 경우이든 개인에게는 심각한 정신적 상처와 경제적 손해를 입히게 마련이다.

공적 영역이 강하고 사적 영역이 거의 없었던 고대 국가에서는 공권력으로 개인의 삶을 구석구석 통제하는 것이 당연하다고 생각했다.[59] 그러나 18세기 이후 시민의 자유와 권리가 강조되면서 이러한 생각은 바뀌었다. 사실 프라이버시는 재산권 개념에서 유래한 것이다. 언론의 부당한 재산권 침해로부터 경제적 이익을 보호하기 위한 것이었다. 이것이 '홀로 있을 권리'로 변화하면서 보통법상 별도의 재산권 개념으로 고안된 것이다.

이후 프라이버시는 단순히 정보를 통제하고 제한하는 의미로 해석하기보다는 "자신의 정보에 대한 통제를 인간이라면 누구나 설정할 수 있는 사회적 관계에 있어서 필수적 요소"[60]로 파악하는 현대적 의미를 담게 되었다.

인사청문회는 사생활을 검증하는 곳?

　　문재인 정부의 첫 법무부 장관으로 지명된 장관 후보자는 사생활 때문에 국회 인사청문회가 열리기도 전에 스스로 물러났다. 40여 년 전인 20대 젊은 시절에 사귀던 여성 몰래 혼인신고를 했다가 이듬해 법원에서 혼인무효 판결을 받은 사실이 드러났기 때문이다.[61] 40여 년 전의 사생활이 현재의 도덕성을 판단하는 기준과 근거가 되었다. 공직자의 도덕성을 요구하는 국민감정을 이해하면서도 공직자의 사생활을 어디까지 공개하고 인정해야 할 것인지에 대해 많은 질문을 던지게 한 사건이었다.

　　국무총리 후보자는 아들의 병역 면제와 관련하여 뇌종양 수술 정보를 기꺼이 공개했으나, 한 청문위원은 수술 후 상세 진료 기록을 제출하라는 등 자녀의 개인정보를 집요하게 요청하는 발언을 계속했다.[62]

　　그뿐만 아니라 법무부 장관 후보자에 대한 인사청문회에서 한 의원은 후보자 본인과 가족의 사생활 관련 자료를 거의 무차별적으로 요구했다. 기부 법인명, 기부 날짜, 기부 금액을 증빙할 수 있는 영수증과 통장 사본, 대학원 박사과정 학기별·과목별 출·결석 현황, 과목별 시험성적표, 입학금·등록금 납부 내역과 증빙서류, 입원증명서, 아들의 병역 판정 검사 결과표, 병적기록표, 그리고 결혼한 딸의 카드 사용 자금 출처 등 셀 수 없이 많다.[63]

　　개인정보보호법이 있더라도 공직 후보자는 개인정보 제공 동의를 사실상 거부하기 어렵다. 배우자나 자녀 등에 대한 개인정보 제공을 거부하면 공인으로서 도덕성을 의심받기 때문이다. 청문위원들은 사생활 보호 따위는 안중에 없고 자신의 주장을 인정하면 근거 자료를 제출하라고 하고, 부정하면 더욱 세밀한 신상 자료를 요청한다. 그리고 공직을 택하든지, 아니면 사생활을 택하든지 양자택일하라고 다그치는 일이 다반사다.

청와대 홈페이지에 공개된 고위공직 예비후보자 사전 질문서를 보더라도 사생활 관련 질문이 의외로 많다. 인사청문회 통과를 위한 철저한 준비 작업의 일환이겠지만, 엄격해진 검증의 칼날은 후보자의 사생활을 속속들이 파헤친다.

"자녀가 현재 1년 이상 해외에 체류하고 있거나 과거 1년 이상 해외에 체류한 적이 있습니까", "최근 5년간 자녀의 결혼식 예식 비용으로 지출한 금액(양가 부담분 합계 매 건당 기준)은 얼마입니까", "최근 5년간 자녀 결혼, 부모(배우자 부모 포함) 사망 등 경조사 시 받았던 금액은 얼마입니까", "본인이 고위공직자 또는 사회지도층으로서 사회 통념상 논란이 될 수 있는 국가적 비상 상황이나 주요 국경일에 골프 또는 해외여행을 한 적이 있습니까", "본인이 현재 또는 과거에 질병으로 1개월 이상 휴직하거나 약을 복용한 적이 있습니까" 등등.

주말에 친구들과 골프를 쳤는지, 가족과 함께 스키를 탔는지, 해외여행을 어디로 갔는지, 어디에서 살고 있는지, 무슨 차를 타고 다니는지를 모두 공개하고 알아야 하는 것일까. 공인의 깨끗한 사생활이 도덕성 요건 중 하나임을 인정하면서도 사생활 공개의 내용과 한계에 대한 사회적 논의는 여전히 걸음마 수준이다.

공인의 사생활, 어디까지 보호해야 할까

공인의 사생활과 관련하여 국민의 알 권리와 사생활 보호의 경계를 규정하기 위한 근거로 '공적인물론'과 '권리포기론'이 있다.[64] 공적인물론은 '공적 인물'인 경우, 국민의 알 권리가 개인의 프라이버시보다 선행하는 권리로서 개인의 사적 정보라 하더라도 공개할 필요성이 인정된다고 본다. 반면 권리포기론은 대중적 관심을 가지는 지위나 직업을 가진 사람은 프라이버시 권리를 포기했다고 인정한 것으로 의제하는 이론이다. 즉 공무원은 공직 수행을 위해 자신의 프라이버시를 포기한 것으로 간주한다.

공적 인물이든 권리 포기이든 얼마만큼 국민의 알 권리를 인정하고 얼마만큼 포기한 것인지를 두고 논란이 끊이지 않는다. 두 이론을 실제로 적용하는 과정에서는 구체적 상황에 따라 사생활 보호와 사회적 권익을 저울질하며 결정할 수밖에 없다.[65]

최근에는 공적인물론의 비중이 높아지고 있다. 공인의 프라이버시는 언론 등 공표 기관의 '현실적 악의actual malice'가 없으면 보장되기 어렵다는 것이다. 1964년 미국의 설리번 판결에서는 '현실적 악의' 원칙을 적용하여 그 경계를 구분했다. 즉, "공무원이 자기의 공직 업무에 관한 허위적인 명예훼손으로 인한 손해배상을 청구하려면 그 명예훼손적인 내용이 '현실적 악의', 즉 그것이 허위임을 인지하거나 혹은 그것의 진위를 무모할 정도로 무시하고서 보도되었음을 입증해야만 한다"는 것이다.[66] 이 경우에도 언론에 보도되는 구체적인 내용과 성질을 고려하여 판단해야 한다는 주장이 좀 더 설득력을 얻고 있다.

그러면 공인의 경우, 사생활의 대상과 범위를 어디까지 볼 것인가? 통상 보호받아야 하는 개인정보는 "생존하는 자연인의 내면적 사실, 신체나 재산상의 특질, 사회적 지위나 속성에 관해 식별되거나 또는 식별할 수 있는 정보의 총체"로 규정된다.[67] 여기에는 병력과 전과, 취업 정보, 교육 정보, 재무 거래 정보는 물론, 개인의 성명이나 식별 부호 또는 사진 등도 포함된다. 재산 규모, 거래 정보와 그 특질 등 재산과 관련된 사적 정보도 프라이버시 권리의 중요한 보호 대상이 된다.

1963년 뉴욕주지사는 자신의 결혼과 재혼 사유를 밝히길 거부했다. 1981년 대법관 렌퀴스트는 입원 중에 사용한 약이 어떤 것인지 밝히기를 거부했다.[68] 2001년에는 미국 교원노조위원장과 협상 담당자 간의 사적 대화까지도 사생활의 자유로 인정했다. 2018년 8월 30일 우리 대법원은 사관생도의 금주 의무 이행도 사생활의 비밀과 자유를 지나치게 제한하는 것이라고 판결했다.[69]

이처럼 전반적으로 공인의 사생활 보호를 인정하고 신중하게 판단하는 경우가 많아지고 있다. 물론 보호 대상이 되는 사생활인지 여부는 직위와 직무의 특성, 사건의 구체적 상황, 발생 시기와 장소 등에 따라 다르다. 최근에는 공적인물론을 적용하더라도 개인의 공적 지위보다는 언론상에 표현되는 구체적인 내용과 성질을 고려하여 판단해야 한다는 주장이 설득력을 얻고 있다.

사생활 침해, 절차적 침해도 있다

사생활 보호 대상이나 범위를 둘러싼 논란과 함께 절차적 측면에서 사생활 침해에 관한 논의도 활발해지고 있다. 1963년 미국 케네디 정부 시절, 국무부 안보실 관리였던 오토 오텝카가 해고되었다.[70] 상원 국가보안소위원회에 비밀 정보를 부적절하게 제공했다는 것이 해고 사유였다.

그런데 오텝카를 해고하기 위한 사전조사 과정과 절차에서 사생활 보호 문제가 제기되었다. 국무부가 그의 집을 감시하고 전화기를 도청한 것이다. 또한 오텝카가 휴지통에 버린 쓰레기를 뒤지고, 밤중에 그의 사무실에 들어가 책상을 드릴로 열어서 개인적 서류를 들췄다. 사무실은 공적 공간이며, 비밀 문서는 공적 문서이기 때문에 사생활 보호 대상이 아니었지만, 절차상 논란이 끊이지 않았다.

베트남 전쟁에 참전했던 육군 장교 에드 몰리의 채용 과정에서도 비슷한 문제가 제기되었다.[71] 1971년 몰리는 환경보호청 프로그램 분석부장 직위에 지원했다. 청장이 그를 채용하려 할 때 직원들이 반대하고 나섰다. 전쟁에 지원한 경력이 있는 그가 현재 전쟁에 정말 반대하는지 확인해야 한다는 것이었다. 재면접 과정에서 '극히 기본적인 것들에 대한 개인적 견해'를 물었다. 이에 몰리는 반발했다. 환경보호청이 자신이 전범인지 아닌지를 판단할 위치에 있지 않고, 임용에서 탈락시키기 위해 정치적 검증을 하는 것이며, 전쟁에 대한 견해가 해당 직위의 업무 수행과 관련이 없다는 이유에서였다. 조사 직원들은 그의 태도와 진실성을 검증하기 위한 것이라고 했지만, 사생활 보호 문제와 함께 윤리적인 문제가 동시에 제기되었다.

최근에는 채용 시험과 면접 과정에서 운전 습관이나 종교 지향, 피임 방식, 연애, 부모의 결혼 여부나 재정 상태 등을 묻는 것도 사생활 침해라고 본다. 면접 후 실시하는 성격 테스트에서 "성적 농담에 웃은 적이 있었느냐", "젊었을 때 절도를 한 적이 있느냐", "OOO 할 때 부끄러움을 느끼느냐", "비밀리에 OOO을 한 적이 있느냐" 등을 묻는 것은 절차적 측면에서 사생활 침해 소지가 있다.[72] 즉 채용 시험의 내용뿐만 아니라 사전 절차나 준비 과정도 사생활 침해 위험이 크다.

공인의 세간살이, 모두 공개해야 하나

공인의 사생활 보호 내용과 범위가 일반 시민보다 좁은 것은 틀림없다. 그리고 공인이 가져야 할 공적 의식과 책임은 아무리 강조해도 지나치지 않다. 공무원의 사생활과 관련한 언론보도 역시 정당한 공적 관심사에 해당하고, 어느 정도의 보도 가치가 존재한다고 볼 수 있기 때문에 프라이버시권의 침해라고 인정하기 어려운 경우도 많다.[73]

이처럼 공무원의 도덕성이나 청렴성은 항상 국민의 감시와 비판의 대상이 되어야 한다.[74] 언론의 자유를 통한 국민의 알 권리 충족이라는 사회적 이익, 즉 공익이 있기 때문이다.[75]

공적인물론에 의하더라도 "언론 보도가 공직자 또는 공직사회에 대한 감시·비판·견제라는 정당한 언론 활동의 범위를 벗어나 악의적이거나 심히 경솔한 공격으로서 현저히 상당성을 잃은" 경우에 한하여 공무원의 프라이버시가 인정될 수 있다.[76] 악의적인 사생활 공개가 아니면 공인들의 사생활은 보호받기 어렵다는 뜻이다. 공인의 경우, 사생활 보호보다는 국민의 알 권리가 중요하다는 점을 강조한다.

특히 정보화와 개방화로 사생활 영역은 계속 감소하고 있다. 개인정보는 스스로 공개하는 경우도 많다. 최근에는 데이터 규제를 완화하는 이른바 '데이터 3법(개인정보보호법, 정보통신망법, 신용정보보호법)'이 통과되었다. 이 법은 개인정보보호법이라는 명칭과 달리 개인정보의 보호보다는 개인정보의 활용을 강조하는 방향으로 개정되었다. 데이터 산업 육성을 명분으로 정보 주체의 동의 없이 개인정보를 이용하거나 제공할 수 있도록 함으로써 개인정보의 공적 영역을 확대한 것이다. 개인정보 보호 차원에서 보면 입법적 후퇴로, 공인들의 사생활 보호는 더욱 어려워질 전망이다.

게다가 최근 개인정보를 악의적으로 활용하는 일이 점점 늘고 있다. 특히 공인의 사생활 정보를 정치적 이익을 위해 악의적으로 이용하는 사례가 빈번히 발생하고 있다. 앞서 지적한 인사청문회 사례에서 보았듯이, 개인정보보호법 개정 취지와 달리 공인의 개인정보는 사적 생활 0%, 공적 생활 100%라는 극단적인 비율을 강요한다. 지위 고하를 막론하고 공인의 사생활 공개가 무차별적으로 이루어지고 있는 것이 현실이다.

하지만 공인의 사생활도 프라이버시 권리의 시초와 역사에 비추어 중요한 헌법상 권리이다. 공무원의 사적 정보는 국민의 알 권리 등 공인으로서의 직무나 책임과 함께, 헌법상 인정된 기본권의 하나인 사생활 보호 측면에서 생각하지 않을 수 없다. 공인으로서 사회적 모범이 되어야 한다는 규범적 접근으로는 개인이 감수하고 희생해야 할 부분이 너무 많기 때문이다. 공인이라고 자신의 침실과 가족, 질병을 모두 노출하면서 살 수는 없다. 헌법은 공인에게도 보호받아야 할 최소한의 사생활이 존재한다는 것을 이미 상정하고 있다.

우리 법원은 아직 프라이버시를 둘러싼 구체적 논의가 다소 부족하고, 정확한 법리적 인식과 이해나 판단을 보여주지 못하고 있으며, 명예훼손과 언론 자유에 대한 철학적·법률적 인식 정도가 다른 나라 법원에 비해 현격하게 낮다고 지적된다.[77]

현재 대부분의 법령과 제도 역시 사생활 보호의 관점을 크게 고려하지 않고 설계되었다. 공무원 재산 등록과 공개 제도는 전면적이고 상세한 재산 등록과 공개를 요구하고 있다. 부정한 재산 증식과 직무상 이해충돌을 방지하기 위한 제도의 취지를 이해 못할 바는 아니지만, 자신과 배우자, 직계존속과 직계비속의 재산을 모두 상세하게 등록하도록 되어 있다. 또한 직무 책임에 상관없이 고위직에서 하위직까지 일률적으로 동일하게 규정하고 있다. 대통령과 국회의원, 장관 등 고위직은 가족의 범위를 확대하고, 중하위직은 가족의 범위를 축소하면 어떨까. 직무 책임에 상응하는 윤리 규범을 만들어야 한다.

모든 것을 희생하고서라도 윤리와 규범만 강조하는 윤리 지상주의는 사회가 건강하게 발전하는 데 장애가 될 수 있다. 누군가는 죄도 없이 억울하게 희생되거나 피해를 입을 수 있기 때문이다. 법과 제도는 좀 더 정밀하고 정교하게 설계할 필요가 있다. 공인의 사생활을 하이에나처럼 달려

들어 악의적으로 파헤치는 언론도 무죄라고 하기는 어렵다. 공인의 사생활과 국민의 알 권리의 균형점이 어디인지 보다 진지한 사회적 논의가 필요하다. 아무리 공인의 부정이 만연하고 불신이 팽배한 상황이라고 하더라도 최소한의 사생활 보호라는 헌법 가치 또한 존중되어야 할 것이다.

<u>5</u> 표현의 자유 제한, 그 끝은 어디인가?

젊은 사무관의 순수함, 존중할 수 없었을까

2018년 11월 29일 기획재정부에 근무했던 S사무관이 KT&G 사장 교체와 적자 국채 추가 발행 과정에서 압력이 있었다고 유튜브를 통해 관련 자료를 공개했다. 그리고 공개 기자회견을 열고 다음과 같이 자신의 입장을 밝혔다.

제가 고시를 4년 동안 준비했습니다. 4년 고시를 준비하고 그리고 4년 일하고 나오게 되었습니다. 처음 고시를 준비할 때의 국가관과 사명감, 공직에 처음 입문했을 때의 제 각오, 그 후에 기재부에 들어갔을 때의 그 열망, 그리고 그 후에 KT&G 사건을 봤을 때의 막막함, 국채 사건을 봤을 때의 절망감, 그런 것들을 다시는 저말고 다른 공무원들이 또 열정을 가진 공무원이 또 절망하고 다시 똑같은 상황에 처하는 것을 바라지 않습니다. 저말고 다른 공무원은 일을 하면서 회의감에 빠지거나 잘못된 일이라는 것을 인지하면서 일하게 하고 싶진 않았습니다. 그래서 영상을 찍었고 자료를 공개했습니다.[78]

이는 대한민국 최고 권력기관의 하나인 기획재정부가 과거 한 번도 경험하지 못했던 사건이었다. 기획재정부는 3일 만에 S사무관을 검찰에 고발했다. "공무상 취득한 자료를 외부에 무단으로 유출"했고, "내부 의사결정 과정을 스스로 판단해 사실과 맞지 않는 내용을 여과 없이 유출"했다는 것이다. '여과 없이' 유출한 것이 죄목일까. 그리고 "이런 사안을 처벌하지 않아 제2, 제3의 사건이 발생하게 되면 공무원의 정상적인 직무 수행과 국정 운영에 장애를 초래할 것을 굉장히 우려한다"고 덧붙였다. 더 나아가 "유사한 정보공개 행위를 반복할 경우 추가 고발도 검토하겠다"고 협박성 발언까지 했다.[79]

이와 같은 직접적이고 강력한 조기 대응은 이해할 부분이 없지 않다. 공익 제보라는 이름으로 포장된 퇴직 후 비밀 누설, 자신의 생존과 경제적 이득에 기초한 불순한 의도, 핵심 국가권력에 대한 직접적인 타격 등을 고려했을 것이다. 정치권의 민감한 반응도 이런 시각이 반영된 결과로, 어느 정도 이해할 만하다. 하지만 여당의 대변인이 공식 브리핑에서 "얼토당토않은 주장" "추가 폭로랍시고" "꼴뚜기가 뛰니 망둥이가 뛰는 것" 등 무차별적 비난을 퍼붓는 모습에 당황하지 않을 수 없었다.

차라리 "국채 결정 과정에서 이견이 있었지만 거시경제 운영 방향과 소득주도 성장 원칙을 지키기 위한 불가피한 결정이었고, 국정 목표 달성을 위한 적극적인 정책 수행의 일환이었다"고 말했으면 어땠을까. 그런 정치적 결정을 이해 못한 전직 실무 관료의 미시적 시각을 지적하고, 앞으로도 계속될 경우 이에 상응하는 조치가 있을 것임을 따끔하게 경고했더라면 좋지 않았을까. 그 사건에 대한 과잉 대응 이후 숨죽이며 일하고 있는 젊은 사무관들을 생각하면 여전히 아쉬움이 남는 사건이다.

공인에게 '사석私席'이란 없다?

2016년 7월 7일, 교육부 정책기획관인 N국장은 공직 생활의 기로에 섰다. 정책기획관은 교육부 정책을 총괄하고 조정하는 핵심적인 직위이다. 1993년 임용되어 20년 이상 교육부에 근무했던 그는 전날 기자와의 저녁 모임에서 한 부적절한 발언이 보도된 다음날 대기 발령을 받았고, 12일 만에 파면됐다. 《경향신문》에 보도된 해당 기자와의 대화 중 그가 말한 내용을 보면 다음과 같다.[80]

"나는 신분제를 공고화시켜야 한다고 생각한다." "신분제를 공고화시켜야 된다. 민중은 개·돼지다, 이런 멘트가 나온 영화가 있었는데…." "아, 그래 〈내부자들〉…. 민중은 개·돼지로 취급하면 된다." "개·돼지로 보고 먹고 살게만 해주면 된다고." "99%지." "그렇다." "나는 1%가 되려고 노력하는 사람이다. 어차피 다 평등할 수는 없기 때문에 현실을 인정해야 한다." "신분이 정해져 있으면 좋겠다는 거다."

이 보도를 보고 1%에 해당하지 않는 99%의 국민은 큰 충격을 받고 말할 수 없이 분노했다. 교육정책을 총괄하는 공직자가 반헌법적이고 비교육적인 발언을 공개적으로 아무 거리낌 없이 했다는 사실에 배신감을 느낀 것이다. 뒤늦게 사건의 심각성을 깨달은 그는 해당 언론을 찾아가 용서를 빌었지만, 허사였다. 단 하루 만에 내려진 전격적인 대기발령, 그리고 열흘 후에 내려진 최고 수준의 징계인 파면 결정은 당시로서는 당연한 조치였을지 모른다.

하지만 법원은 파면 취소 판결을 내렸다. 그는 행정소송에서 승소하고 사건 발생 2년여 만에 '강등' 처분을 받아 복직되었다. 원고의 파면 취소 소송에서 법원은 "공직사회 전반에 대한 신뢰가 추락하고 국민적 공분을 초래하였다는 사정이 과도하게 고려된 것"으로 "파면에 해당하는 '비위의 정도가 심하고 고의가 있는 경우'라 보긴 어렵다"고 판결했다.[81] 즉, 정부의 과잉 대응을 인정하고 일정부분 신분의 원상회복을 명한 것이다.

공무원의 표현의 자유는 어디까지 인정될 수 있을까. 공무원이 공적 사무실이 아닌 사적 모임에서 행한 취중 발언을 처벌할 수 있을까. 공무원의 개인적 생각과 의견까지도 처벌 대상이 되어야 하는가. 설령 처벌 대상이 되더라도 공직에서 배제하는 징계인 파면이나 해임이 적절한 조치인가. 언론인이 아닌 친구들과의 저녁 모임에서 이런 발언을 했다면 어떻게 되었을까. 또는 해당 언론인이 사적 대화로 묻어 두었다면 아무런 문제가 없는 것이었을까. 그리고 정부의 과도한 대응은 무죄일까. 발언 자체에 대한 분노와 충격을 감안하더라도 헌법상 양심의 자유, 표현의 자유를 어디까지 인정해야 할 것인지 곰곰이 생각하게 한 사건이었다.

'친일' 공무원을 어떻게 해야 할까

2019년 문화체육관광부 소속 H국장은 미디어정책관 등 문화체육관광부 주요 직위를 거친 고위 공무원이었다. 그는 자신의 페이스북에 스스로 친일파임을 밝히면서 일본의 욱일기 사용을 정당화하는 글을 썼다. 그뿐만 아니라 근무 시간에도 정부 정책에 반대하는 기사를 다른 사람들과 수없이 공유하며 조롱하고, 정치적 의견을 돌출적 방식으로 개진했다. 결국 그는 징계위원회에 회부되어 파면 처분을 받았다. 그의 페이스북 게시물 중에 일반 국민이나 공무원 입장에서 이해하기 어려운 부분만 발췌하면 다음과 같다.

"지금 반일 하는 것들은 국익을 심각하게 해치는 매국노들이다. 처단해야 한다. 나는 친일파다."[82] "돌이켜보니, 나 스스로 친일파라고 여러 번 공언했다. 지금은 친일 하는 게 애국이다."[83] "세계 각국과 국제기구가 욱일기의 사용을 전혀 문제시하지 않는다. 우리만 그걸 전범기라고 모욕한다. 있을 수 없는 일이다."[84] "빨갱이는 빨갱이다. 척결해야 한다."[85] "중국공산당과 북한이 심어 놓은 간첩이 최소 10만 명은 된다."[86] "6·25를 거치면서 좌익은 소탕되었고… 6·25는 우리 민족에게 비극을 가장한 축복이었다."[87]

대다수 국민이 쉽게 수용할 수 없는 반민족적 망언이 아닐 수 없었다. 우리 역사를 근본적으로 부정하는 내용들도 있다. 공익을 추구하는 고위 공무원이 극히 편파적이고 편향적인 시각을 공개적으로 표명하는 행위를 모두 용인할 수는 없다. 이 정도의 극단적인 발언까지 고위 공무원의 소신과 철학으로 보기는 어렵다.

따라서 그에 상응하는 강한 징계와 처벌은 불가피해 보인다. 공직자가 대다수 국민과 다른 편협한 사고와 특이한 행동을 보이면 그 피해는 고스란히 국민들에게 돌아오기 때문이다.

한 개인이 마음속으로 반헌법적·반국가적·반사회적 생각을 했다고 처벌할 수는 없다. 정부 정책에 대한 건전한 비판도 부정할 수는 없다. 헌법상 양심의 자유와 표현의 자유가 있기 때문이다. 하지만 그런 생각을 대외적으로 표현한 발언이나 행동은 사회적 책임과 처벌이 뒤따른다. 더구나 국민을 대변하고 봉사하는 공직자로서 헌법의 가치와 규정을 근본적으로 부정하는 발언을 용인할 수는 없다. 특히 이러한 행위가 반복적이고 지속적으로 이루어졌을 경우 결코 무시할 수 없는 사안임에 틀림없다. 그는 소청을 제기했으나 기각되었다. 국민적 파장은 크지 않았으나 공무원의 표현의 자유의 범위와 한계를 명백히 일깨워 준 사건이었다.

표현의 자유, 제로(0)로 회귀 중인가?

2008년 7월 국방부는 도서 23권을 '불온서적'으로 지정하고 군내 반입금지를 지시했다. 당시 베스트셀러였던 장하준 교수의 《나쁜 사마리아인들》, 현기영 작가의 《지상에 숟가락 하나》도 포함됐고, 《21세기 철학 이야기》, 《북한의 우리식 문화》 등 일반적인 교양 교재도

들어 있었다. 그러한 지시를 이행하기 위해 장병들의 소지품과 우편물을 일제 점검하고 영내 생활하는 간부들의 숙소까지 검색했다.[88]

당시 법무관들은 표현의 자유 제한에 있어서 명확성의 원칙과 과잉금지 원칙을 위배했다고 헌법소원을 청구했지만, 헌법재판소는 직접적인 공권력 행사도 기본권 침해도 아니라고 결정했다.[89] 헌법에 사상의 자유와 학문의 자유가 명문으로 규정되어 있음에도 불구하고 우리 사회와 제도는 '책 읽을 권리'조차 부정할 만큼 성숙하지 못한 모습을 보는 것 같아 안타까운 마음이 들었다.

2009년 6월 전국교직원노동조합(전교조)은 기자회견을 열고 공개적으로 시국선언문을 발표하고 서명 교사 명단을 발표했다. 선언문에서 전교조는 "6월 민주항쟁의 소중한 가치"를 강조하고 국정 쇄신과 표현의 자유, 학교 운영의 민주화 등을 요구했다. 대법원은 이러한 행위가 국가공무원법 제66조 제1항의 "공무 외의 일을 위한 집단행위"에 해당한다면서 유죄 판결을 내렸다. 5명의 대법관이 직무전념 의무를 해태하지 않고 공익에 반하지 않는다면 표현의 자유를 제한할 수 없다고 소수 의견을 냈지만 허사였다.[90] 이후 이 사건은 사법농단의 하나로 지목되면서 논란의 중심에 섰다.[91]

시국선언 직후 국가공무원 복무규정이 개정되었다. 제2조 제2항에 "공무원은 집단·연명連名으로 또는 단체의 명의를 사용하여 국가의 정책을 반대하거나 국가 정책의 수립·집행을 방해해서는 아니 된다"로 개정된 것이다. 이는 공무원의 표현의 자유를 엄격하게 제한하는 규정으로, 국가 정책이라는 포괄적인 개념을 통해 반대의 목소리를 아예 듣지 않겠다는 정부의 의도가 담겨 있다.

사실 공무원 단체가 할 수 있는 주장 가운데 국가 정책과 관련 없는 일은 거의 없다. 공무원노동조합이 근로조건이나 복지 향상에 관해 발언하거나 행동하는 것을 원천적으로 봉쇄한 셈이다. 법률적 근거도 없이 대통령령으로 개인의 기본권을 포괄적으로 제한한 것은 이명박 정부가 초래한 또 하나의 역사적 퇴행으로 기록될 것이다.

이에 대해 당시 국가인권위원회는 공무원의 헌법상 기본권인 표현의 자유를 침해할 우려가 크다고 지적하며 반대했다.[92] 그 이유로 첫째, 과잉금지의 원칙에 부합하지 않는다는 것이다. 공무원의 근무 기강 확립이란 목적에 의해 달성되는 이익과 공무원 개인이 침해받는 이익 사이에 합리적 균형이 있는 것으로 보기 어렵다는 것이다. 둘째, 포괄입법 금지 규정의 위반이다. 개정안의 근거 법률인 국가공무원법이 위임한 범위를 넘어섰고, 예측 가능하지도 않다는 것이다. 셋째, 명확성의 원칙에 위배된다. 개정안의 내용 중 "정치지향적", "주장," "반대" 같은 표현은 그 개념이 너무 포괄적이고 불명확하여 집행자의 자의적 해석과 임의적 집행을 가능케 하여 명확성의 원칙에 위배된다는 것이다. 결론적으로 공무원도 국민의 한 사람으로서 기본적 인권의 주체이기 때문에 국가가 임의로 제한할 수 있는 것은 아니라는 의견이었다.

이러한 반대 의견에도 불구하고 이 개정안은 통과되었다. 당시 만들어진 퇴행적 규정은 지금도 그대로 남아 있다. 한번 만들어진 제도는 쉽게 바꿀 수 없음을 보여주는 사례이다. 이러한 규정이 남아 있는 한 언제든지 정부는 과거로 회귀할 수 있다. 공무원의 표현의 자유도 쉽게 영(0)으로 회귀할 수 있다. 국가공무원법과 관련 규정에 공무원의 표현의 자유를 어디까지 인정할 것인지에 대한 구체적인 내용을 담을 필요가 있다.

표현의 자유를 제한할 수 있는 두 가지 요건

영국의 철학자 존 스튜어트 밀은 자유의 절대적인 보장을 강조한다. 양심의 자유, 생각과 감정의 자유, 의견과 주장의 자유, 즉 토론의 자유, 기호의 자유, 출판의 자유, 결사의 자유를 보장해야 한다는 것이다.[93] 하지만 그는 "다른 사람을 해치지 않는 범위 내에서"라는 절대적인 조건을 제시한다. "다른 사람이 옳지 못한 행동을 하도록 하는 데 직접적인 영향을 끼칠 수 있는 상황이라면 의견의 자유도 무제한 허용될 수는 없다. 어떤 종류의 행동이든지 정당한 이유 없이 다른 사람에게 해를 끼치는 것은 강압적 통제를 받을 수 있으며, 사안이 심각하다면 반드시 통제를 받아야 한다"는 것이다.[94]

우리 헌법도 이러한 취지를 반영하고 있다. 모든 국민은 양심의 자유와 표현의 자유를 갖는다. 다만 표현의 자유 제한 기준을 어떻게 설정할 수 있을까. 첫째, 내용적 요건으로, 헌법상 양심 형성의 내심적 자유는 인정되더라도 양심 실현, 즉 외부적으로 양심을 표현하는 자유는 '국가안전 보장, 질서유지, 공공복리'에 반할 수 없다. 자신의 발언이나 행위가 헌법 규정이나 정신에 반하거나 법률을 명백히 위반한 경우, 공직자의 책무상 처벌이 불가피하다. 헌법상 양심의 자유나 표현의 자유를 보장하고 있더라도 반국가·반민족·반통일·반사회적 발언이나 행동은 공직자의 직무 범위를 벗어난 것으로 봐야 한다. 헌법에 보장된 양심의 자유나 표현의 자유도 헌법이 지향하는 대한민국의 근본적 가치를 해칠 수는 없기 때문이다.

이러한 기준에 따르면, 앞서 S사무관의 주장은 반사회적이거나 반헌법적인 내용은 아닌 것으로 보인다. N국장의 경우 신분제를 주장했다면 "모든 국민은 법 앞에 평등하다"는 헌법 정신을 위반한 것으로, 민주공화정을 규정한 대한민국 헌법에 배치된다고 할 것이다. H국장의 경우에는 "3·1운동으로 건립된 대한민국임시정부의 법통"이나 "평화적 통일의 사명"을 부정하는 친일 또는 친전쟁적인 발언과 행위로, 헌법 정신과 명백히 배치된다고 봐야 하지 않을까.

둘째, 형식적 요건으로, 표현의 자유 제한은 공적 공간에서 공적 시간에 공적 지위에서 이루어진 경우로 최대한 축소 적용해야 한다. 근무 장소도 아니고, 근무 외 시간에 사적 활동에서 한 발언에 책임을 물을 수는 없다. 비공개된 장소에서 단순히 사적으로 나눈 대화를 문제 삼아 처벌할 수는 없다. 특히 자신의 지위와 신분을 밝히지 않고 표현하는 행위를 사후에 엄격하게 제한하기는 어려워 보인다.

S사무관은 퇴직자 신분으로서 공개적이고 의도적으로 자신의 견해를 밝혔다. 공적 지위가 개입된 것으로 볼 수 있지만, 공적 공간이나 근무 시간에 한 것은 아니다. N국장의 경우, 기자들과의 저녁 모임에서 발언한 내용으로 공적 지위임은 명확하나 공적 장소와 근무 시간은 아니었다. 반면 H국장의 경우, 자신의 신분을 밝히고 근무 공간에서 근무 시간

에 행했다. SNS가 사적 공간인지 공적 공간인지 명확히 구분하기는 어렵지만, 자신의 직명을 공개했기 때문에 공적 지위에서 한 발언으로 볼 수 있을 것이다.

자신을 당당하게 표현하는 조직시민

'국경없는기자회RSF' 발표에 따르면, 한국 언론의 자유는 2020년 현재 세계 42위이다. 노무현 정부에서 최고 31위까지 올라갔으나, 이명박 정부 당시 2009년에는 최저 69위까지 떨어졌고, 박근혜 정부 당시 2016년에는 70위까지 떨어졌다. 다행히 문재인 정부 들어와 41~43위 수준으로 크게 격상되었다. 여전히 높은 수준이라고 볼 수는 없지만, 우리 사회의 언론의 자유, 표현의 자유가 크게 향상된 것은 사실이다.

1948년 유엔총회에서 결의된 세계인권선언 제19조는 "모든 사람은 '의견의 자유'와 '표현의 자유'에 대한 권리를 가진다. 이러한 권리는 외부의 간섭 없이 의견을 가질 자유와 국경에 관계없이 어떠한 매체를 통해서도 정보와 사상을 추구하고, 획득하며, 전달할 수 있는 자유를 포함한다"고 규정하고 있다. 우리 헌법 제21조 역시 "모든 국민은 언론·출판의 자유와 집회·결사의 자유를 가진다"고 명시하고 있다. 표현의 자유는 인류의 보편적 권리로, 이를 억압하는 검열이나 처벌을 원칙적으로 금지하고 있다.

미국의 조직학자 윌리엄 화이트는 1950년대의 직장인들을 '조직인

organization man'이라고 묘사했다. 조직 윤리와 집단 규범 속에서 획일성과 일체감, 소속감에 젖어 살아가는 순응주의자들이다. 조직인들은 스스로 개인의 권리와 자유를 주장하기보다는 조직이 부여한 의무와 책임을 충실히 수행하는 조직의 하인들이다.

화이트는 이런 무기력한 조직인을 단호히 거부하고 자신의 의견과 아이디어를 당당하게 말하는 '조직 속의 개인주의'를 원했다. 그는 조직 인들에게 호소한다. "조직과 싸워라. 자신을 파괴하지 말고, 당신의 상사에게 떠나라고 말해라. 조직의 억압이 너무 괴로우면 아예 굴복을 하든가, 아니면 저항하라. 그들을 바꾸려 해봐라. 그래도 안 되면 스스로 조직을 떠나라."[95]

이제 20세기를 지배했던 '조직인'에서 21세기 '조직시민'으로 거듭나야 한다. 이를 위해서는 세 가지 요건이 필요하다. 헌법과 양심의 준수, 조직 목표를 위한 적극적인 참여, 공공의 가치 실현을 위한 책무 완수이다.[96] 민주주의와 인권 의식이 높아지고 있는 상황에서 조직시민들의 표현의 자유도 넓혀 나가려는 노력이 필요하다. 자신의 의사와 의견을 당당하게 드러내고 공익을 위한 적극적인 실천 의지도 밝혀야 한다.

그런 점에서 최근 증가하고 있는 소셜네트워크서비스SNS는 자신의 의견을 드러낼 수 있는 중요한 수단이 되고 있다. 하지만 공적 지위와 사적 지위를 구분하기 힘들고, 공적 공간과 시간도 명확하지 않다. 직장인들의 SNS 활동이 많아지고 있음에도 이에 대한 세부 규정이 전무하다고 해도 과언이 아니다. 다른 나라는 이미 다양한 상황과 예시를 통하여 공직자들의 SNS 활동 기준을 만들고 있다.

미국은 2018년에 공무원의 정치 활동과 관련한 '소셜미디어 가이드라인'을 발표했다.[97] 나중에 언급하겠지만, 미국에서는 해치Hatch법에 의해 공무원의 정치 활동을 광범위하게 보장하고 있기 때문에 SNS상의 정치적 표현의 자유도 폭넓게 인정하는 편이다. 가이드라인에 따르면, 공무원은 원칙적으로 '근무 중' 또는 '근무 장소'에서는 특정 정당을 지지 또는 반대하기 위해 메시지를 보내거나 코멘트를 할 수 없다. 이는 근무 시간이 아닌 퇴근 후, 또는 사무실이 아닌 자신의 집에서 선호하는 후보자에게 다른 사람들이 투표하도록 메시지를 보내거나 트윗할 수 있다는 의미이기도 하다.

또한 근무 중에 개인 휴대폰을 통해 페이스북에서 정치적 내용을 볼 수도 있다. 아울러 페이스북 친구가 다른 사람들에게 특정 정당원을 투표하도록 응원하는 메시지를 포스트한 내용도 볼 수 있다. 단, 근무 시간이나 근무 장소에서는 그 메시지에 대해 '좋아요'를 누르거나 공유할 수는 없다.

이처럼 미국에서는 공무원이 SNS 활동에서 할 수 있는 행위와 할 수 없는 행위를 명확히 규정하고, 그 범위와 한계를 상세하게 밝히고 있다. 공적 공간과 사적 공간이 혼합된 상황에서 그 경계와 범위를 명확히 함으로써 공적 업무를 공정하게 수행하도록 함과 동시에 공무원들의 사적 생활과 자유를 보장하기 위한 사전 조치로 해석된다. 우리도 공적 생활과 사생활이 적절히 균형을 이룬 건강한 제도와 조직을 기대해 본다.

II

인사혁명 2

—

공정

<u>6</u> 역량이 차별을 넘을 수 있는가?

프랑스 국립행정학교, 100년간 문 닫은 사연

　　　　　　프랑스 엘리트 공무원의 산실인 국립행정학교는 1848년
7월 최초로 입학생을 선발했다. 그 구성을 보면 국회의원이나 관료의
아들이 7%, 육군과 해군 장교의 아들이 12.5%, 변호사나 의사의 아들이
18.5%, 교사와 대학 교수의 아들이 7%였다. 가장 큰 비중을 차지한 것은
기업체 사장의 아들로 24%였고, 지주의 아들도 17%나 되었다. 그 밖에
중하위직 관료의 아들은 9.5%, 장인의 아들은 4.5%였다.[1] 현대 사회의
다양성 기준으로 보면 적절한 조합이었다.

　　하지만 이 같은 구성에 대해 당시 대부분 귀족 출신이었던 관료들의
불만이 폭증했다. 자신의 아들이 관직으로 나아갈 길이 막혔다고 생각
한 것이다. 현직 관료들의 반발은 예상보다 커서 '관료 귀족administrative
aristocrat'을 생산하는 학교라고 공격까지 했다. 입학생 구성을 그리스 신

화에 나오는 '키메라'에 비유하기도 했다. 사자 머리에 염소 몸통과 뱀의 꼬리를 가진 괴물 같다는 것이었다.

이러한 구성이 나타나게 된 것은 능력 중심의 선발 때문이었다. 국립 행정학교에 입학하려면 4일 동안 2차에 걸친 필기시험을 치러야 했다. 1차 시험 과목은 그리스어, 라틴어, 문학사, 프랑스 문학, 계산법, 지리, 수학이었고, 2차 시험 과목은 라틴어 번역, 프랑스 역사, 물리학, 화학, 자연과학이었다. 3차는 구두 면접으로 진행되었다. 첫해 총 865명이 지원하여 152명이 합격할 만큼 경쟁이 치열했다.[2] 등록금은 무료였고, 졸업과 동시에 법학학사 학위를 받을 수 있었으며, 파리에서 생활한다는 장점도 있었다. 우리나라 고시 제도와 거의 유사한 형태였다.

시험에 합격하기 위해서는 3년 정도 수험 기간이 필요했는데, 시험 준비를 위해 파리에서 숙식을 해결하려면 연간 1,000~1,200프랑이 들었다.[3] 부모의 지원 없이는 준비하기 어려운 금액이었다. 당시 중간 관료의 연봉이 2,500프랑 정도였다고 하니 부모도 상당한 재력이 있어야 가능했을 것이다. 그럼에도 불구하고 군사학교를 마치고도 응시하는 등 경쟁이 치열했다.

18세기 말 혁명 이후 프랑스 정부는 귀족 관료들의 특권을 없애고 전문적인 관료 시스템을 구축하고자 했다. 하지만 19세기 초부터 귀족 관료들의 승진 경쟁과 사내 정치office politics가 격화되면서 능력이나 실적보다 명예와 신분, 경력을 중시하는 시스템으로 회귀했다. 특히 관료들의 신분 보장이 강화되면서 관직은 사실상 귀족들의 상속물로 변했다. 신분 보장과 근무 경력을 강조하면서 과거를 그대로 답습하는 행정이 만연했고, 관직 인사에서 출신 가족의 요인이 점점 더 크게 작용하게 되었다. 칼

마르크스는 19세기 초 이러한 프랑스 관료들을 사회를 배격하고 국가권력을 장악하고 있는 "쓸모없는 기생충"이자 "정치적 꼭두각시"에 불과하다고 비판했고, 작가 오노레 드 발자크는 "사악한 쁘띠부르주아주"라고 풍자했다.[4]

이들 귀족은 19세기 중반까지도 신분에 의한 관직 선발과 승진을 당연하게 여기면서 능력과 경쟁에 의한 선발에 반대했다. 지금까지 누려 온 자녀들의 임용 특권을 내려놓을 수 없었기 때문이다. 자신들에게 불리한 관직 임용 제도의 개혁을 적극적으로 거부하며 집단행동도 서슴지 않았다. 소위 능력 있는 엘리트가 모두 공직을 차지한 것에 대한 반발이었다.

그 결과 1848년에 입학한 첫 신입생들의 1학기는 10월에야 겨우 끝났다. 2학기는 다음해 1월로 연기되더니, 1849년 7월로 다시 연기되었다.[5] 1849년 2차년도 선발 인원도 106명으로 대폭 줄었다.[6] 급기야 1849년 8월 루이 나폴레옹 정부의 공공교육부 장관은 국립행정학교 폐쇄 결정을 내렸다. 이미 입학한 학생들이 학생단체를 조직하여 정부에 호소했지만 불안정한 생활은 계속되었다. 졸업한 후에도 보직 없이 상당 기간 기다려야 했고, 대부분은 관직에 임용되지 못했다.[7] 이들 중 일부가 나중에 능력을 인정받아 다른 경로를 통해 정부 고위직에 발탁됐던 것이 그나마 다행이라고 할까.

당시 이렇게 문을 닫은 국립행정학교는 그 후 약 100년이나 지난 1945년에 다시 문을 열었다. 국립행정학교를 통한 공직 선발은 키메라 같은 출신의 다양성을 보여주었지만, 엘리트 중심의 관직 임용을 둘러싼 논란은 오늘날까지 계속되고 있다.

우수한 능력인가, 다양한 구성인가?

영국 런던경제대학의 도널드 킹슬리 교수는 1940년대에 이른바 '대표관료제(사회 전체의 축소판과 같도록 관료를 구성하는 제도)'를 주창했다. 영국은 1853년 중산 계급에게 평등한 공직 기회를 보장한다는 명분으로 실적주의와 공개경쟁 시험 제도를 도입했으나, 100여 년이 지난 후 상류 계층 자녀들의 비중이 크게 높아졌다고 분석했다.[8] 계층별 교육 기회가 공평하지 않은 상황에서 공개경쟁 시험을 통한 공직 임용이 갖는 한계를 명확히 보여준 것이다. 이러한 분석 결과를 보고 킹슬리 교수는 다음과 같이 주장했다.

민주주의 국가는 상당한 규모의 시민들을 공직 참여에서 제외할 수는 없다. 다양한 경험을 통한 높은 통찰력과 지혜를 활용해야 한다. 민주적인 공직 시스템은 전체주의적 경쟁 시스템보다 우월하다. 민주주의에서는 능력만이 전부가 아니다. 노예 국가가 아닌 자유 국가에서 공직은 대표성을 가져야 한다.[9]

봉건 귀족 중심의 구체제는 공직을 노예에게 베푸는 자선의 일종으로 이해했다. 공직 임용을 통해 사람들을 구원해 줄 권리와 책임이 있다고 생각한 봉건 귀족들은 자신의 일을 효과적으로 해결하고 집행할 수 있는 유능한 사람을 임의로 선발했다. 이와 달리 민주주의 사회에서 공직은 귀족들이 베푸는 자선의 대상이 아니라 다양한 사회 계층의 지혜와 의견을 반영하는 시스템으로 본다. 그리고 지배 계층이 공직을 독점하는 것이 아니라 중산 계급 중심의 국가 건설을 강조한다.

킹슬리 교수는 "모든 사람은 다른 사람의 의지를 실행하는 데 넘을 수 없는 선이 있다"고 말한다.[10] 그런데 영국 관료 시스템은 그런 한계를 인정하지 않고 고위 관료들이 국가의 의지를 스스로 판단하여 이행하면 공정성이 실현될 수 있는 것으로 보았다고 비판했다. 소수의 똑똑한 엘리트가 모든 사람을 대변할 수 있다는 위험한 생각에 경고를 보낸 것이다. 킹슬리 교수가 말한 대표관료제는 공직을 여성만이 아니라 국적과 인종, 피부와 머리색, 지역과 학력에 따라 구성할 것을 주장한다. 최근에는 나이, 소득, 장애, 사회적 약자 등으로 확대되고 있는 양상이다.

이처럼 공직 구성의 다양성 문제는 예나 지금이나 뜨거운 이슈이다. 이는 곧 인사 차별의 문제로 귀결되기 때문이다. 차별은 사람들을 유형화하여 이미지, 감정, 행동을 결정함으로써 편견을 갖게 하고, 나아가 편협한 공직 구성과 편파적 인사 과정을 낳는다. 그 과정에서 차별받는 피해자들은 말할 수 없는 아픔과 고통을 삼키며 살아간다.

우리 사회에서 이루어지는 가장 심각한 인사 차별은 세 가지로 요약할 수 있다. 첫 번째는 성차별이고, 두 번째는 학력 차별이며, 세 번째는 지역 차별이다. 성차별은 선천적 조건에 의한 차별이고, 학력 차별은 후천적 조건에 의한 차별이며, 지역 차별은 반선천적·반후천적 특성에 의한 차별이다. 우리 사회 차별의 세 가지 트라이앵글인 셈이다. 공직 선발과 인사 과정에서 맞닥뜨리게 되는 차별이다.

편견과 차별은 일반적으로 비공식적이고 암묵적이다. 인사 차별은 더욱 그렇다. 공식적인 차별도 힘들지만 비공식적인 차별은 사람을 더욱 힘들게 한다. 누가 차별의 가해자인지 처벌 대상을 명확히 특정할 수 없기 때문이다. 인사 차별은 잘 보이진 않지만 조직 내에 광범위하게 퍼져 있고 직원 모두 알고 있는 경우가 많다. 단지 공개적으로 말하지 않을 뿐이다.

문제는 이러한 비공식적 관계가 공식적인 관계를 흔들고 왜곡한다는 것이다. 차별 우위 집단은 서로 만나지 않아도 문제를 해결할 수 있는 은밀한 신뢰 관계가 형성되어 있다. 대부분 폐쇄적이고 배타적인 성격을 갖고 있다. 중요한 핵심 정보를 서로 공유하면서, 심지어 공식적인 지시나 명령을 따르지 않는 일도 발생한다. 공식 직급이나 직책, 직위 대신 형님·동생이나 선배·후배로 호칭하면서 끈끈한 우애를 자랑한다. 더 나아가 유리 천장의 존재를 슬며시 언급하면서 차별의 현실을 받아들일 것을 강요하기도 한다. 이러한 차별이야말로 우리의 몸과 마음을 지배하는 보이지 않는 질병이 아닐까.

성차별, 과거의 추억인가

몇 년 전, 한 금융 공기업의 부장급 승진 인사위원회에 참석한 적이 있다. 15년 이상 경력의 승진 후보자들은 놀랍게도 모두 남성이었다. 특별 배려로 여성 2명이 후순위로 추가됐는데, 더욱 놀라운 것은 이들이 상위권의 남성 후보자들과 입사 동기라는 것이었다. 육아휴직 등으로 보직과 평가에서 밀렸다는 설명이었다. 치열한 논쟁 끝에 후보자가

됐고, 기관 역사상 최초로 여성 부장이 탄생했다.

하지만 그가 지금까지 겪었을 희생과 고통을 생각하면 마음이 편치 않았다. '최초'라는 이름의 고위직 여성은 대부분 마찬가지일 것이다. 직장과 가정생활을 정상적으로 병행하기 어려운 사회 구조를 성공적으로 극복한 '철의 여인'들이다. 고위직 승진 후에도 각종 소문과 잘못된 평판에 시달리기 일쑤다. 더욱이 '최초'가 되지 못하고 과로와 질병으로 중간에 포기하고 좌절한 여성은 또 얼마나 많은가.

최근 남녀평등 사회를 지향하면서 우리 사회의 성차별이 상당부분 해소된 듯이 말하는 것이 온당한 일일까. 차별의 현실은 그 뿌리가 매우 깊다. 예외적으로 역전적 양성평등 사례가 일부 있긴 하지만, 아직도 균형 인사는 갈 길이 멀다. 전체 공무원 중 여성의 비율이 50%에 이르지만, 고위직은 절대적으로 부족하다. 우선 여성 장관이 다수 임용됐는데도 차관은 대부분 남성이다. 현재 18개 부처 중 여성 차관은 한두 곳뿐이다. 국장급 이상 전체 고위 공무원의 여성 비율은 7~8%로, 일본을 제외하면 경제협력개발기구OECD 국가 중 최하위 수준이다. 일반직 고위 공무원만 보면, 1,000여 명 중 겨우 60~70명에 불과하다.[11]

여성 고위 공무원 중에서도 중앙부처 본부 국장은 극히 드물다. 외교부는 본부 국장 27명 중 여성이 1~2명이고, 여성 본부 국장이 없는 부처도 상당히 많다. 지난 정부 여성 대통령 아래서도 여성 장관은 1명뿐이었다. 시·도 지방자치단체의 경우도 마찬가지다. 문재인 정부 출범 후 장관의 3분의 1을 여성으로 기용하는 등 획기적 개선을 위해 노력하고 있지만, 여전히 국장급 이상 고위 관리직에서 여성의 비율은 매우 낮은 수준이다.

많은 여성이 활동하고 있으니 기다리라는 대답이 메아리처럼 들려오곤 한다. 앞으로 얼마나 더 기다려야 하는가.

직장에서 특히 차별 의식이나 행위가 나타나는 것은 차별의 편익이 발생할 때다. 평상시와 달리 승진이나 보직, 성과평가와 복무 등 경쟁 상황이 발생하면 수면 아래 있던 차별 의식이 슬며시 고개를 쳐들고 올라온다. 급격한 양성평등 추진으로 인사 역차별을 당했다고 억울해하는 사람들도 많다. 입으로는 양성평등을 외치면서도 위선과 거짓으로 생활하는 잠재적 가해자들도 많다. 평등사회를 향한 진통을 슬기롭게 해결할 수 있는 지혜가 필요한 시점이다.

독일에서는 1949년 독일기본법 제3조에 "남성과 여성은 평등한 권리를 가진다"고 규정했다. 통일 후인 1994년에는 "국가는 남녀평등이 사실상 관철될 수 있도록 지원하고 기존의 단점들을 제거하는 데 힘써야 한다"는 강력한 규정을 추가했다.[12] 다만 제33조 제2항에 "모든 독일인은 자신의 적성, 능력과 전문적인 성과에 따라 각각의 공직에 평등하게 임용된다"고 규정하고 있다. 최고의 인재를 공직에 임용한다는 '최고 선택 원칙 Bestenauslese'이다.

그런데 이 조항을 근거로 하여 여성 공무원이 승진에서 우대받은 경우, 경쟁자인 남성 공무원이 소송을 거는 일이 빈번하게 일어난다고 한다. 법적 다툼이 증가하면서 양성평등 제도도 더욱 정교해지고 있다.

우리나라도 독일의 법제만큼이나 강력한 규정이 많다. 양성평등기본법은 "국가와 지방자치단체는 공무원의 채용·보직관리·승진·포상·교육훈련 등에서 여성과 남성에게 평등한 기회를 보장하여야 한다"고 규정하고 있다. 또 국가공무원법은 최근 공무원 임용 시 "합리적인 이유 없이 성별, 종교, 사회적 신분 등을 이유로 차별해서는 아니된다"고 개정됐다.

이러한 법률 규정에도 불구하고 공무원임용령이나 승진 규정에는 법 취지를 반영하는 구체적인 내용이 없고 선언적 규정뿐이다. 예규인 균형 인사 지침에만 "승진 예정 인원수 범위 내에서 여성 인원 비율만큼 여성 공무원이 승진 임용될 수 있도록" 하고 있다. 양성평등 사회를 실현하는 데 필요한 법과 제도, 인식과 문화 측면에서 아직도 할 일이 많다.

부인할 수 없는 역사, 지역 차별

1990년대 중반 A부처에서 있었던 일이다. 당시 인사 문제에서 지역 차별은 지금으로서는 상상하기 어려울 만큼 심각했다. A부처 특정 업무의 과장급 이상 모든 결재 라인은 같은 지역 출신이 장악하고 있었다. 핵심 관리자인 과장, 차상위자인 국장, 부처 업무를 총괄하는 기획관리실장, 차관과 장관이 모두 같은 지역 출신이었다. 말단 사무관만 다른 지역 출신이었다. 차관과 과장은 같은 군郡 출신이고, 장관과 국장은 인접 군 출신이며, 장관과 차관, 국장은 모두 같은 고등학교를 졸업했다. 이들은 대부분 박정희 정부에서 공직에 임용된 후 전두환 정부와 노태우 정부에서도 공직 생활을 했다. 김영삼 정권이 들어서며 문민정부가 출범했지만 기존의 인적 구성은 크게 변하지 않았다.

20대 국회, 박근혜 정부에서 있었던 일이다. P의원이 법무부 장관에 물었다. "과거에도 보면 고검장 9명 승진하는데, (우리 지역은) 딱 1명 한 적이 있어요." "지역의 균형인사가 이뤄지도록 배려해 주셨으면 하는 부탁드립니다." 이에 대해 장관은 "능력 있고, 균형 감각을 아시고, 국민을 위해서 일할 수 있는 인재들이 승진되고 중용되어야 한다"고 답변했다. 이에 P의원은 바로 말한다. "'능력 있고' 이렇게 말하니, 어떤 특정 지역 사람들은 능력이 없는 사람들로 취급된다." "특정 지역 사람들은 굉장히 괴리감을 느낀다." 차별이란 터놓고 말하기도 어렵고, 증거도 찾기 어렵고, 설명하기도 어려운 부분이다. 그러나 분명히 존재하는 것이 현실이다.

선천적 특성인 성별보다 강한 내적 친밀도를 가진 것이 출신 지역이다. 말씨도 다르고 생각도 다르고 성격도 다르지만, 신체적 특성이 아니기 때문에 외견상 확인하기는 어렵다. 하지만 다른 지역으로 이사를 간다고 해도 태어난 고향은 바꿀 수가 없다. 지역 차별의 가해자들은 이러한 암묵적인 약점을 파고든다. 출신 지역은 한 사람의 이념과 사상, 성격, 성향, 행동을 예측할 수 있는 가장 기본적이고 대표적인 지표로 작용한다. 출신 지역의 언어가 다르니 숨기기도 힘들다. 그래서 가장 최선의 방법은 서로 출신 지역을 공개적으로 묻지도 않고 말하지도 않는 것이다. 하지만 모든 사람은 알고 있다. 아무리 객관적이고 합리적인 판단을 하는 전문가나 지성인이라도 출신 지역 문제에 자유로운 사람은 없다는 것을.

우리 역사에서 특정 지역 출신이 득세했던 긴 세월을 부인할 수 없다. 5·16 쿠데타로 군사정권이 탄생한 후, 특정 지역 출신 대통령이 계속 정권을 잡으면서 30년 이상 이어졌던 현상이다. 당시의 인사 전횡은 극에 달했다. 이러한 특정 지역의 인사 독점을 해체하고자 했던 사람이 문민정부 대통령이었다. 군 내부의 사조직을 색출해서 면직시키기도 했다. 그렇지만 그 역시 인사상 지역 차별 문제에서 자유롭지는 못했다.

출신 지역 간 인사 차별은 역사의 문제다. 그 차별의 역사를 논하지 않고 출신 지역의 인사 차별을 이야기할 수 없다. 불과 3년 전까지만 해도 두 번에 걸친 특정 지역 출신 대통령의 연속적인 집권은 30년 이상 지배했던 과거 지역 간 인사 차별의 유령을 다시 불렀다. 언제든지 다시 소환되는 지역 차별의 망령을 지울 수는 없는 것일까.

지역 균형과 지역 차별의 문제는 현재진행형이다. 장·차관 후보를 임명할 때 지역 안배를 하려고 노력하지만, 지역 차별 인사가 완전히 사라졌다고 말하기는 어렵다. 더욱이 고위 및 중간 관리들의 지역 균형 인사는 여전히 해결되지 않고 있는 문제임에 틀림없다. 지역 차별의 문제는 단순히 "우리가 남이가!"라는 말로 대표되는, 차별이 일상적으로 행해졌던 시절의 이야기가 아니다. 현재 지역 문제가 이념 문제로 일부 희석되고 있지만, 사실 이념 문제의 상당 부분은 지역 문제에서 발생했다. 지역 차별은 곧 인사 차별 문제이기도 하다. 정책이나 예산 배분의 문제도 있지만, 인사 차별이 가장 민감하고 직접적인 문제라 할 수 있다.

인사 불균형은 인사 차별로 이어지기 쉽다. 크고 작은 민원부터 정책 결정 과정에서 편향된 결정을 할 가능성이 있다. 또 특정 사안을 두고 이해충돌 상황이 발생할 가능성도 있다. 어느 누구를 차별하는 것은 곧 다른 누구에게는 불공정한 편익이 될 수 있기 때문이다. 독일 헌법에는 "연방의 최고 관청에는 각 주 출신의 공무원이 적당한 비율로 채용되어야 한다"는 규정이 있다. 우리도 출신 지역 간 균형 인사를 헌법이나 법률에 구체적으로 명시하면 좋을 것이다. 조직 내 상하 간 출신 지역의 균형도 검토해 볼 일이다.

공개된 비밀, 출신 학교 차별

인사 차별 트라이앵글의 세 번째는 학력 차별이다. 학력과 출신 학교에 따른 인사 차별을 정당화하는 명분과 논리는 상당히 단단하게 무장되어 있기 때문에 차별이 존재한다는 것 자체를 밝히기가 더욱 어렵다. 대부분의 경우, 능력이라는 아주 세련된 방식으로 포장하는 경우가 많다. 학력과 출신 학교에 따른 공직 인사의 차별은 채용 전과 채용 후로 구분할 수 있다. 채용 전의 인사 차별은 학력 블라인드 방식의 채용을 통해 상당 부분 해소되었지만, 채용 후의 인사 차별은 지역이나 성차별보다 훨씬 교묘하고 암묵적으로 이루어진다.

출신 학교와 학력 차별은 구분된다. 학력 차별은 대졸과 고졸 차이를 말하지만, 출신 학교 차별 행위는 학교 간의 서열 구조에 기인한다. 대학 진학률이 80% 이상으로 치솟으면서 학력 차별보다 출신 학교 차별이 광범위하게 이루어지고 있다. 과거 경기고와 광주일고와 경북고가 민사고와 대원외고와 영재고로 바뀌었을 뿐이다. 출신 대학의 서열 구조는 차이와 차별을 더욱 모호하게 한다. 대학 입시의 공정성을 덮어 두고 학교 간 차이를 인정하지 않을 수 없다는 논리로 포장되면서 출신 대학은 금기에 가까운 주제가 되었다. 단기적으로 해결할 수 없는 일에 불필요한 분란을 일으키지 않겠다는 생각과 함께, 차별 의식과 문화는 사회 밑바탕에 광범위하게 퍼져 가고 있다.

참여정부 때는 고졸 출신 대통령에 대한 힐난과 멸시가 공공연하게 자행되었다. 사법시험 합격으로 실력을 인정받았고 탁월한 정치 역량으로 대통령이 되었음에도 잔인하리만큼 학력 차별이 있었다. 이른바 명문고나 명문대 출신이 학력 차별 편익을 본다면, 비명문고나 비명문대 출신은 학력 차별 피해를 본다. 학력 편익은 자신의 능력보다 더 좋게 평가받는 데 반해, 학력 피해는 자신의 능력보다 더 나쁜 평가를 받는다. 실제 능력의 차이에 가감된 평가의 차이가 곧 차별이다. 차별받는 피해자는 얼마나 더 노력해야 자신의 능력을 인정받을 수 있을까. 현재의 시스템과 문화를 보면 불가능에 가깝지 않을까.

2017년 기준 고위 공무원의 진입 경로를 보면 총 1,490명 중 행정고시, 즉 5급 공채 출신자가 1,119명으로 약 75%에 달하고, 그중에서 SKY라 불리는 이른바 명문대 학부 출신자가 55.2%를 차지하고 있다.[13] 고위공무원단이 도입된 당시만 해도 고위 공무원 중 행정고시 출신 비율이 58.3%에 지나지 않았으나 약 10년 만에 크게 상승했다. SKY 비율도 당시 36.5%에서 약 20% 포인트나 크게 높아졌다.[14] 진입 경로와 출신 학교뿐만 아니라 출신 지역이나 사회 계층에 따른 차이를 살펴보면 더욱 심각한 수준일 것으로 짐작된다.

작가이자 칼럼니스트인 홍세화는 한 토론회에서 "학벌주의에 의해 희생되고 있는 아이들을 광란의 장으로부터 해방시켜야 한다"고 주장했다.[15] 우리 사회의 뿌리 깊은 학벌주의를 해소하지 않고는 고질적인 교육 문제를 해결할 수 없다는 비판이다. 선거 자료에서 국회의원 후보자의 학력을 삭제하자는 운동도 있었지만, 결국 유야무야되었다. 최근 차별금지에 대한 법과 제도가 강화되고 있지만, 출신 학교의 차별금지를 명시적으로 규정한 법률은 거의 없다. 학벌주의는 여전히 우리 사회의 미해결 과제로 남아 있다.

이처럼 학력과 학벌은 우리의 행동과 문화를 지배하고 있다. 그래도 외부 개방형 임용의 경우, 학력을 블라인드 처리 하고 있긴 하지만 블라인드 방식은 단기적이고 과도기적인 방법에 불과하다. 채용 과정뿐만 아니라 승진이나 전보 과정에서도 학력 블라인드 방식을 적용할 수는 없을까. 차별 문화가 바뀌지 않는 한 단기간에 바꾸기는 어려워 보인다.

최근 들어 청년세대에서 학력 차별을 당연시하는 경향이 나타나고 있다. 이들은 대학 입시에서 남다른 능력과 노력으로 입학한 특목고와 일반고를 똑같이 대우하는 것은 공정하지 않다고 본다. 학교 간 내신 등급의 차이가 분명히 있음에도 블라인드 처리를 하는 것은 공정하지 않다는 것이다. 대학 입시에서 특목고 학생을 우대하는 것을 공정성 차원에서 비난할 일이 아니라는 주장이다. 하지만 입시와 취업에서 출신 학교의 '차이'가 아닌 '차별'이 공공연하게 행해지고 있는 현실을 어떻게 할 것인지는 여전히 우리 모두가 고민해야 할 숙제임에 틀림없다.

'균형인사법' 제정해야

백범 김구 선생은 『백범일지』에서 우리나라가 망하고 민력이 쇠잔하게 된 가장 큰 원인은 "국민의 머릿속에 아무리 좋은 사상과 경륜이 생기더라도 그가 집권 계급의 사람이 아닌 이상, 또 그것이 사문난적斯文亂賊이라는 범주 밖에 나지 않는 이상 세상에 발표되지 못하기 때문"이라고 썼다. 즉 성리학이나 유교 이념을 반대하는 사람들도 포함하여 골고루 인재를 등용할 것을 강조한 것이다. 그러면서 인사 차별로 인해 싹이 트려다가 눌려 죽은 사상이나 싹도 트지 못하고 밟혀 버린 경륜이 얼마나 많았을까 한탄했다. 성별·지역·학력 차별로 인해 역량 있는 인재들이 얼마나 사장되었는지 되돌아볼 일이다.

광복 후 제정된 우리 헌법은 "모든 국민은 법 앞에 평등하고, 누구든지 성별·종교 또는 사회적 신분에 의하여 모든 영역에서 차별을 받지 않는다"고 되어 있다. 최근 개정된 고용정책기본법 제7조에는 "합리적인 이유 없이 성별, 신앙, 연령, 신체 조건, 사회적 신분, 출신 지역, 학력, 출신 학교, 혼인·임신 또는 병력 등을 이유로 차별을 하여서는 아니 되며, 균등한 취업 기회를 보장하여야 한다"고 규정하고 있다. 또한 국가인권위원회법은 종교, 장애, 나이, 출신 민족, 가족 형태나 가족 상황, 인종, 피부색, 사상 또는 정치적 의견, 전과, 성적 지향, 학력, 병력 등도 차별 행위에 포함하고 있다.

최근 공직 내 인사 차별을 금지하기 위한 법제화가 일부 이루어졌다. 앞서 언급했듯이, 최근 개정된 국가공무원법은 "국가기관의 장은 소속 공무원을 임용할 때 합리적인 이유 없이 성별, 종교 또는 사회적 신분 등을 이유로 차별해서는 아니 된다"고 규정하고 있다. 인사 차별 금지를 향한 획기적인 변화임에 틀림없다.

하지만 차별 대상을 "성별, 종교 또는 사회적 신분 등"으로 간단히 규정한 것이나 "소속 공무원을 임용할 때"라고 제한한 것을 보면 입법 과정에서 상당한 논란이 있었음을 짐작할 수 있다. 그럼에도 우리 사회 차별의 핵심 트라이앵글인 출신 지역과 출신 학교 차별에 대한 명시적 규정은 없다. 아울러 '임용'으로 제한함으로써 보수, 교육, 평가, 복무 등의 차별을 포함하지 않고 있으며, 차별에 대한 처벌 규정도 없다. 인사 차별의 근본적인 예방과 처벌을 위한 보다 적극적인 입법 노력이 필요한 부분이다.

차별의 문제는 결코 비공식적으로 은밀하게 처리할 일이 아니다. 차별 업무를 담당하는 정부 기관은 좀 더 적극적이고 당당하게 대처할 필요가 있다. 인사 차별에 대한 공개적인 언급은 자칫 피해자를 더 힘들게 할 수 있기에 신중하게 접근할 필요가 있다. 하지만 뿌리 깊은 편견과 인식을 바꾸기 위해서는 공개적으로 논의하고, 치밀하고 정교한 제도를 마련해야 한다.

'차별금지법'과 함께 '균형인사법' 제정도 필요하다. 차별금지법은 개인 또는 집단을 차별하거나 공개적으로 혐오·모욕·위협하는 행위를 금지하는 것이다. 즉, 차별금지 행위에 대한 실질적인 통제와 처벌을 규정하는 법이다. 공개적 또는 암묵적인 차별로 고통받고 있는 수많은 사람들을 위한 일이다. 균형인사법은 고용기본법이나 국가인권위원회법처럼 차별금지 대상을 확대하고, 전반적인 인사 과정에서 차별금지 행위를 구체화하는 것이다. 공직 선발부터 승진과 이동, 평가와 보수, 권리와 의무 등 평등하고 공정한 인사가 이루어지도록 규정하는 것이다.

이러한 노력은 조직 내 인사상의 차별과 편견을 획기적으로 개선하기 위한 첫걸음이며, 포용 사회로 가는 지름길이 될 것이다. 공직 구성의 다양성을 높이는 것이야말로 창의성과 경쟁력을 높이는 길이며, 민주적 공직 구성의 시작이 아니겠는가.

7 우수 인재 선발, 머리인가 가슴인가?

안정된 직장에 우수 인재란 없다?

　　1885년 연희전문학교(현 연세대학교)를 설립한 호러스 그랜트 언더우드의 증손자인 피터 알렉산더 언더우드는 그의 저서 『퍼스트 무버』에서 21세기의 한국이 아직도 80년대형 인재를 양산하고 있다고 지적했다. 그는 한국의 급속한 발전의 원동력이었던 교육이 이제 걸림돌이 되고 있다고 진단하면서, 한국의 학벌 사회와 획일 사회를 날카롭게 비판했다.

한국의 최고 인재들이 모였다는 SKY 대학생들을 보면 젊은 인재다운 패기와 도전보다는 거만한 상류층 의식과 안정만을 추구하는 보수성이 훨씬 더 많이 느껴진다. 이래서는 미래를 개척할 수 없다. 그 수많은 젊은 인재들이 대학 졸업장을 따겠다고 10대 나이에 밤을 지새고, 대학에 진학하면 고시에 합격하겠다고 고시촌으로 모여든다. 비극도 이런 비극이 없다.

이렇게 입사한 초년생들은 계급과 경력 중심 조직의 생리를 쉽게 터득한다. 그렇다 보니 입사 희망자는 줄어들고 진정 유능한 인재들은 진입하길 꺼린다. 관료제가 가장 심각하다는 일본에서는 공무원 시험 응시자가 20여 년 전과 비교하여 최근 3분의 1 수준으로 줄었다.[16] 뿐만 아니라 2019년 한 해 경제산업성에서만 23명의 관료가 민간 기업으로 이직했다.[17] 민간부문의 확장도 한 원인이지만, 관료사회의 잦은 야근, 낮은 보수, 사명감 퇴조가 주요 원인이라고 한다.

이는 일본만의 문제가 아니다. 우리나라도 마찬가지다. 상명하복과 과중한 업무, 경력 승진으로 묶인 공직사회를 청년세대가 외면하기 시작했다. 1980년대의 5급 공채, 즉 행정고시 경쟁률은 100~150대 1이었으나 1990년대에는 70~100대 1로 줄어들었고, 2020년에는 34대 1로 크게 감소했다. 매년 응시 인원도 15,000~18,000명에서 현재는 12,000명 수준으로 줄어들었다. 그만큼 민간 영역의 확대와 인구 감소가 영향을 미치기도 했겠지만, 공직 선호도가 낮아지면서 우수한 인재들이 오지 않는 현실이 반영된 것으로 해석된다.

반면, 9급의 경우는 다르다. 1980년대 9급 국가공무원 지원 인원은 총 5만 명 안팎이었으나 최근에는 15만~20만 명으로 크게 증가했다.[18] 3~4배가 늘어난 셈이다. 전국 단위 일반 행정직 경쟁률은 1980년대에 50대 1이었으나 최근에는 100대 1을 웃돌고 있다. 이러한 현상을 어떻게 해석해야 할까?

저성장·저출산의 고령화 사회로의 변화도 작용했을 것이다. 반복되는 경제위기와 구조조정으로 민간 일자리에 대한 불안감도 커졌다. 이런 외부적 원인과 함께 공직의 늘어난 장점도 작용한 것으로 보인다. 신분보장이 확실하고 보수도 상당히 높아진 데다 복지도 좋아지면서 공직이야말로 자신의 미래를 예측할 수 있는 최선의 선택지라고 확신하게 됐을 것이다. 일단 들어가기만 하면 자신을 지켜 줄 수 있는 든든한 보호막이 되기 때문이다.

약 10년 전 10개 대학 학생 731명에게 공직 선택 동기를 조사한 결과 "안정된 미래"가 압도적으로 많았다. 지금도 큰 변화가 있을 것으로 생각하지 않는다. 즉 공직은 "안정적이고 여유 있는 삶을 즐길 수 있는 시간과 적당한 보수, 사회적 지위가 보장"되는 자리로 인식된다.[19] 특히 현직 공무원들 대부분은 "신분보장이 잘 되어 있는 직업인 것 같아서", "보수나 연금 등으로 안정된 경제생활을 할 수 있는 것 같아서" 공직을 선택했다고 답변했다. "국민 전체에게 봉사하는 업무의 역할과 사명이 보람되어서"는 15%도 안 되었다. 대학생은 물론 현직 공무원들 모두 안정적인 직업이 최고라고 선택한 것이다.

그러나 자신이 순응하고 침묵하면서 인내하기만 하면 평생 근무할 수 있고, 신분 유지를 위해 어떠한 계급적 통제나 인간적 수모도 감내할 수 있다고 생각했다면 안타깝고 우울해진다.

암살당한 민주주의 엽관제, 그리고 실적주의

서구에서 민주주의 초창기의 채용 시스템은 '엽관제獵官制, spoils system'였다. 엽관은 '사냥 엽獵', '벼슬 관官'으로 '벼슬을 사냥한다'는 뜻이다. 영어로 하면 'office hunting'이다. 온갖 방법으로 관직을 탐하는 사람들의 행태를 가리키는 말이다. 하지만 엽관제는 개인의 잘못된 욕망 때문이라기보다는 당시의 공무원 임용 제도에서 비롯된 것이었다.

엽관제는 원래 선거에서 이긴 사람이나 정당이 정부 내 공직을 차지하는 시스템이다. 선거에서 승리한 정당이 '전리품spoils'으로 공직을 차지하는 방식이다. 따라서 전리품을 얻기 위해 정권과 직접 또는 간접으로 연결된 사람들이 관직 사냥을 위해 치열하게 경쟁했다.

전쟁의 승리자에게 주어지는 '전리품'이라는 이름은 공직을 다소 희화화하는 측면이 없지 않지만, 원론적으로 보면 공직은 국민의 뜻을 실현하기 위한 도구라는 의미가 담겨 있다. 국민에 의한 선거로 집권한 정당이 자신들의 선거 공약을 실천하기 위해 자기 정당 소속 사람들을 공직에 임용하는 것이다. 그런 점에서 보면 엽관제는 민주적 임용 시스템이다.

엽관제는 1830년 미국의 7대 대통령인 앤드류 잭슨이 맨 처음 도입했다. 그는 임기 초기 부패한 귀족주의를 청산하고 보통 사람들의 권리를 신장한다는 기치를 내걸었는데, 그 일환으로 엽관제를 규정한 '관직보유법Tenure of Office Act'을 도입했다.[20] 이것은 그때까지만 해도 정년도 없이 무한정 공직을 차지했던 공무원의 재임 기간을 제한할 수 있는 법률이었다. 공무원의 재임 기간을 4년 이내로 묶어서 새로 선출된 대통령에게 공직자들을 선택하고 임명할 수 있는 권한을 준 것이다. 그래서 이 법을 '4년 법Four-Year Act'이라고도 했다.[21] 이 법은 정치적으로 임명된 공직자들도 순환배치하여 적재적소에 배치하고자 했다.

법 제정 이전까지만 해도 과거 대통령 또는 고위직의 친인척이나 귀족, 명망가 등 혈연이나 인맥에 의한 공직 임용이 많았으며, 한번 공직에 들어가면 평생직장으로 근무할 수 있었다. 이렇게 임용된 공무원들은 국민의 의사를 존중하지 않고 책임성이 부족했으며, 부패도 심했던 것이다.

그렇다고 해도 관직보유법은 본래의 입법 목적을 달성하기에는 한계가 있었다. 당시 집권당인 민주당 당직자들이 대거 임용됐고, 실제 임용하는 기준도 친구 관계, 정치적 인연, 출신 지역 등이 크게 작용했다. 공직밖에서 이루어진 공공연한 엽관은 더욱 심했다.

급기야 1881년에 미국의 20대 대통령인 제임스 가필드가 취임한 지 4개월도 채 되지 않아 암살당하는 사건이 발생했다. 당시 변호사였던 암살자 찰스 귀토는 공화당의 충직한 당원으로서 대통령 당선에 크게 기여했다고 스스로 생각하고 빈이나 파리의 영사직을 요구했지만 거절당하자, 대통령을 암살한 것이었다.[22] 이로 인해 엽관제도에 대한 국민적 공분이 커지면서 공무원 제도 개혁을 요구하는 목소리가 높아졌다.

당시 정치적 상황도 급박하게 돌아갔다. 1882년 의회 선거에서 공화당이 참패하자, 당선된 의원들의 새 임기가 시작되기 전에 엽관제로 이미임용된 공화당 출신 공직자들을 보호하기 위해 공화당은 아직 다수당일때 공무원 개혁법을 통과시켰다.[23] 이렇게 탄생한 법이 '펜들턴 공무원법Pendleton Civil Service Act'이다.

미국의 펜들턴 공무원법은 그야말로 실적제 중심이다. 주요 내용을 보면[24] 첫째, 공무원을 선발할 때에는 정치적 관계보다는 경쟁시험에 의한다. 둘째, 공무원을 정치적 이유로 임용하거나 퇴직시키는 것은 불법이다. 셋째, 공무원이 되기 위해 정당원들이 정치적 임용을 기대하면서 정당에 내는 정치적 기여금 성격의 수수료는 불법이다. 넷째, 공무원 경쟁시험을 관리하는 공무원인사위원회를 설치한다.

사실 이러한 실적제를 맨 처음 도입한 나라는 프랑스였다. 18세기 말 프랑스 혁명은 중산층을 양산했다. 영국에서 시작된 산업혁명의 영향을 받아 상업적으로 성공한 사람들이 나타난 것이다. 그들은 혁명 후 귀족들이 외국으로 망명하면서 그 빈자리를 채울 계층으로 부상했다. 중소기업가, 상공업자 등 새로운 중산층은 상업적 성공에 머무르지 않고 자녀들에게 상류층 교육을 시킴으로써 관계官界 진출을 꾀했다. 돈 가진 자는 권력을 원하고 권력 가진 자는 돈을 원하듯이, 어느 정도 부를 거머쥐게 된 이들은 교육을 통해 국가를 지배하는 정부 엘리트로 성장하기를 바랐다. 공직 임용의 실적주의로의 변화는 이러한 바람으로 촉진되었다.[25]

혁명 이전까지만 해도 왕정 국가였던 프랑스는 귀족 사회로서 출생 신분과 연줄에 의해 공직이 결정되었다. 18세기 중반 하노버 왕국의 한 가난한 젊은 변호사는 공직에 지원했으나 거부당했다. 그의 아버지가 귀족이 아닌 제본업자라는 이유에서였다.[26] 하지만 혁명 후에는 출생 신분보다 능력과 실적이 중요해졌다. 그 결과 개인 간 경쟁시험을 통한 공직 임용 제도가 도입되면서 귀족 출신이 아니어도 공직에 들어갈 수 있었다. 그 결과 부패 가능성이 낮아졌으며, 업무 효율성도 높아졌다.[27]

실적주의는 또 하나의 귀족주의인가

그렇다고 실적주의가 만능은 아니었다. 실적주의는 국민의 의사에 둔감한 극단적 엘리트주의를 낳았으며, 전문가들로서 조직의 폐쇄성을 키웠고, 국익보다는 자신들의 집단 이익을 앞세우는 문제점을 드러냈다. 지금까지 세계 여러 나라들이 겪는 실적주의 관료제의 한계이다.

미국 정부는 1924년 로저스법에 따라 외교부에 실적주의를 도입했다.[28] 외교관을 필기시험으로 공개 채용하기 시작한 것이다. 외교직을 전문화하기 위한 조치였다. 하지만 외교관들의 귀족적이고 폐쇄적인 구조가 강해지면서 국민들과의 괴리가 점점 커졌다.

급기야 1965년에 외교부를 대폭 축소하는 조치가 취해졌다. 고위직 125개를 없앴고 160개 직위를 재편한 것이다. 비외교관 출신인 행정관리 담당 차관보 윌리엄 크로켓이 단행한 개혁 조치였다.[29]

하지만 크로켓이 1967년 초에 사임하고 전형적인 관료 출신이 새로 임명되자, 개혁 조치는 대부분 과거로 회귀했다. 1969년 초에는 크로켓이 축소했던 고위직이 모두 되살아났다. 이를 본 크로켓은 "그들이 변하면 변할수록 더욱 똑같았다(The more they change, the more they stay the same)"고 말했다.[30] 변하지 않는 관료사회의 한계를 지적한 것이다.

1969년 닉슨 대통령이 취임했지만, 외교정책은 대부분 백악관을 중심으로 이루어졌다. 대통령직인수위원회 시절부터 닉슨 대통령은 외교부를 믿지 않았다. 외교관들이 자신에게 충성하지도 않고, 아이젠하워 대통령 당시 부통령이었던 자신을 대통령이 아닌 부통령 정도로 보고 있다는 것이었다. 그는 외교관과 CIA 관료들을 분석적 객관성이라는 허울 아래 자신들의 선호를 밀어붙이는 사람들이라고 비판했다.[31] 당시 데탕트(긴장완화) 정책을 적극 추진하는 과정에서 외교부나 외교관들과 직접적인 대면 충돌을 원치 않았던 닉슨 대통령은 이 때문에 아예 회의를 열지 않았으며, 외국 정상들과의 회담에 외교관들을 배석시키지도 않았다. 1973년 헨리 키신저가 국무장관이 되어 새로운 개혁 작업을 추진했으나 큰 성과를 내지는 못했다.[32]

우리나라도 예외가 아니다. 정권마다 외교부와 검찰의 최고 엘리트를 향해 변화를 주문했지만 매번 허사였다. 노무현 대통령은 평검사와 대화까지 해가면서 적극적인 개혁을 주문했지만 아무 소용이 없었다. 문재인 대통령은 취임 후 "외교부 내부의 폐쇄적 조직문화가 외교의 발전을 저해하는 걸림돌"이라면서 외교부의 개혁을 강조했지만, 여전히 큰 변화는 없다. 많은 국민들은 여전히 다양성과 민주성을 높이고 국민 중심의 외교부와 검찰로 다시 태어나기를 원하고 있지만, 아직 갈 길이 멀다.

우리나라의 3대 엘리트 집단을 꼽으라면 검사, 외교관, 경제 관료를 들 수 있다. 모두 실적주의에 근거한 경쟁시험 합격자들로 구성된다. 이들 조직의 규모를 보면 권력의 위상을 가늠할 수 있다. 기획재정부의 경우 최고 엘리트로 자부하는 본부 실·국장이 40명에 달하고, 과장만도 100명이 넘는다. 19개 정부 부처 중 본부 인력이 가장 많다. 통일부나 여성부와 비교하면 무려 4배가 넘는다. 부처의 기능과 업무, 그리고 인력 규모를 다시 한 번 따져 볼 일이다.

외교부의 경우 본부 인력 부족을 호소하고 있지만, 실·국장의 직위만 무려 24개이다. 외교부 전체 인력이 우리보다 훨씬 많은 일본 외무성은 12개뿐이다. 우리나라 대검찰청의 정원은 500명이 넘는다. 반면 일본 최고검찰청은 120명 정도에 불과하다. 한국과 일본을 단순 비교하기 어려운 점이 있긴 하지만, 외교부와 검찰의 기능과 역할을 재정립하는 등 근본적인 변화를 깊이 고민해 봐야 한다.

문재인 정부는 임기 초부터 권력기관의 개혁과 민주화를 위해 다양한 노력을 기울이고 있다. 외교부 장관에는 최초의 비非외시 여성을 임명했고, 법무부 장관에는 비非고시·비非검찰 출신을 임명했다. 파격적 발탁이었다. 대표적 관료 집단에 보내는 강력한 개혁 메시지였음이 분명하다. 독점적이고 폐쇄적인 조직의 '체질'을 획기적으로 바꾸라는 주문이었다. 국민도 놀라며 외교부와 검찰의 전례 없는 개혁을 기대했다.

하지만 지금까지 개혁이 얼마나 진전되었는지는 가늠하기 어려운 상황이다. 그들의 헌신적인 봉사와 노력에 감사하면서도 실적주의의 아성은 쉽게 무너지지 않았고, 민주주의가 들어갈 틈새는 좀처럼 찾기 어려웠다.

훈련된 무능력에 대한 검증 멈춰야

흔히 실적주의에 기초한 필기시험의 한계를 지적하면서 면접을 강조한다. 면접 과정에서 어떤 사람을 뽑을 것인가는 조직과 리더들의 공통된 고민이다. 특히 정부 조직은 더 그렇다. 지금까지 공통된 방향은 공직 가치나 인성을 갖춘 사람을 뽑겠다는 것이다. 역량보다 인성을 강조하면서, 면접을 통해 채용 후보자의 인성을 보고 도덕성을 검증하겠다고 한다. 과연 인성이란 무엇이며, 짧은 면접을 통해 인성을 판단할 수 있는가.

1980년대 초 전두환 정부는 행정고시 면접시험을 강화했다. 2차 필기시험에서 130%를 선발하고 면접에서 30%를 탈락시켰다. 면접 기준은 "학사징계를 받았거나 신원조회 이상이 있는 자" 등 이른바 '부적격자'였다. 최종 면접에서 품성과 자질 중심의 인성 평가를 실시했는데, 시국 관련 시위 전력이 있는 응시자들은 면접에서 탈락했다. 당시 면접을 총괄한 총무처 장관은 "학교 다닐 때 시국 데모한 사람들은 배제하도록 하라"고 노골적으로 구두 지시를 하기도 했다.[33] 이러한 이유로 백종섭 등 5명이 면접에서 탈락했다. 그중 경북대 박문화(당시 24세) 씨는 2회 연속 불합격한 것을 비관해서 자살하는 일까지 있었다.[34] 그 뒤로도 2차 필기시험에 합격한 학생 시위 전력자들은 3차 면접에서 대부분 탈락했다.

2015년 초 박근혜 정부는 면접시험에서 공직 가치를 강조했다. 공직 가치와 인성 평가 비중을 대폭 늘리고 직무능력 평가 비중은 상대적으로 축소했다. 공직 가치 면접의 첫 번째 요소로는 국가관과 애국심을 꼽았으며, 민주성과 다양성은 삭제하라고 지시했다. 이후 면접에서는 "애국가 4절을 불러 보라", "태극기를 그려 보라", "국기에 대한 맹세를 외워 보라"는 황당한 질문이 쏟아졌다.[35] 새마을운동과 국정교과서에 대한 의견도 물었다. 이것이 인성 면접인가.

공직자의 인성과 공직 가치는 공직 생활의 필수요건으로 중요한 평가 기준임에 틀림없다. 하지만 지금까지의 과도한 인성 면접은 면접의 목적과 취지를 왜곡하여 맹목적 국가주의와 경직된 집단의식을 조장했고, 직무와 상관없이 인격적 비굴함을 강요했다.

몇 년 전 면접위원으로 7급 면접 장소에 간 적이 있다. 면접장 분위기는 딱딱하고 경직되어 있었다. 거의 똑같은 옷차림, 훈련된 표정과 몸짓, 군대식 말투는 놀랍지도 않았다. 공직에 들어서기 전부터 획일화된 행동, 형식과 위선의 기술을 익히고, 울타리에 갇힌 사고와 문화를 먼저 학습하는 것이다. 인성 면접의 결과이다.

한 응시자의 마지막 한마디가 뇌리에 아직도 생생하다. 그 응시자는 개별 면접이 못내 아쉬운 듯, 나가려다 말고 돌아서서 부동자세로 외쳤다. "위원님께서 합격만 시켜 주신다면, 국가를 위해 열심히 일하겠습니다!!" 누가 젊은 세대를 이렇게 만들었을까.

이제 면접시험은 인성보다는 역량이어야 한다. 학원에서 찍어낸 듯한 '훈련된 무능력'에 대한 검증을 멈춰야 한다. 인성과 스펙을 넘어 역량 면접이다. 문제해결 능력과 정보 분석 능력, 의사소통 능력과 협의 조정 능력을 검증하고, 도전 정신과 창의적 사고, 비판 능력도 포함시키면 어떨까. 면접을 예비 공직자들이 공직 생활을 구상하고 설계하는 대화의 시간으로 만들자고 하면 너무 순진한 생각일까. 높은 긴장감 속에서도 작은 설렘이 있는 곳이어야 한다. 응시자들의 역량과 인성을 공정하게 측정할 수 있는 면접 방식의 과감한 변화가 필요한 때다.

현대판 과거시험을 혁파하라?

1세기 초 로마 제국의 티베리우스 황제는 적재적소와 능력 위주의 인재 선발로 유명했다.[36] 로마 시민권 소유자 중 중상류층인 기사 계급 시민을 황제 재무관 등 각종 행정 관료로 등용하는가 하면, 속주에서 태어난 로마 시민도 출신 성분 때문에 불이익을 주지 않았다. 군단장은 군사 능력, 행정관은 행정 능력을 보고 발탁했으며, 속주 총독은 명문 귀족으로 임명했다. 전쟁에 패한 민족 중에서도 뛰어난 인재가 있으면 등용했다.[37] 카프리 섬에 은둔한 뒤 10년 동안 한 번도 공식석상에 나타나지 않았지만, 티베리우스 황제의 냉철한 선정善政은 이어졌다.

이러한 능력 제일주의 인사는 티베리우스 황제 이후 칼리쿨라, 클라디우스, 네로 황제에 이르기까지 유지되었다. 티베리우스 황제가 임명한 사람들은 거의 바뀌지 않고 계속 등용되었을 정도로, 그는 가장 훌륭한 황제 가운데 한 사람으로 평가받고 있다.[38]

스토아 학파의 영향을 받아 로마 제국의 엘리트들은 공익에 봉사하는 것을 자신의 책무로 알았다. 그들은 폐쇄적인 도시국가가 아니라 세계국가의 필요성을 강조했다.[39] 이를 위한 타민족 동화 정책의 첫 번째 방법이 우수한 인재 등용이었다.[40] 인재 등용을 위해 필기시험을 보지는 않았지만, 인재 발굴을 위해 다양한 노력을 기울였다.

로마인들은 인재를 등용할 때 연줄을 중시했다. 연줄이란 책임지고 어떤 인물을 추천하는 것을 말한다. 인격과 재능이 뛰어난 사람이 추천하면 역시 인격과 재능이 뛰어난 사람을 추천할 가능성이 높다고 보았기 때문이다. 그런 점에서 인재 등용은 승부였다고도 한다. 등용하는 사람만이 아니라 추천하는 사람도 이 승부에 참여시켜 관련자 모두에게 책임을 지우는 방식이다.[41] 반칙과 특권을 상징하는 우리의 연줄과는 차이가 있었다.

역사학자 한영우 교수는 그의 저서 『과거, 출세의 사다리』에서 조선시대가 양반이 독점한 폐쇄사회라는 일반적인 인식을 거부한다. 그는 조선 초기부터 능력 중심의 과거제도를 통해 하층민들이 신분 상승할 기회가 있었던 개방사회의 측면이 있다고 주장한다.[42]*

하지만 과거에 급제하여 관직에 임용되더라도 당상관에는 오르지 못하는 등 제한이 많았고, 문과 급제자들은 이른바 '청요직'으로 나가지 못했다.[43] 청요직은 6조 낭관(정랑과 좌랑)이나 홍문관, 예문관, 사헌부, 사간원, 승문원 등으로, 오늘날로 치면 중앙부처 실장과 국장, 대통령비서실, 교육부, 감사원, 국민권익위원회, 외교부 등에 해당한다. 따라서 능력을 존중하는 시험 제도인 과거제도를 통해 하층민에게 관직 기회가 주어진 것은 사실이라 하더라도 양반 중심 사회임을 부정하기는 어렵다.

조선 중기 이후에는 과거제도 폐지를 주장하는 유학자들이 많았다. 17세기 중엽 실학자 유형원은 양반, 중인, 서얼로 엄격하게 구분된 신분구조를 비판하면서 과거제 혁파를 주장했다. 대신 공거제貢擧制를 실시하

---

* 조선 전기(태조~선조) 217년간 선발된 문과 급제자는 총 4,527명이었고, 이 중 신분이 낮은 급제자는 1,100명이었다. 이 가운데 249명이 3품 이상에 올라 22.62%를 차지했다. 전체 급제자의 6.76%에 불과했다. 조선 후기(광해군~갑오경장) 287년간 문과 급제자는 총 10,080명이었고, 이 중 신분이 낮은 급제자는 4,121명이었다. 이 가운데 633명이 3품 이상에 올라 전체 급제자의 6.27%에 불과했다. 특히 3품 이상 중에 최고위 관직에 오른 사람은 정승이나 판서는 없고, 633명 중 15명에 지나지 않았다.

자고 강조했다.[44] 공거제는 일종의 천거 제도로서, 능력 있는 자를 추천받아 관료로 등용하는 것이다. 과거제도가 능력 있는 서족 중인들의 출세를 막고 사족, 즉 양반에 유리한 제도로 작용하는 것을 막기 위한 제도였다.

18세기 실학자 성호 이익도 세습적 특권을 누리는 양반 문벌을 비판하고, 과거제도를 나라를 해치는 여섯 가지 '좀' 중의 하나로 보았다. 그는 사농합일士農合一을 통해 농민도 천거를 받아 벼슬길에 나아갈 수 있도록 하고, 천민도 과거에 응시할 수 있도록 해야 한다고 주장했다.[45] 성호 이익의 재종손인 이중환 역시 문벌 양반 중심의 신분 구조를 비판했다. 그는 "대가와 명가 등 서울의 문벌 양반에서만 인재가 등용되고, 학문과 도덕을 연마하는 진정한 사대부는 버림받는 상황이 되었다"고 주장했다.[46]

공직을 능력에 따라 개방하는 것은 역설적이게도 관료제라는 '닫힌' 사회를 만들었다. 19세기 실적주의 공직 제도의 핵심 정신 역시 18세기 계몽주의와 다를 게 없었다. 경쟁시험에 의한 능력주의는 자동 승진을 보장했고, 실적에 의해 시험에 합격한 사람이 대부분 승진했다. 이는 민주주의와 자유 사회를 추구하는 정치적 이상과는 거리가 있다.

최고의 학식과 덕망을 갖춘 엘리트가 한 사회의 소중한 자산인 것은 틀림없다. 우수한 역량을 갖고 있으면서도 국민의 의사를 존중하고, 민주주의 가치를 실천하는 고위 관료들이 필요하다. 자신의 허물을 인정하고 다른 사람의 말에 귀기울일 줄 아는 엘리트가 진짜 엘리트 아닐까. 실적주의와 신분보장이 갖는 관료제의 폐쇄성을 극복하고 국민을 먼저 생각하는 엘리트의 역할이 어느 때보다 아쉬운 때다.

8 승진을 위한 인정투쟁, 멈출 수 없는가?

미야자키 타쿠마와 김용철

미야자키 타쿠마는 도쿄대학을 졸업하고 스물여섯 살이었던 1998년에 소니에 입사했다. 그는 바이오 컴퓨터의 최전성기에 일선에서 활약한 후 2005년 6월 입사한 지 7년 만에 퇴사했다. 그는 소니의 추락을 목격하면서 일개 사원이었던 자신이 겪은 인사 경험을 『소니 침몰』에서 솔직하고 대담하게 공개했다. 그는 세계적인 민간 기업으로 성장한 소니가 2000년대 이후 쇠퇴한 이유를 승진 인사 제도에서 찾았다. 그가 밝힌 소니의 승진 인사 제도의 폐해는 다음과 같다.

아무리 유능한 사람이라도 이처럼 긴 인고의 세월을 견뎌낸 뒤 얻은 대우에 집착하게 되고, 적극적으로 성과를 내기보다는 자리를 무사히 보전하려 노력하게 된다. 자기 의견을 피력하여 자칫 랭크가 떨어지거나 좌천이라도

되면 큰일이기 때문이다. 애사심과 정의감은 어딘가에 내버리고 상사에게 영합하는 태도로 일관하게 된다. 그러는 편이 훨씬 편하고 또 출세하기도 쉽다. 소니의 승진 제도는 유능한 인재를 시간을 들여 바보로 만드는 결과를 낳고 있었다.[47]

소니는 평사원의 직능 랭크만 보더라도 S1, S2, S3, S4, S5, 계장대리, 계장 7등급으로 되어 있었다. 대체로 입사에서 계장이 되는 데 7년이 걸렸다고 한다. 계장에서 과장, 과장에서 부장으로 가는 과정은 실력보다는 연차가 좌우했다. 직능 랭크 단계마다 승진하는 과정은 20대 젊은 직원이 참아내기 힘든 고통과 인내의 연속이었다. 그는 결국 잘못된 시스템 속에 '바보'로 남기 싫어서 회사 문을 박차고 나왔다고 한다.[48]

오랜 검사 생활 후 삼성에서 10년을 근무했던 김용철 변호사도 비슷한 경험을 하지 않았던가. 그는 저서 『삼성을 생각한다』에서 자신이 경험했던 검찰 내의 치열한 승진 경쟁을 회고한다. 민간 기업과 관료사회를 동시에 경험한 변호사의 솔직하고 대담한 고백이었다. 검찰 내부의 속살에 대한 고발이기도 했다. 그에 따르면 "어느 선배 검사는 암으로 죽어 가면서도 다음 보직을 걱정했다"고 한다.[49] 그 이유를 그는 "대학입시, 사법시험 등 치열한 경쟁 속에 살아남은 자들이 모인 곳이 검찰이다. 그래서 동기가 자기보다 좋은 보직으로 가는 것을 못 견디는 이들이 많다. 어떤 경우에는 자신의 보직보다 동기들의 보직에 더 신경을 쓴다"고 설명했다.[50] 보직은 검사들의 자존심이자 생명줄 같다고 했다. 보직은 곧 승진을 위한 과정이기 때문이다.

아무리 막강한 권력을 가진 검찰이라도 보직과 승진 앞에서는 무력하다. 인사에는 장사도 없고 초인도 없다는 것이다. 권력의 상징인 검찰뿐만 아니라 일반 공무원의 사정도 비슷하다. 민간 기업의 평범한 직장인도 승진에 매달리기는 마찬가지다. 보직 영전이나 승진 인사가 자신의 성공 여부를 판가름하고 인생의 성패를 결정하기 때문이다. 결국 이는 조직의 성패를 좌우하는 핵심 요인이 된다.

우리 직장인들은 승진에 대한 욕망이 왜 이토록 강할까. 승진 욕망에서 빠져나올 수 없는 건가. 우리의 인사 시스템이 만든 고문이자 재앙이 아닐 수 없다.

승진은 인정투쟁의 산물인가?

헤겔은 인류의 역사를 "인정투쟁struggle for recognition"의 과정으로 해석한다.[5] 인간의 근본적인 특성은 다른 사람들이 원하는 것을 자신이 원하는 것으로 본다는 것이다. 자아는 타자의 인정을 통해서 의식이 부여된다는 말이다. 자아는 자신의 가치를 스스로 인정하기에는 객관성이 부족하고 불충분하기 때문이다. 객관성의 결핍은 타자의 인정을 통해 자아의식이나 정체성으로 완성될 수 있을 뿐이다.

이와 같이 인간은 근본적으로 사회적 존재라는 측면에서 동물과는 다르다고 본다. 돌고래나 원숭이는 물고기나 바나나를 원하지만, 다른 돌고래나 원숭이가 무엇을 원하는지는 생각하지 않는다. 동물에게는 오직 생물학적 욕구만 존재하지만, 인간은 생물학적 측면에서 아무런 의미가 없는 경기에서의 금메달이나 전쟁에서 적군의 깃발, 그리고 자신의 명성이나 특별한 의복 따위를 원한다.[52] 헤겔에 따르면, 인정투쟁은 단순히 타자의 인정을 받는 데 그치지 않고 타자로부터 '인간'으로 인정받기를 원하는 것이다. 이러한 욕구를 위해서는 자신의 목숨을 던지는 위험도 감수한다. 즉, 인간은 자기 자신의 명예와 위신을 위해서는 죽음을 무릅쓴 폭력적인 투쟁도 서슴지 않는다. 헤겔은 이를 "피비린내 나는 혈투bloody battle"라고 말한다.[53]

승진 욕구 역시 인간의 근본적 속성인 '인정투쟁'의 발로로 해석할 수 있다. 특히 우리나라 관료들의 경우, 승진이 높은 보수를 보장하지는 않는다. 연공제의 보수 체계에서 승진은 큰 의미를 갖지 않기 때문이다. 대부분의 직급에서 승진에 따른 보수 인상은 기본급으로 40만~50만 원 수준이다. 하위 직급이나 낮은 호봉의 경우, 인상 수준은 더욱 낮다. 적지 않은 인상으로 생각할 수 있지만, 매년 10만 원 내외의 호봉 승급이 자동적으로 이루어지는 상황에서 큰 의미를 갖는다고 보기는 힘들다. 그럼에도 불구하고 관료들이 승진에 매달리는 이유는 경제적 보상 이상의 심리적 측면이 있기 때문이다.

즉, 승진은 조직 내부에서 자기 정체성을 확인하고 인정 욕구를 충족해 주는 일생의 중대 사건이다. 승진은 조직 내부의 다른 사람들이 자신을 '인간'으로서 명예와 위신을 인정해 준 결과로 해석된다. 승진 후보자 간의 치열한 경쟁은 정년까지의 신분 보장과 적정한 보수 지급이라는 직업 공무원 시스템에서 다소 억제되기도 하지만, 인정 욕구를 위한 보이지 않는 투쟁은 결코 멈추지 않는다. 그러다 보니 상대방에 대한 폭력이나 술수도 불사하는 '피비린내 나는 투쟁'이 벌어지기도 한다. 관료사회의 승진 경쟁도 선거 과정에서 정치인들 간에 벌어지는 흑색선전과 비방, 밤낮을 가리지 않는 투쟁과 다를 바 없다.

티모스, 기개 있는 사람이 없다

이러한 인간의 독특한 특성인 인정욕구가 부정적 의미만 있는 것은 아니다. 앞에서 잠깐 언급했듯이, 인정욕구는 플라톤의 『국가』에서 소크라테스가 글라우콘과의 대화 과정에서 말한 영혼의 세 가지 부분 중 '티모스thymos'에서 비롯된다. 그리스어인 '티모스'는 인간이 가진 '이성적인 부분'과 '욕구적인 부분'과는 별개로 '기개적인 부분'을 말한다.[54]* 기개는 이성이나 감정과 구분하여 별개로 취급할 만큼 인간이 가진 특별한 영혼으로서, 영어로 번역하면 'spiritedness'이다. 플라톤은 기개를 화 또는 분노이며, 명예에 대한 사랑이라고 규정한다. 즉 잘못을 바로잡으려는 욕구와 분노이자 비이성적인 동기의 원천이라는 것이다.[55]

이러한 기개는 옳고 그름, 좋고 나쁨에 대한 판단을 내포하고 있다. 즉 티모스적 분노는 "나쁜 일이 발생했을 때 따져 봄의 작업 없이 즉각적으

---

* '인정욕구'에서 '욕구'라는 용어를 사용하고 있으나 '욕구적 부분'과 '기개적인 부분'으로 구분하여 사용하고, '인정욕구'는 그중에서 '기개적인 부분'을 말하는 것으로 해석된다.

로 바로잡는 방향으로의 영혼의 움직임"으로 규정한다.[56] 소크라테스가 예를 들어 설명하듯이, 오디세우스는 자신이 없는 동안 집에서 행패를 부리던 페넬로페의 구혼자들과 부적절한 행위를 일삼은 하녀들에게 분노해서 구혼자들과 하녀들을 죽인다. 그는 욕구적 분노나 이성적 부분만으로 해석할 수 없는 기개적인 부분이 가세해서 그 일을 수행했다고 말한다.[57] '기개'적 측면에서 보면, 관료들의 승진 욕구는 역량과 성과와 책임에 대한 적극적이고 긍정적인 에너지로 해석된다. 다른 사람들이 자신의 가치를 낮게 평가하거나 인정해 주지 않으면 분노하고, 정당하게 평가를 해주면 보람과 긍지를 느끼게 된다. 승진은 자기 존엄이 아니면 굴욕이기 때문이다. 이처럼 헤겔이 말한 인정욕구는 티모스에 의해 발현된 욕구로 볼 수 있다.

문제는 과도한 기개에 있다. 지나치게 과장하거나 뚜렷한 근거 없이 자신의 존엄과 우월적 가치를 강조할 경우, 순수한 기개는 왜곡된다. 미국 스탠퍼드대 프랜시스 후쿠야마 교수는 이를 '우월욕망megalothymia'이라고 했다. 우월욕망은 이웃 나라 사람들이 자신의 권위를 인정하도록 침략하는 정복자나 베토벤 음악에 대한 최고의 해석자로 인정받기를 원하는 피아니스트와 같이 과도한 인정욕구이다.[58] 이것은 단순히 이성적인 측면에서 합리적 계산에 의해 이루어지기보다는 자신을 위협하는 사람들에 대한 비이성적 분노에서 기인한다.

로마의 철학자 키케로는 야심이 크면 클수록 명예욕 때문에 더 쉽게 불의를 저지르도록 충동을 받는다고 했다.[59] 이는 마키아벨리가 말한 '영광에 대한 욕망desire for glory'과 유사하다. 이처럼 자신의 우월성을 인정해 주길 바라는 과도한 욕구는 일상생활에서 수많은 속임수를 낳고 무자비한 정치를 만든다. 우월욕망은 합리적 이성으로 움직이는 것이 아니고 야망으로 가득한 불량한 귀족주의로 귀결된다. 수상한 사람뿐만 아니라 주인을 물어뜯는 사나운 개나 귀족주의적 전사들은 자신들이 싸우는 적보다는 동료 전사들이나 농부들로부터 부를 빼앗아 자신의 욕망을 채운다.[60]

우월욕망을 억제하고 조직의 에너지로 승화할 수 있는 기개를 갖기가 어려운 일일까? 과도한 기개도, 과소한 기개도 조직의 실패를 가져온다. 우리의 현실은 전자일까, 후자일까? 필요한 기개조차 억누르는 시스템이 일상적으로 지배하고 있지는 않은가? 우리의 승진 시스템을 보면 기개를 억누르는 제도나 관행이 활개를 치고 있다는 생각을 지울 수 없다.

경력이 곧 승진이다

국가공무원 제40조 제1항은 "승진 임용은 근무성적평정·경력평정, 그 밖에 능력의 실증에 따른다"고 되어 있다. 경력평정을 명문화한 규정이다. 그래서인지 국가공무원법에는 '경력'이라는 단어가 무려 63번이나 나온다. 이는 35번이나 나오는 '경력직'이라는 단어를 제외한 숫자이다. 경력직까지 포함하면 100번 정도 사용한 셈이다. '능력'이라는 단어는 17번, '성과'라는 단어가 14번 나온 것과 대조적이다. 한 법률에 한 단어를 이렇게 많이 사용한 예는 아마 없을 것이다. 또 공무원임용령 등 대통령령에 얼마나 많이 사용했는지는 셀 수도 없다. 형식이 내용을 좌우한다고 했던가.

일본 국가공무원법에는 입법 취지에 걸맞게 '경력'이라는 단어가 없다. 법률 규정상으로 보면, 세계에서 가장 관료적인 시스템을 갖고 있다는 일본보다 우리가 더 경력 중심의 인사 체계를 갖고 있음을 알 수 있다. 법령상 용어의 출현 빈도를 가지고 인사 제도의 방향과 내용을 예단할 수는 없지만, 대한민국 공무원에게 그만큼 경력이 중요한 것은 분명한 사실이다. 법령상으로 보면 승진의 기본 원칙은 경력이고, 예외적으로 시험인 것으로 보인다. 일본은 이와 반대다.[61] 실제적 인사 운영 방식도 이와 크게 다르지 않을 것으로 짐작된다.

공무원임용령에는 승진 시 근무성적평정을 80% 이상 반영하는 데 비해, 경력평정은 20% 이하를 반영하도록 되어 있다. 하지만 현실이 그렇게 운영되는지는 의문이다. 오히려 그 반대가 아닐까. 우선 공무원에 대한 성과평가의 신뢰성과 타당도가 높지 않고, 근무성적평정도 이미 경력이 반영된 결과인 경우가 많다. 아무리 제도로 경력 비율을 낮춘다고 해도, 실제 대부분의 기관 승진 심사 과정에서 경력은 결코 무시할 수 없는 요인이다.

한국행정연구원이 중앙 및 지방 공무원을 대상으로 한 '공직생활에 대한 인식 조사'를 보면 이 같은 사실이 명확하게 나타난다. 2012년에 최초로 실시한 설문조사 결과,[62] "능력만 있으면 승진할 가능성이 있다"는 질문에 "그렇다"는 응답은 17.1%에 불과했다. "우리 조직의 승진은 연공서열보다 창의적이고 실적이 우수한 직원을 우선시한다"는 질문에

"그렇다"는 응답은 고작 13.1%였다. 대부분의 공무원은 승진이 공정하게 이루어지고 있다고 보지 않는다는 것이다. 2019년 조사에서는 24.3%로 상승하긴 했지만, 여전히 부정적인 것은 마찬가지다.[63]

승진에 영향을 미치는 요인을 보면 더욱 흥미롭다.[64] 업무 실적 요인이 31.1% 정도 영향을 미친 반면, 나머지 70% 정도는 업무 외적 요인이 작용한 것으로 나타났다. 외적 요인으로는 상관 충성도, 동료 평판, 채용 경로, 업무 수행 태도, 기관장 재량, 학력 자격 요건, 학연, 지연, 성별 등이 있다. 경력 요인을 설문 항목에 포함하지 않은 것은, 경력을 포함하면 모든 변수를 압도하기 때문이 아니었을까. 정치적 연줄은 2.4% 정도 작용한 것으로 나타나, 다소 의외였다. 정치적 요인보다 관료제 내부의 승진 시스템 자체가 문제라고 할 수 있다. 많은 사람들이 짐작하고 있듯이, 응답자 대부분이 승진 제도와 운영의 공정성에 심각한 문제를 제기하고 있는 것으로 보인다.

'깜깜이' 승진 심사가 공정하다는 허구

승진의 공정성과 관련하여 심각한 문제 중 하나는 승진 후보자 명부가 공개되지 않는다는 것이다. 우리 인사 법령상 승진 후보자 명부 작성에 대한 규정은 있어도 명부 공개에 관한 규정은 없다. 인사부서의 정보 독점 중 하나다. 따라서 승진 대상자들은 자신의 서열을 모른다.

우리나라와 달리 일본은 국가공무원법에 승진 후보자 명부의 작성을 의무화하고 "임용 후보자 명부는 수험자, 임명청의 관계자 청구에 따라 상시 열람 제공하여야 한다"고 되어 있다.[65] 여기서 수험자는 시험을 보고 승진하는 경우의 피승진자를 가리키는 용어이다. 지난 2012년 더불어민주당 서영교 의원 등이 승진 후보자 명부를 공개하도록 국가공무원법 개정안을 제출한 적이 있으나 통과되지는 못했다.[66] 당시 개정안 취지는 승진에서 공정하고 객관적인 인사 행정을 도모하고 공무원의 사기를 높이기 위한 것이었다.

그렇다면 승진심사위원회는 어떻게 운영되고 있을까? 승진심사위원회가 장관의 인사 권한을 형식적으로 집행하는 도구가 된 지는 오래되었다. 위원들의 자율적인 판단보다는 인사권자의 명령을 집행하는 절차에 불과한 경우가 많다. 그 결과 장관 등 고위직의 사적 인연이 작용하는 것을 배제하기 어렵다.

이처럼 보이지 않는 권력의 교묘한 집행은 우수한 관료들의 기개를 죽이기에 충분하다. 승진심사위원회 위원장은 대부분 부기관장인 경우가 많다. 기관장은 실제 인사 결정 과정에서 비공식적으로 조정하고 책임을 면한다. 그렇다 보니 인사 권한 대리자들의 인사 전횡이나 왜곡이 빈번하게 발생하여 공정한 인사를 방해하곤 한다. 인사권자인 기관장이 전면에 나서 인사의 당위성을 설명하고 공개적으로 처리하는 제도로 전환하는 것이 어떨까.

프랑스의 경우, 부처별로 승진심사위원회가 설치되어 있다.[67] 승진심사위원회는 일정한 경력을 가진 후보자들을 대상으로 근무성적평가를 고려하여 승진 후보자 명부를 작성, 심의하며, 각 부서의 장이 결정한다.

우리와 유사하지만, 승진 후보자 명부는 심의 후 3일 이내에 공개하도록 되어 있다. 영국의 경우, 성과평가와 근무성적평정은 우리처럼 차상위자가 확인하는 방식으로 이루어지고 있다. 다만, 당사자와 개별 면담review meeting을 반드시 하게 되어 있다.[68] 상호 공감과 대화를 강조하는 것이다. 개별 면담은 단순히 평정 목적이 아니라 평정 기간의 업무 성과에 대해 스스로 검토할 수 있는 기회를 주고, 근무 실적과 승진 적격성 평가에 대하여 서로 솔직한 대화를 나누도록 하기 위해서이다.

1949년에 제정된 독일기본법은 실적주의 원칙을 천명하고 있다. 독일 정부는 헌법상 실적주의 원칙의 의미를 다음 두 가지로 해석한다.[69] 첫째, 승진은 적성, 자격, 성과에 따라 보장된다. 둘째, 특정 직위에 임용되기 위해서는 전문적 자격 요건을 갖추어야 한다. 공무원 임용과 승진에서 경력을 기준으로 하지 않는다는 것이다. 이처럼 독일에서는 공식 자격 요건이 없고 개인의 지식과 능력에 기초하여 임용한다.

성공은 곧 재능이고 영달은 능력이다?

프랑스의 대문호 빅토르 위고는 그의 대작 『레미제라블』에서 승진과 영전의 현실에 냉소를 보낸다. "어떤 양가의 집사가 그 일을 그만두면서 거부가 되어 재무부 장관이 되면, 사람들은 그것을 일컬어 '천재'라고 한다. 마치 그들이 무스크통의 얼굴을 '미美'라고 부르고 클로드의 체격을 '위엄'이라고 부르듯이, 그들은 바다에 비치는 별자리와 진

창의 진흙에 나 있는 오리 발자국을 혼동한다."[70] 나폴레옹처럼 반혁명의 목적을 달성한 사람에게 군중들이 환호하고 충성을 다 하는 암담한 사회에 대한 탄식이었다.

역사학자 마르크 블로크는 그의 저서 『이상한 패배』에서 관리형 군대로 추락한 1940년대 프랑스 군대의 자화상을 이렇게 말했다. "대위 때는 동지, 영관 때는 경쟁자, 장군 때는 적이 되는" 군대라고. 성공은 재능이 되고 영달이 능력이 되는 현실에서 수단과 방법을 가리지 않고 결과만을 강조하는 조직의 생리를 꼬집는 말이다. 우리가 흔히 말하는 "성공하면 영웅이 되고 실패하면 역적이 된다"는 말을 되새기지 않을 수 없다.

그러면 어떤 사람들이 승진할까? 필자는 2012~2013년 고위 공무원들의 승진 경향을 연구 분석한 결과, 흥미로운 점을 발견했다. 외향적 성격과 내성적 성격의 국장급 고위 공무원 중에 누가 실장급 등으로 영전하고 승진하는지 분석했더니, 내성적인 공무원의 승진 가능성이 더 높았다.[71] 이는 장관 등 인사권자들은 외향적인 사람보다 내성적인 사람을 선호한다는 뜻이다. 즉, 순응적인 사람을 선호한다는 것이다. 과묵하고 조용한 일처리가 실수를 줄이고 차분하게 준비하여 정책 성공을 기할 수 있다는 인식 때문일 것이다. 적극적이고 활동적인 사람은 감정상의 불필요한 갈등이나 실수 또는 이견을 낳을 수 있어 피한 것으로 해석할 수 있다.

하지만 고위 공무원 전체를 보면 외향적인 사람이 상대적으로 많았다. 고위 공무원을 최초로 선발할 때에는 외향적인 사람을 선호했지만, 고위 공무원 내에서 실장급 승진 시에는 내성적인 사람을 선호한 것으로 해석할 수 있다. 활동적인 사자보다는 순한 양을 선호하는 것이다. 사교적이고 활동적인 사람보다 내성적이고 순응적인 사람을 원한다는 뜻이다. 우리 공무원 세계의 현실을 말해 주는 것 같아 씁쓸한 생각이 들었다.

미국 컬럼비아대 교수였던 로렌스 피터는 1967년 처음으로 '피터의 원리'를 발견했다. '피터의 원리'는 위계 조직 내에서 일하는 모든 사람은 이른바 '최종승진증후군'에 빠져 '무능의 단계'에 도달할 때까지 승진하려는 경향이 있다는 것이다. 그 결과 시간이 지남에 따라 모든 조직의 직위는 임무를 제대로 수행할 수 없는 무능한 사람들로 채워지게 된다고 한다.[72] 그는 이와 같이 무능의 단계로 승진할 때는 "최고의 실패가 성공"이 된다는 점을 강조한다. 업무 능력이 부족한 직위로의 승진은 스스로 거절하는 것이 인생의 행복과 성공을 가져올 수 있다는 뜻이다. 예를 들어 구두수선공이 송곳과 망치는 능숙하게 다룰 수 있지만, 그가 작업시간표와 계획표를 작성하는 직위로 승진하는 것은 실패로 귀결되기 쉽기 때문에 거절하는 게 좋다는 것이다.

승진하지 않기 위해서는 '창조적 무능력'을 보여주는 것도 하나의 방법이다. 승진이 임박하면 일부러 어수룩하게 행동함으로써 승진을 회피하는 것이다. 병에 걸린 것처럼 행동할 수도 있다. 또한 "초라하고 촌스런 옷차림으로 나타나기, 목욕이나 이발을 자주 하지 않기, 눈살을 찌푸리게 하는 진한 화장, 진한 향수 냄새, 과도한 액세서리 착용 등"을 제시한다.[73] 이러한 방법이 직장과 개인의 건강과 행복을 찾는 숨은 열쇠라는 것이다. 승진을 거절하는 데 성공한 다음 사례를 보자.

소이어는 비미시 건설회사에 고용된 목수다. 그는 매우 열심히 일하고 유능하며 양심적이어서 여러 번 주임 자리를 제안받았다. 그는 평범한 목수로서의 삶에 만족하고 있었다. 목수 일을 하면 근심거리도 없고 오후 4시 30분이면 일에서 해방될 수 있기 때문이다. 그러나 주임이 되면 매일 저녁이나 주말마다 다음 날의 업무에 대해 고민해야 한다는 사실을 그는 잘 알고 있다. 그래서 그는 번번이 승진을 거절했다. 그는 승진을 거절함으로써 자신이 하고 싶은 대로 자유롭게 살 수 있었다.[74]

한국 사회의 직장인들은 상상하기 어려운 일이지만, 조직과 개인의 행복을 보장하는 길임에 틀림없다. 경력을 쌓아 가는 과정에서 '무능의 단계'에 도달하지 않기 위해서 피터가 말한 '창조적 무능력'을 보여주기보다 승진을 단호히 거절하는 '피터의 회피 또는 거절Peter's parry'에 의한 해결 방식이다.[75] 과다한 우월욕망에 빠져 있는 현대 사회의 문제점을 정확히 짚어 내고 있다.

우월욕망보다 동등욕망을 위하여

후쿠야마 교수는 보다 근본적인 해결 방법으로 우월욕망megalothymia 대신 동등욕망isothymia의 강화를 제시한다. 사람들은 다른 사람들과 동등하게 인정받고 싶은 욕구를 갖고 있다는 것이다. '인정'이나 '기개'보다는 '존엄', '존경', '자기존중'을 강조한다. 조직 생활에서도 개인의 승진이나 영광보다는 인간의 존엄과 가치를 존중하고, 직급이나 직위보다는 충실한 직무 수행을 동등하게 인정해 주는 것이다.

17세기 영국의 건축가 크리스토퍼 뢴은 런던의 세인트 폴 대성당 건축을 설계했던 사람이다. 그는 어느 날 자신의 신분을 밝히지 않고 건축 현장에서 일하고 있던 사람들 사이를 지나가다 한 근로자에게 "당신은 무엇을 하고 있습니까?"라고 물었다. 그가 대답했다. "저는 돌을 자르는 일을 하고 있습니다." 그는 다른 근로자에게 똑같이 물었다. 그 근로자가 대답했다. "저는 하루에 5실링 2펜스를 벌고 있습니다." 세 번째 근로자에게 또 물었다. "당신은 무엇을 하고 있습니까?" 그가 대답했다. "저는 크리스토퍼 뢴이 아름다운 성당을 짓는 것을 돕고 있습니다."[76] 단순히 돌을 자르거나 생활비를 버는 일을 넘어서 아름다운 성당 건축을 돕고 있다는 것이었다. 조직 내 계층상의 위치나 직무 중요도에 의한 우월욕망보다 일의 의미와 가치에 의한 동등욕망을 강조한 이야기다.

1961년 존 에프 케네디 미국 대통령은 NASA(미국 항공우주국)를 처음으로 방문했다. 그는 우주선 발사 시설을 순시하던 중 단상에 올라온 한 경비원에게 자신을 먼저 소개하고는 "NASA에서 무슨 일을 하고 있습니까?"라고 물었다. 경비원이 대답했다. "I am helping put a man in the moon(나는 달에 사람을 보내는 일을 돕고 있습니다)."[77] 그는 자신이 하는 일의 비전과 역할과 목적을 명확히 설명했다. 그의 답변에는 계급과 신분의 높낮이도 없고, 직무의 높낮이도 없었다.

두 사람은 아름다운 성당을 짓고, 인간의 달 착륙을 위해 열심히 일하고 있었다. 이들은 자신의 직무에 대한 비전과 목적을 명확히 인식하고 자기 역할의 가치와 중요성을 분명히 알고 있었다. 모든 인간이 가진 동등욕망은 모든 직무를 평등하고 존엄하게 만든다.

관료들의 우월욕망을 억제하고 동등욕망을 강화할 방법이 없을까. 눈앞의 승진을 당장 포기하기는 어렵겠지만, 다시 한 번 승진의 의미를 되새겨 보자. 모든 직위를 서열화하고 습관적으로 정상을 향해 올라가고 있지는 않은가. 시지프스 신화 속의 비극적인 주인공처럼 무거운 돌을 산 정상으로 밀어 올리는 무모한 노력을 하고 있지는 않은가. 카뮈가 말한 부조리한 인간의 실존적 고민을 망각하고 있지는 않은가.

우리의 승진 시스템이 정상적인 티모스를 발휘하도록 설계되어 있는지 돌아보자. 모든 직무와 직위를 존중하는 문화를 어떻게 하면 만들 수 있는지, 왜곡된 거대한 구조와 문화 속에서 고통받는 피인사자들을 어떻게 할 것인지 찬찬히 돌아보자.

<u>9</u> 피인사자인 골키퍼, 왜 불안한가?

인사 이동과 골키퍼의 불안감

2019년 노벨문학상 수상 작가 페터 한트케는 그의 장편 소설 『페널티킥 앞에 선 골키퍼의 불안』에서 현대인의 불안감을 그렸다.[78] 골키퍼는 페널티킥을 하는 선수가 어느 방향을 선택할 것인지를 생각하고 계산을 한다. 골키퍼는 키커를 잘 알기 때문에 충분히 짐작할 수 있지만, 오늘은 다른 방향으로 공이 오리라고 다시 생각한다. 그러나 키커도 골키퍼와 같이 생각을 해서 원래 방향대로 차야겠다고 마음을 먹는다. 골키퍼는 무의식적으로 슈팅도 하기 전에 이미 키커가 공을 찰 방향으로 몸을 움직인다. 그러면 키커는 침착하게 다른 방향으로 공을 찬다. 골키퍼가 골문 앞에 서서 공의 방향을 예측하는 것이 가능한 일일까?

인사도 마찬가지다. 피인사자의 예측과 전혀 다른 결과로 나타나는 경우가 허다하다. 피인사자는 페널티킥 앞에 선 골키퍼인 셈이다. 인사권자가 어떤 방향으로 인사를 단행할지 모르는 불안한 상황에서 피인사자가 할 수 있는 것은 지푸라기라도 잡는 것이다. 인사권자와 연결될 수 있는, 그리고 인사권자의 환심을 살 수 있는 일이라면 어떤 사소한 노력이라도 해야 한다. 그렇다 보니 무의식적인 굴종이 생활을 지배하게 된다. 하지만 인사는 뜻대로 되지 않고 끝나 버리기 일쑤다. 직장에서 피인사자들이 느끼는 불안감은 현대인이 느끼는 불안감과 거의 같다.

경기 중에 관중들은 공을 갖고 노는 화려한 공격수들에만 집중하고 공도 없이 이리저리 뛰는 골키퍼에게는 거의 시선을 주지 않는다. 이와 같이 우리는 영전하거나 승진한 사람들에게는 환호하지만, 인사에서 탈락한 사람들에게는 거의 관심을 보이지 않는다. 소리 없는 좌천이나 징계를 당한 사람의 경우는 더욱 그렇다. 공을 가지고 뛰는 공격수만을 쳐다보는 게 습관화되어 있기 때문일 것이다.

2015년 검찰 조직 내에서 발생한 성추행 사건은 미투 운동의 시발점이자, 검찰 전보 인사의 현실을 적나라하게 보여준 사건이었다. S검사는 수도권 지역인 여주지청에서 이른바 '지방 한직'인 통영지청으로 전보되었다. 이에 그는 소송을 제기했다. 인사 관리자인 법무부 검찰국장이 성추행 비리를 덮기 위해 자신의 지위를 이용해 부당하게 인사 불이익을 주었다는 것이다.[79] 즉, 2005년 제정된 경력 검사 부치지청 배치 규정을 위반했다는 주장이었다. 부치지청이란 차장검사가 없고 부장검사만 두는 지청으로, 부치지청에 배치된 경력 검사는 다음 인사에서 우대하도록 되어 있다.[80] 이에 따르면 S검사는 명백한 좌천이었다. 그 충격으로 S검사는 연가를 내고 사표를 냈다. 이후 진행된 소송에서 1, 2심 법원은 인사 권한을 남용한 부당한 전보 인사라고 판결하고 피고를 법정 구속했다.

하지만 2020년 1월 9일 대법원은 직권남용죄를 인정한 서울중앙지방법원의 판결을 파기 환송했다. 인사 규정을 위반한 부당한 인사가 있었다는 사실은 인정했지만, 형법상 직권남용을 구성하는 요건인 권한을 가진자가 "의무 없는 일을 하게 한 것으로 볼 수는 없다"는 취지였다.[81] 단순 규정의 위반이지, 법령에서 정한 검사 전보 인사의 원칙과 기준을 위반했다고 볼 수 없다는 것이다. 즉, 법무부 장관의 인사 권한을 보조하는 실무 담당자로서 검찰국장의 재량을 인정한 것이다.

그러나 법무부 검찰국장이 인사 실무자에 불과한 건지, 인사 실무자의 권한을 어디까지 인정할 것인지, 구체적으로 어떤 인사 행위가 의무 없는 일을 하게 한 것인지에 대해서는 계속 의문이 남는다.

인사 이동의 속살을 들여다보자

이 같은 법원의 판결 내용을 들여다보면, 검사 전보 인사의 검은 속살을 담고 있다. S검사는 통영지청으로 발령이 나기 전까지 여러 차례 변동이 있었다. 광주지검 → 의정부지검 → 여주지청(여주지청장의 유임 요청) → 대전지검 → 부산지검 → 제주지검 → 울산지검 → 전주지검 등으로 인사안이 바뀌었다.[82] 전국 지검이 모두 인사 대상 지역이 된 것이다. 개인의 상황이나 여건은 고려하지 않고 감찰·포상 자료, 사건 통계, 미담 사례, 세평, 복무평정, 보직 경로 등을 검토한 것으로 되어 있다. 결국 인사 기준과 원칙 없이 인사 실무자들의 자의적인 판단에 따라 개인의 인사가 결정된 것이다.

이처럼 피인사자는 다음 직위가 무엇인지, 어느 지역으로 이동할지, 어떤 업무를 맡을지 아무것도 예측할 수 없다. 인사 실무자는 공적·사적 인연이 있는 경우에는 얼마든지 자유재량이라는 이름으로 특정 개인을 선택적으로 배려하거나 파괴할 수 있다.

이러한 인사 결과가 어떻게 나타날까? 박근혜 정부 시절, 한 신문에 다음과 같은 기사가 실렸다. "OOO 검찰총장은 취임 이후 OOO 출신들을 대검과 중앙지검의 요직에 대거 포진시켰다. 대검의 경우 특수·공안 수사의 핵심 포스트인 수사기획관과 공안기획관에 후배를 앉히고, 서울지검의 형사, 공안, 특수의 1부장 자리를 싹쓸이했다. 이들 자리는 직급은 높지 않지만, 최고급 범죄 정보가 보고되는 노루목으로 통한다. 지위는 높지만 이른바 끗발은 없는 껍데기 자리는 다른 대학 출신에게 양보하는 척하며 외형상 균형을 맞춰 놓고 알짜배기만 쏙 빼먹었다는 것이다. 인사권을 틀어쥔 법무부 장관과 검찰총장의 전횡은 현대판 '검찰 엽관제'라 불릴 만하다."[83] 당시에는 법무부 장관과 검찰총장이 선후배 관계로 뭉쳐 인사를 전횡하던 시기였다.

전보 인사 과정에서 당사자와의 협의라는 이름으로 행해지는 인권침해나 권력 사유화 현상도 심각하다. O검사는 서울의 한 지검에서 근무하던 중 검찰 간부의 호출로 인사동에서 저녁식사를 했다. 소위 31기까지 추가 승진 인사가 있고 나서 30기인 O검사를 부른 것이다. 그 자리에서 검찰총장 특사를 자처한 검찰 간부는 "부득이 승진을 못 시켰다고 양해를 구하고, 해외연수를 느닷없이 권하면서" "검찰 개혁은 이제 다른 사람들에게 맡기고, 개인의 행복을 찾으라"고 했다고 한다.[84] 인사권자도 인사담당자도 아닌 간부가 인사에 개입한 것도 특이하지만, 당사자의 의견을 수렴하는 인사 협의 과정으로 이해하려 해도 인사 기준이나 원칙 없이 자의적이고 시혜적인 인사 행위에 놀라지 않을 수 없다.

비공식 라인으로 비공식적인 장소에서 비밀리에 자행되는 자의적 인사 관행을 이대로 두어도 될까? 이러한 관행 때문에 피인사자들은 비선 실세의 소재를 파악하느라 분주하게 움직이고 있다. 서글픈 현실이 아닐 수 없다.

이 같은 인사 권력의 사유화는 비일비재하다. 법의 경계를 넘나들면서 피인사자의 인권을 침해하고 자존감을 흔든다. 자괴감에 빠진 피인사자는 인사관리자의 자의적인 제안을 수용하지 않을 수 없다. 인사권자는 인사관리자의 개인적 의견인지, 피인사자의 뜻인지 알지 못한 채 피인사자 개인에 대한 편향된 평가에 따라 승진과 전보 인사를 결정한다. 인사 문제는 일단 결정되면 번복되는 일이 거의 없기 때문에 피인사자는 필사적으로 비공식적인 사전 작업에 뛰어들게 된다. O검사는 이러한 행태와 관행을 단호히 거부하며 "돌만도 못해야 검사장이 된다면, 검사장이 왜 되고 싶을까요. 돌멩이만도 못한 그런 검사장이 아니라 할말 하는 검사가 되겠노라"고 말한다.[85]

이러한 행태와 관습은 검찰만의 일이 아니다. 외교부의 외교관, 국방부의 장성과 장교, 경찰청의 경찰도 큰 차이가 없다. 중앙부처 단위에서 이루어지는 일반 행정직의 인사 행태도 거의 비슷하다. 지방자치단체는 더욱 그렇다. 인사 원칙이나 기준이 없는 경우가 대부분이고, 그런 기준이 있다고 해도 공개하지 않거나 유명무실하게 운영되는 경우가 많다. 추상적이고 원론적인 내용의 면피용 기준을 사후에 제시하기도 한다. 승진이나 전보 과정에서 사전에 원칙과 기준을 명확히 제시하는 경우를 찾아보기 어렵다.

이처럼 대한민국 정부의 인사는 인사 정보를 독점하는 인사관리자들의 자의적인 재량에 의존하는 정도가 높다. 16장에서 다시 언급하겠지만, 모든 기관에 이른바 '인사 마피아'가 횡행하는 이유이다.

아무도 모르는 내일의 인사, 인사예고제로 풀자

연말연시 일간신문의 '인사人事'란은 승진과 전보자 명단으로 빽빽하게 채워진다. 인사의 홍수랄까. 정부 기관과 민간 기업을 막론하고 매년 되풀이되는 익숙한 풍경이다. 특히 새해는 인사와 함께 시작된다고 해도 과언이 아니다. 물론 인사 이동이 연말연시에만 있는 것은 아니다. 일년 내내 수시로 생중계하듯이 발표된다. 연간 발표되는 인사 인원만 줄잡아 수만 명에 이른다. 신문에 나지 않는 인사까지 포함하면 그 숫자를 헤아릴 수 없을 정도다.

그런데 인사 명단을 보면 마음이 착잡해진다. 최종 명단이 발표되는 순간, 개인의 영광과 좌절이 냉정하게 갈리기 때문이다. 승진이나 영전을 하면 능력의 상징으로 회자되고, 좌천되거나 해고되면 무능의 결과로 인식된다. 더욱이 인사 발표에 촉각을 곤두세우고 노심초사하는 수많은 직장인들을 생각하면 우울해진다. 서류 한 장에 적힌 조직의 명령을 묵묵히 따라야 하기 때문이다. 이렇듯 인사는 지위 고하를 막론하고 두렵고 무서운 존재가 아닐 수 없다.

인사에 대한 두려움은 두 가지 점에서 비롯되는 것으로 보인다. 첫 번째는 예측할 수 없다는 점이다. 발표되는 마지막 순간까지 안심할 수 없는 것이 인사라고 한다. 수시로 인사 기준이 바뀌고, 즉흥적으로 인사가 결정되는 경우도 많다. 대부분의 피인사자는 인사권자의 주관적이고 자의적인 판단에 자신의 운명을 맡길 수밖에 없다. 그러나 아무도 예측할 수 없는 '깜짝' 인사는 인사 실패의 원인이 된다.

몇 년 전, 모 장관은 발표되기 한 시간 전에야 자신이 장관 후보로 내정된 사실을 통보받았다. 모 차관은 오전 행사 도중 전화로 퇴임 통보를 받았고, 모 장관은 해외 출장 중 면직 통보를 받았다. 정식 통보 절차도 없이 방송을 통해 교체 사실을 알게 된 차관들도 많다. 이들 대부분은 행사 일정을 모두 취소하고 곧바로 이임식을 했다. 20년 넘게 해온 공직 생활을 서둘러 마감하고 씁쓸한 마음으로 짐을 싸는 것이다. 인사 발령을 받은 고위 공무원이나 실무 공무원도 마찬가지다. 이처럼 인사 내용도, 인사 날짜도 예측할 수 없다는 것은 두려운 일이 아닐 수 없다.

두 번째로 사전 예고가 없다는 점이다. 인사 내용이 이미 확정되었다 하더라도 미리 알려 주지 않는다. 이른바 '물밑작업'이라는 비공식적인 사전 조정 과정에서 일부 노출되기도 하지만, 공식적으로 확인할 수 없다. 보통 인사 정보는 발표 당일까지 최고의 비밀로 취급되기 때문이다. 외부 압력을 최소화하려는 취지를 이해 못 할 바 아니지만, 그러다 보니 개인의 삶에 미치는 영향이 너무 크다.

몇 년 전 강릉으로 발령 난 공무원이 1년 후 제주도로, 다시 2년 후에는 군산으로 발령 난 것을 보았다. 갑작스런 지방 발령 소식을 듣고 인사 명단에서 제외시켜 달라고 애원하는 경우도 있다. 법원·검찰은 물론이고, 교육·세무·환경·노동 등 대부분의 기관에서 지방 근무는 불가피하다. 하지만 외교관이나 군인 등 일부 직종을 제외하고는 인사 당일 또는 불과 며칠 전에 본인에게 인사 명령을 통보하는 일이 다반사이다.

중장기적 예측이나 예고도 없다. 매년 초 정부는 '국가공무원 선발시험 계획'을 발표한다. 수험생들이 연간 일정을 미리 확인하고 본격적으로 시험을 준비하라는 사전 예고이다. 그런데 불과 한 달 후에 바로 원서 접수가 시작된다. 최소 2~3년 전부터 공직을 생각하는 예비 수험생들의 기대와 정부 발표 사이에는 상당한 시차가 있는 셈이다. 선발 인원과 시험 과목도 수시로 변경된다. 과거 대통령 지시 한마디에 시험 과목이 졸속 변경된 사례도 있고, 새로운 직렬職列을 신설한 경우 불과 몇 개월 전에 시험 과목이 확정되기도 한다. 교사 임용고시의 경우, 지역별 널뛰기 선발 인원에 수천 명의 교사 지망생들이 불면의 밤을 보내기 일쑤다.

이제 인사의 사회적 비용을 줄여야 한다. 채용에서부터 이동과 승진, 평가와 퇴직에 이르기까지 예측 가능하게 할 수는 없을까? 또한 인사의 방향과 기준, 내용과 방법, 그리고 날짜까지도 사전에 예고하면 어떨까? 대학 입학 전형은 3년 예고제를 이미 시행하고 있다. 국가중기재정계획도 5년 단위로 발표한다. 구글은 'People Analytics'라는 팀을 만들어 인사를 예측하고 전략적으로 기획한다고 한다. 올해부터라도 취업을 하려는 청년들과 직장인들이 자신의 미래를 안정적으로 설계할 수 있는 인사 시스템이 구축되길 바란다.

인사 희망과 상담은 기본이다

프랑스에서 전보는 대부분 본인 희망에 따라 이루어진다. 전보를 활성화하기 위해 임용권자는 공석이 된 직위에 대한 정보를 소속 공무원들에게 제공하고, 정기적으로 인사관리자와 직원 대표가 동수로 구성되는 행정동수위원회의 사전심의 하에 인사 교류 계획을 세우고 집행한다. 단, 임명권자는 원활한 업무 수행을 위해 직권으로 전보 조치를 할 수 있다. 하지만 이때도 당사자에게 통보하고, 거주지의 이동이 필요한 경우에는 행정동수위원회의 사전심의를 받도록 되어 있다.[86]

독일에서는 현재의 직무와 다른 업무를 수행하기 위해 2년 이상 파견될 경우, 현재보다 더 낮은 직책으로 이동할 경우, 외국 기관이나 비공공 기관에 일시적으로 파견될 경우, 해당 공무원의 동의를 받아야 한다. 근무 장소를 달리하는 전보 이동, 3개월 이상의 파견, 그리고 일반적인 전보 이동은 직원평의회Staff council의 동의를 받아야 한다. 다만, 상호 합의에 이르지 못할 경우에는 최고 인사권자가 최종적으로 결정한다.[87]

계급이 구분되고 보직이 서열화되어 있는 우리의 경우, 상상할 수 없는 일이다. 특히 인사가 중앙집권화된 구조 속에서 피인사자의 개별적인 동의를 받기란 쉽지 않다.

　그럼에도 전보 과정에서 피인사자의 불안감을 줄일 수 있는 방법은 많다. 아직도 피인사자의 인사 희망을 받지 않는 기관이 있고, 따뜻한 인사 상담을 기대하기는 더욱 어려운 것이 사실이다. 아무런 예고 없이 대규모 인사를 단행하는 관례도 여전하다. 인사 권력이 기관장에 집중되어 있고, 즉흥적이고 감정적인 결정을 배제하기도 어렵다.

　그러나 인사 상담을 하고 인사 희망을 받는 것은 인사의 기본이다. 어려운 일이지만, 전보 이동의 기준과 원칙을 세우자. 피인사자가 인사 이동을 예측할 수 있고, 경력 경로를 구상하게 할 수는 없는가?

　코란에는 "자기 수하에 더 좋은 사람이 있는데도 그렇지 못한 사람을 어떤 관직에 임명하는 지배자는 신과 국가에 죄는 짓는 셈이다"라는 격언이 있다. 우리도 전보 과정에서 이런 일이 없는지 되돌아볼 일이다.

<u>10</u> 평가공화국, 이대로 좋은가?

긍정과 경쟁의 과잉이 만든 성과사회

성과사회는 그 이면에서 극단적 피로와 탈진 상태를 야기한다. 이러한 심리 상태는 부정성의 결핍과 함께 과도한 긍정성이 지배하는 세계의 특징적 징후이다. 그것은 면역학적 타자의 부정성을 전제하는 면역학적 반응이 아니라 오히려 긍정의 과잉으로 인해 유발되기 때문이다. 과도한 성과의 향상은 영혼의 경색으로 귀결된다.[88]

『피로사회』의 작가 한병철은 성과사회가 만든 현대인의 피로한 정신세계를 이처럼 묘사했다. 그는 '해야 한다'는 규율사회에서 '할 수 있다'는 성과사회로의 전환은 긍정과 자율의 자기 착취에 빠져 있다고 진단한다.[89] '아니오'라고 말할 수 있는 부정이나 분노가 사라지고 무한한 가능성의 환상 속에서 극단적 무력감에 빠진 공허한 자아로 전락하는 것이다. 작가는 이러한 현상이 활동적인 삶에서 기인한다고 보았는데, 활동의 과잉은 자유로운 삶이 아니라 스스로 노예가 되는 새로운 강제를 낳는다고 했다.[90]

　새해가 시작되면 공직사회는 무척 바쁘다. 중앙부처는 물론 지방자치단체, 공공기관에 이르기까지 모두 비슷한 상황이 된다. 민간 기업과 달리 새해 업무계획을 세우기 위해서가 아니라, 지난해 업무 성과에 대한 평가에 매달리기 때문이다. 정부 업무 평가를 비롯해 중앙부처, 지방자치단체, 시·도 교육청, 공공기관 평가는 물론 재정사업, 규제와 홍보, 정보화 등 각 분야에 대한 평가가 줄줄이 계속된다. 모든 직원이 사활을 걸고 성과평가 준비에 매달린다. 이것이 과연 새해를 맞이하는 공직사회의 정상적인 모습일까. 성과 목표를 향한 직장인의 활동 과잉은 아닐까.

　성과평가는 1981년 제너럴일렉트릭GE의 CEO 잭 웰치의 평가 방식에서 유래했다. 임직원들의 연간 업무 실적을 A, B, C 등급으로 평가하여 상위 20%에게는 높은 보상을 해주고, 하위 10%는 퇴출하는 방식이다. 공공부문에서도 1992년 미국의 행정개혁론자 데이비드 오스본과 테드 개블러가 '정부 재창조'를 역설하면서 성과평가가 시작되었다. 정부기관도 민간 기업처럼 성과를 평가하고 보상해야 한다는 것이다. 결과를 측정하지 않는다면 성공과 실패를 알 수 없고, 성공을 알 수 없으면 보상을 할 수 없으며, 우수한 성과에 대해 보상하지 않는다면 결국 무능과 실패에 보상하게 될 것이라는 논리였다.[91]

　이러한 세계적 변화의 흐름에 맞춰 우리 정부도 1990년대 후반에 성과평가 제도를 전면 도입했다. 20년이 훨씬 넘은 셈이다. 그동안 정부의 생산성과 효율성도 향상되고, 정부 투명성도 과거에 비해 높아졌다. 성과 중심의 조직 문화도 어느 정도 자리 잡은 듯하다.

하지만 성과평가는 '만병통치약'이 아니었다. 성과관리 과정에서 나타나는 부정적 효과는 일찍이 MIT 경제학자인 마틴 웨이츠만의 연구에서 지적되었다. 그는 성과나 목표 관리 과정에서 나타난 이른바 '톱니효과'를 분석했다. 톱니효과는 달성하기 쉬운 목표를 정하고 보너스를 받고자 상사에게 낮은 목표를 보고하는 현상을 말한다.[92] 높은 성과로부터 받을 수 있는 현재의 보상과 높은 목표 설정에서 나타날 수 있는 미래의 손실 사이에서 겪는 피평가자의 갈등 상황에서 비롯된 현상이다. 즉, 다음 연도 목표를 정할 때 올해 목표를 기준으로 의도적으로 낮게 책정하여 성과 달성률을 높이려는 경향을 보이는 것을 말한다. 톱니효과는 우리 성과평가가 어떻게 운영되고 있는지를 정확히 설명한다.

우리나라도 성과평가 제도를 도입한 이후 이 같은 피평가자나 피평가 기관의 잘못된 행태가 증가하고 있다. 매년 초 목표 설정과 연말 성과평가가 계속되면서 조직이나 개인이 성과평가에 유리한 방향으로 목표 자체를 낮게 또는 높게 책정하는 것이다. 매년 반복되는 학습효과로 전년도의 높은 성과는 금년도 목표 책정에 점점 큰 부담으로 작용해 3년 평균치를 목표로 제시하거나, 새로운 성과지표를 만들어 신규 목표를 설정하기도 한다. 기존 평가지표별 목표치의 약 80%에서 이러한 톱니효과에 의한 성과목표의 의도적 왜곡이 나타났다는 연구도 있다.[93] 즉 성과관리 제도 도입 후 성과목표가 급격히 낮아지면서 하향 안정화한 것이다.

성과목표 설정만이 아니라 성과측정이나 성과평가 과정에서도 왜곡된 행태를 쉽게 찾아볼 수 있다. 부작용만 많고 약효는 별로 없는 잘못된 처방약은 아니었는지 되돌아보아야 한다. 평가를 준비하고 또 평가받느라 정작 기관의 본업은 뒷전으로 밀리기 일쑤고, 성과 부풀리기 경쟁은 도를 넘었다. 알맹이 없이 그럴싸한 문서들만 생산하고, 성과에 대한 보상도 일부 연공과 정실에 따라 배분되는 현실을 부인할 수 없다. 그렇다 보니 불필요한 내부 경쟁만 부추기고 대화와 소통을 방해하기도 한다. 매년 수많은 우수 성과가 발표되었음에도 나쁜 정부로 전락한 사례도 있었다.

성과평가의 종말이 다가오나

최근 세계적인 기업들이 잭 웰치식 성과평가를 폐기하고 21세기 4차 산업혁명 시대에 걸맞은 새로운 모델을 찾고 있다. 성과에 대한 기계적인 평가는 직원들의 창의성을 제약하고 상호 협력을 방해하며 물질적 보상만을 강조하는 20세기 유물이라는 것이다. 이에 따라 현재의 성과 향상은 물론, 미래의 역량 개발도 가로막는 과거형 실적관리에서 벗어나 상시적인 대화와 토론에 기초한 '미래형' 성과관리가 확산되고 있다. 성과관리의 '혁명'이 일어나고 있는 것이다.

피터 카펠리와 안나 태비스는 《하버드 비즈니스 리뷰》(2016)에서 "성과평가 혁명performance management revolution"을 주장한다.[94] 전통적인 연말 성과평가를 폐지하고 관리자와 직원 간의 빈번하고 비공식적인 점검 시스템으로 대체하자는 것이다. 그러면서 어도브, 주피터시스템스, 델, 마이

크로소프트, 아이비엠 등 유수 회사는 물론 딜로이트, 악센춰, PwC 등 전문 컨설팅 회사, GAP이나 GE조차 이를 도입했다고 소개한다. 약 70%의 기업이 새로운 시스템을 도입했다는 것이다. 그 이유로 성과평가를 위한 수만 시간의 투자, 산더미 같은 서류 작업, 협력과 혁신, 창의성 훼손, 관리자와 직원 모두로부터의 경멸 등을 꼽았다.

위너스엣워크의 국제컨설턴트 겸 관리이사는 그의 저서 『평가제도를 버려라』에서 전통적인 성과평가는 비용이 너무 많이 든다고 지적한다.[95] 그는 직원과 관리자들이 소비하는 평가 면담 시간이 약 1,200시간이라고 추정했다. 관리자와 직원이 1인당 한 시간씩, 준비 시간을 30분씩 계산하고 그 기회비용까지 계산한 것이다. 그러면서 전통적인 인사고과의 문제점을 나열한다. 어마어마한 시간을 소비하지만 그 효과는 의심스럽다, 성과평가는 평가자와 피평가자의 권력 관계를 바탕으로 하기 때문에 대화가 아닌 독백으로 끝난다, 일년에 한두 번 열리기 때문에 일회성 행사에 가깝다, 평가 행정으로 서류만 작성한 경우가 많다, 성과평가의 후속 조치에는 관심이 없다 등이다. 민간 기업의 이야기이지만 정부 기관도 예외는 아니다.

그는 '5가지 대화 시스템'을 새로운 대안으로 제시한다.[96] 관리자와 직원이 6개월에 걸쳐 매달 5가지의 대화를 각각 15분 정도 하는 방식이다. 일년에 두 번 하면 총 10번의 대화를 나누게 된다. 대화 내용은 직무만족도와 사기 등 분위기, 직원이 지닌 독특한 강점과 능력, 직원의 현재 역할과 능력 및 성장 가능성, 직원들의 학습과 발전 기회, 그리고 업무 효과 향상을 위한 혁신과 지속적 개선 등이다. 각각의 주제에 맞는 핵심적 질문들을 하고, 평가라기보다는 대화하는 방식이다. 기존의 평가 방식 대신 직원과의 대화를 통해 조직의 목표를 달성하고 성과를 높이기 위한 것이다. 평가제도 자체를 파격적으로 폐지하자는 의견이기 때문에 수용하는 데 어려움이 있을지라도, 단순히 평가 등급의 책정에만 몰두하는 현재의 시스템을 혁명적으로 변화시키기 위한 대안 중 하나임에는 틀림없다.

2000년대 초만 해도 미국의 《포춘》지가 선정한 500대 기업의 약 60%가 강제배분식 상대평가를 적용했다. 하지만 잭 웰치가 떠난 제너럴 일렉트릭은 2005년에 강제배분식 상대평가제도를 폐지했다.[97] 불필요한 내부 경쟁이 심해지고 협력이 약화된다는 이유에서였다. 펜실베이니아 대학 와튼스쿨의 이완 바란케이는 조직 내 다른 사람과 상대적으로 평가되면 실제 성과가 오히려 떨어진다는 연구 결과를 발표하기도 했다. 또한 그는 정확하게 평가하기도 어렵다고 주장했다.[98]

이에 따라 2011년 어도브는 기존의 연말 성과평가를 폐지하고 이른바 '어자일Agile' 성과평가 방법으로 전환했다. 어자일 성과평가란 연초에 조직 목표에 따라 개인 목표를 정한 후, 상사와 부하 간에 실시간으로 피드백을 주고받으면서 성과를 확인하여 봉급 인상이나 주식 보조금을 지급하는 방식이다.[99] 성과평가를 위한 서류 준비 작업도 없고, 평가 점수도 부여하지 않으며, 평가 순위도 매기지 않는다. 일체의 서면 평가, 평가 방법, 평가 기간, 제출 기한에 대한 규정도 없다. 인사부서는 피드백을 주고받는 능력을 향상하기 위한 노력만 한다. 2014년 기준으로 약 29%의 기업이 이런 방식을 도입하거나 계획하고 있다고 한다.[100]

이러한 새로운 제도를 도입하게 된 것은 성과평가로 소모되는 비용이

지나치게 많고, 급속한 혁신의 필요성, 제한된 노동시장, 인재 채용보다 인재 유지의 중요성, 팀워크 강화, 그리고 연간 단위로 움직이지 않는 비즈니스 사이클 등으로 연말 단위 성과평가가 한계에 부딪쳤기 때문이다.

새로운 제도 하에서는 계량적 성과평가가 아닌 관리자들의 질적 평가에 따라 성과 보수를 차등 지급한다. 직원과의 대화를 통한 관리자들의 질적 평가는 IT에 기반한 성과평가 앱을 통해 관리자가 실시간 피드백을 입력하는 방식으로 가능해졌다. 이러한 경향은 공공부문도 예외가 아니다. NASA와 FBI도 점수 중심의 전통적인 평가 대신 관리자들이 부하직원을 코칭하고 성장시키는 평가 방식의 필요성을 인정하고 도입했다.[101]

상사와 부하의 아름다운 역전

우리나라는 '평가공화국'이라 해도 과언이 아니다. 모든 직장인이 성과평가에 매달리면서 평가 산업이 형성되고 있다. 성과평가의 변형적 운영은 어제오늘 일이 아니다. 하지만 근본적 변화나 혁명적 개선을 위한 노력은 거의 없이 성과평가의 프레임에 갇히면서 공공기관 종사자들의 불신과 불만, 탈진과 피로가 심해지고 있다. 진정한 가치와 목표, 최종 결과물보다는 평가 과정이나 절차, 도구적 산출물에 여전히 매몰되어 있기 때문이다.

성과평가는 조직 내 상사의 단독 평가가 빠지기 쉬운 주관성과 자의성에 대한 비판에서 출발했다. 이로 인해 외부 전문가 평가나 고객만족도

평가에 의존하고 있는 것이 현실이다. 외부적 시각에서 객관적이고 투명한 성과평가를 하기 위한 고육지책이었지만, 조직 내부 입장에서 보면 여전히 피상적이고 위압적인 과정에 매몰되어 평가를 위한 평가에 머무르는 경우가 허다하다.

상사 중심의 평가에 대한 대안으로 도입된 것이 다면평가제도이다. 상사에 국한하지 않고 부하직원, 동료 등 다수의 사람이 평가하게 하는 방식이다. 이러한 상향식 평가는 업무 역량이나 성과와 관계없는 인기투표의 위험성에도 불구하고 상사 단독 평가의 한계를 극복할 수 있는 중요한 대안으로 인식되고 있다. 상사 한 사람의 평가 권한을 다수의 직원들에게 분산하는 민주적 평가 방식이다.

최근 인사혁신처에서는 『다면평가 운영 매뉴얼』을 발간하여 부처에서 활용하도록 했다. 자료와 내용이 상당히 풍부하여 다면평가의 가이드 역할을 할 것으로 기대된다. 다만, 매뉴얼에 모범적 예시로 되어 있는 질문들을 보면 경직된 문구가 여전히 많다. 또한 제3자적 관점의 문어체 서술문은 관료제적 서식과 용어에서 크게 벗어나지 못하고 있다. 한 예로 인사혁신처의 과장급 다면평가의 질문을 보면 "업무 수행에 필요한 인력과 예산을 적극적으로 확보하고, 구체적 활용 방안을 제시한다", "대안들의 예상 효과 및 장단점을 분석하여 대응 계획을 수립한다", "새로운 환경에 적응하기 위해 자신의 행동을 변화시킨다" 등으로, 30개에 달하는 문항에 메마른 행정 용어가 나열되어 있다.

외교부의 다면평가도 마찬가지다. "의견 및 정책의 차이와 공통점을 객관적으로 조정하고 최적의 목표를 도출한다", "당면한 과제에 대한 성과 및 파급효과 등 중장기적 차원의 국익을 고려한 교섭 전략을 수립한다", "국익 증진을 위한 변화를 주도, 외교 정책 수행 시 장래에 중요한 사항이 될 문제에 대해 직원들의 관심과 자각을 유도한다" 등 추상적이고 상투적인 문구로 응답자들이 이해하기도 판단하기도 어려운 내용들로 채워져 있다. 다면평가가 조직 역량의 강화나 피평가자의 역량 개발보다는 평가 등급 책정 중심으로 운영되는 현실 때문이다.

구글의 인사 책임자로 10년 이상 근무했던 라즐로 복은 『구글의 아침은 자유가 시작된다』라는 책을 썼다. 그는 다면평가를 "상사-부하의 아름다운 역전"이라 말한다.[102] 구글에서 사용하고 있는 상향식 평가의 설문지는 다음과 같다.

나의 상사는 내가 성과를 개선하는 데 도움이 되는 실행 가능한 피드백을 제공한다, 나의 상사는 개입하지 않아도 되는 문제까지 시시콜콜 지나치게 간섭하지 않는다. 나의 상사는 나를 하나의 인격체로 대하여 배려한다. 나의 상사는 팀원들이 팀에 우선적으로 중요한 일에 집중하도록 한다. 나의 상사는 자신의 상사 및 고위 경영진에게서 얻은 정보를 적절하게 나와 공유한다. 나의 상사는 지난 6개월간 경력 개발과 관련해 나와 의미있는 대화를 나눈 적이 있다. 나의 상사는 팀원들과 소통하면서 팀의 목표를 명확하게 제시한다. 나의 상사는 나를 효과적으로 관리하는 데 필요한 직무 전문성을 갖고 있다. 나는 나의 상사를 다른 직원들에게 추천할 것이다.[103]

질문 내용에서 응답자에게 친절하고 진정한 대화와 발전을 위한 노력이 엿보인 것은 필자만의 판단일까. 한 가지 분명한 것은 평가를 위한 평가에 머무르지 않고, 관리자의 진정한 역량과 자기계발에 중점을 두고 있다는 사실이다. 피평가자의 평가 등급은 성과나 보상에 직접적인 영향을 미치지 않는다. 구글의 관리자들은 자기가 받은 결과를 부하직원들과 공유한다고 한다. 자신에 대한 평가조사 보고서를 팀에 공개하고, 어떻게 점수를 올릴 수 있는지를 놓고 직원들과 토론을 벌이고 조언을 구한다는 것이다.

상향식 다면평가가 만능은 아니다. 정치학자 로버트 퍼트남은 수직적 체계에서 상향식 평가의 한계를 말한다. "수직적 네트워크는 사회적 신뢰와 협력을 지속시킬 수는 없다"는 것이다.[104] 하급자는 자기 보호를 위해 정보 제공을 꺼리기 때문에 수직적 정보의 흐름은 수평적 흐름보다 신뢰성이 떨어진다는 것이다. 상사와 부하직원 사이에는 호혜성 규범이나 그것을 위반했을 때 처벌이 상향적으로 이루어지기 어렵기 때문이다. 그는 설사 상향적 처벌이 강제되더라도 유지되기 힘들다고 지적한다. 수직적 계층제의 한계를 지적한 내용이지만, 다면평가는 정교하고 정밀하게 준비하고 설계되어야 한다는 점을 상기시킨다.

'성과 없는 성과평가'의 앞날을 위해

일본 국가공무원법은 "공무원이 수행한 실적을 해당 관직의 직무 수행의 기준에 비추어 평정하며, 공무원의 성격, 능력 및 적성을 공정하게 나타내 보여야 한다"고 규정하고 있다.[105] 아울러 근무평정 방법도 인사 규칙으로 정하고 있다. 첫째, 공무원의 근무 실적을 분석적으로 평가·기록하거나 또는 구체적으로 기술하고, 이에 따라 종합적으로 평가하도록 할 것. 둘째, 2인 이상의 사람이 평가하도록 하는 등 특정인의 독단적 판단을 막는 절차를 구비할 것. 셋째, 평정을 받는 직원의 수 및 직무의 종류, 복잡성, 책임의 정도를 고려해서 평가할 것 등이다. 평점의 분포를 정하거나 또는 평균점수를 규제하는 방식이나 불균형의 시정을 용이하게 하는 절차도 요구하고 있다.[106]

우리나라 국가공무원법에는 근무평정을 "객관적이고 엄정하게" 평정해야 한다는 규정만 있을 뿐, 평정의 원칙이나 기준, 평정 내용에 대한 규정이 따로 없다. 평정 내용으로 '성과목표 달성도' 또는 '부서 단위의 운영평가 결과'라고 규정하고 있으나 그 의미를 명확하게 알기 어렵다. 근무 성과에 대한 평정은 없고, 평정을 위한 행정만 있을 뿐이다.

하위 법령에는 법 규정상의 객관성을 확보하기 위해 일본보다 훨씬 복잡한 평정 방법과 절차가 세세하게 규정되어 있다. 평정의 책임자도 이해하기 어려울 정도다. 이런 불필요하고 과도한 규정에 갇히다 보니 형식적인 문서의 생산에만 골몰하고 실질적인 인사관리는 보이지 않는다. 인사 법령 위반에 대한 징계는 운명에 맡기고 있을 정도다. 평가 과잉, 행정

과잉이 아닐 수 없다.

정부의 성과평가와 국민의 성과평가 간의 간극은 갈수록 커지고 있다. '성과 없는 성과평가'가 아니었는지 성과평가의 성과를 평가해 봐야 한다. 주어진 목표에 대한 도구적 평가에 치중했던 것은 아닌가. 계량적인 '숫자놀음'에 빠져 있지 않았는지, 공직사회가 성과 포장과 평가 과잉에 매몰되지 않았는지, 평가의 목적을 잃어버린 채 '중립적'이고 '공정한' 평가만을 지향하지 않았는지, 정부의 존재 이유나 근본적 가치에 무관심하지 않았는지, 평가 결과를 국민이 얼마나 신뢰하는지 되돌아보자.

독일 공무원의 성과평가는 특별한 사유가 없는 한 3년에 한 번씩 하도록 되어 있다고 한다.[107] 또 성과평가는 성과 보상보다는 인사 결정과 역량 개발의 수단으로 활용된다고 한다. 성과평가가 조직과 개인을 얼마나 왜곡하고 있는지, 그리고 얼마나 힘들게 하고 있는지 우리도 한 번쯤 반성의 시간을 가져 보자.

11 호봉제, 공정 사회인가?

밀레니얼은 봉급에 관심이 없다?

       로마 제국 시대에는 사무 관료나 사무 직원들에게는 급료를 지급하지만, 집정관을 비롯한 중앙정부 관직이나 지방자치단체의 공직은 무급이었다고 한다. 공무에 종사하는 것은 공동체의 일원인 시민의 책무이고, 특히 높은 자리를 차지하는 것은 명예로 여겼기 때문이다. 로마 말기에는 이런 이유로 개인주의가 확산되면서 지방자치단체 의원에 지원하는 사람들의 숫자가 급격히 줄어들었다고 한다.[108]

9급 공무원 시험에 합격하여 첫 봉급을 받은 청년세대 공무원은 어떤 생각을 할까? 공무원 봉급이 많지 않다는 것을 이미 알고 있고, 평생직장을 얻었다는 사실에 기뻐서 봉급 수령액을 애써 외면할 것이다. 청년세대가 아무리 개방적이 되었다 하더라도 낮은 봉급을 들먹이며 자신이 선택한 길을 부정하기는 쉽지 않다. '초봉인데 감수해야지' 생각할 것이다.

그러나 아무리 신임 공무원이라도 상사나 동료들의 봉급액을 알면 마음이 달라지지 않을까. 특히 5급 공채, 소위 행정고시에 합격하여 입사한 신임 사무관들은 경력 많은 동료와 상사의 봉급을 보면 공직 시스템을 도저히 이해하기 어렵다. 더욱이 경력이 많은 부하직원들의 봉급을 알고 나면 자괴감에 빠지게 된다. 동일한 업무를 동일한 시간에 하는데 상상하기 어려울 정도로 보수 차이가 크기 때문이다. 순간 근무 의욕이 급격하게 떨어지지만, 경력이 늘어나면서 매년 봉급이 올라가는 데 스스로 만족하게 된다.

대통령의 연봉은 적정한가?

정치학자 알렉시스 드 토크빌은 그의 저서 『미국의 민주주의』에서 1830년대 미국과 프랑스의 공무원 보수 수준을 비교했다. 관료들에게 주는 보수 수준은 민주주의와 귀족주의가 다른데 미국 민주주의 체제에서는 '하후상박'인 반면, 프랑스 귀족주의 체제 하에서는 '상후하박'이었다고 한다. 물론 국가 경제 상황과 정치 체제가 다르기 때문에 단순 비교하기는 어렵다.

먼저 1834년 당시 미국 대통령의 봉급은 13만 5,000프랑인 데 비해, 프랑스 왕의 봉급은 1,200만 프랑이었다. 그리고 가장 하위 공무원의 봉급은 미국 3,734프랑, 프랑스 1,500프랑이었고, 국장급의 봉급은 미국 1만 840프랑, 프랑스 2만 프랑이었으며, 장관급의 봉급은 미국 3만 2,520

프랑, 프랑스는 8만 프랑이었다.[109] 최하위 관료와 비교하여 국장, 장관, 대통령의 봉급이 각각 미국의 경우 3배, 9배, 36배 차이 나지만, 프랑스는 13배, 53배, 8,000배로 미국보다 프랑스의 고위직 관료가 하위직 관료보다 훨씬 높은 수준이다. 즉 민주주의 체제에서는 국민의 세금을 고위직 관료보다는 시민들을 위한 지출에 쓰는 것을 중시하는 반면, 귀족주의 체제에서는 관료들에게 더 높은 보수를 지급한다는 것이다.

하지만 토크빌이 조사한 상하 간 봉급 격차는 오늘날 두 나라가 역전되었다. 우선 대통령 봉급부터 보자. 2020년 현재 미국 대통령의 평균 연봉은 41만 달러이고, 프랑스 대통령의 연봉은 26만 유로이다.[110] 원화로 계산하면 미국은 5억, 프랑스는 3억 5,000만 원 정도이다. 프랑스는 1인당 GDP의 6.8배, 미국은 6.3배 수준이다. 최하위 공무원의 최저 봉급과 비교하면 프랑스는 15배, 미국은 20배 수준이다.[111] 미국과 프랑스 대통령의 봉급이 상대적으로 20세기 이후 현재까지 지속적으로 떨어졌다는 이야기다. 민주주의가 뿌리내리고 평등 의식이 높아지면서 정부 수반의 봉급도 크게 줄어들었음을 알 수 있다.

대통령이 아닌 직업공무원들을 비교하면 비슷하다. 최고 직급의 최고 봉급과 최하 직급의 최저 봉급의 차이를 보면, 우리나라 공무원의 보수 수준과 상하 간 격차가 좀 더 분명해진다. 미국의 공무원 봉급[112]은 최하위 1등급의 1단계는 2020년 기준 1만 9,543달러로 원화로 계산하면 약 2,400만 원 수준이다. 반면 최고위 15등급의 최고 10단계는 14만 2,180달러(약 1억 7,000만 원)이다. 이는 7배 이상의 차이로, 200여 년 전 국장급이 3배 정도 차이 났던 것과 비교하면 격차가 많이 늘어난 셈이다. 미국 사회는 당시

보다 자본주의가 강화되면서 정부 내 상하 공무원 간의 봉급 차이가 커지고 있음을 알 수 있다. 이에 반해 프랑스는 4.86배 정도로,[113] 당시 13배에서 크게 떨어졌다. 프랑스 혁명 직후 남아 있던 귀족 중심의 보수 제도가 이후 현대 민주사회로 변화하면서 사회적 형평성이 반영된 보수 제도로 바뀐 결과라고 볼 수 있다.

그러면 우리나라는 어떤가? 우리 대통령의 연봉은 약 2억 3천만 원으로 1인당 GDP의 약 5.9배이고, 9급 1호봉 봉급의 12배이다. 국가별로 차이가 있지만 프랑스 15배, 미국 20배와 비교하면 우리나라 대통령의 연봉이 상대적으로 낮다는 것을 알 수 있다. 우리나라의 경우 2020년 기준으로 최하위 직급인 9급 1호봉 기준 기본급이 159만 원 정도이고, 1급 최고 호봉은 679만 원이다. 최고와 최저의 상하 격차가 약 4.27배이다.* 프랑스 4.86배, 미국 7배 수준과 비교하면 상대적으로 낮다. 프랑스나 미국보다 상하 간 격차가 상대적으로 크지 않음을 알 수 있다. 대통령이나 장·차관이 받는 보수 금액이 상대적으로 낮은 수준이라는 뜻이다. 대통령의 절대적인 보수액을 비교하더라도 마찬가지다.

---

* 고위공무원단 국장급의 경우 성과연봉제 시행으로 가늠하기 어렵지만, 현재의 보수표를 보면 493만 원이다. 장관의 봉급은 연봉으로 1억 3천만 원이니 월보수액은 1,100만 원 정도다. 대통령은 2억 3,100만 원으로 월보수액이 1,925만 원 안팎이다. 평균적으로 보면, 2020년 기준으로 국장은 최하위 직급의 약 2.3배, 장관은 4.9배, 대통령은 8.6배 수준이다.

생계형 보수 체계, 이제 수명 다했다

프란츠 카프카의 소설 『변신』을 보면, 주인공 외판 직원 그레고르가 어느 날 아침 흉측한 해충으로 변하면서 사방이 벽인 자신의 방에 스스로 갇힌다. 그런 자기 행동에 대한 가장 큰 걱정은 그의 가족이었다. 그는 "먹고살 돈을 따로 벌어야 했다. 그런데 아버지는 이미 오 년 전부터 아무 일을 하지 않는 노인이었다. 천식으로 구생하는 늙은 어머니가 돈을 벌어야 한단 말인가? 열일곱 살에다 아직 어린아이이고 살림을 돕는 것이 고작이었던 누이동생이 돈을 벌어야 한단 말인가?"라며 고민한다. 생계를 꾸려 가는 전형적인 직장인의 모습이다. 『변신』은 카프카 스스로 14년간의 공직 생활에서 겪었던 실존주의적 고민을 투사하고 있다.

부양가족을 위한 생계형 봉급 체계는 이제 수명을 다했다. 우리나라의 생계형 봉급 체계는 1960~1970년대까지만 유효한 체계였다.

1960년 7월 19일 《동아일보》 칼럼에서 서울대 행정대학원 오석홍 교수는 당시 공무원 보수 체계의 개편을 요구했다.[114] 첫째는, 최저생활비에도 못 미치는 공무원 봉급의 대폭적인 인상이었다. 오 교수는 당시 공무원의 평균 생활비는 월 70,776원이었으나, 3급(현재의 5급) 1호봉의 봉급액은 본봉과 수당을 포함하여 월 52,882원, 그리고 5급(현재의 9급) 26호봉은 월 32,480원으로 생활의 기본 수요도 감당하지 못하는 금액이라고 지적했다. 절대적으로 공무원의 봉급 수준이 낮은 경우, 경력 중심의 호봉제로 운영할 필요성이 인정되었다. 나이가 들수록 부양해야 하는 가족이 늘어나고 아이들의 성장 과정에서 가부장의 역할이 중요해지기 때문이다.

이에 따라 가족수당, 장기근속수당, 주택 대출, 교육비 지원 등 직무와 상관없이 보수를 지급해야 했다. 공무원들도 그레고리와 같은 가장으로 가족을 책임지는 직장인이 됐으므로 가족의 자금 수요에 따라 봉급 규모를 결정해야 했다.

하지만 최근에는 공무원 봉급이 민간 기업의 봉급을 이미 초과했다는 진단도 있다. 이주호·최슬기(2015)의 분석 결과에 따르면, 한국의 공공부문 임금은 민간부문의 임금보다 25.1% 높은 것으로 나타났다.[115] 일반적으로 우리나라 공무원 보수의 민간 임금 접근률은 2010년 이후 83~85% 였으나, 이것은 100인 이상 중견기업 사무관리직과 비교하기 때문이라는 분석이다. 공공부문의 높은 임금은 연령대가 높을수록 임금상승률이 높아지기 때문인 것으로 해석된다. 이처럼 공공 인력의 경우 연령에 따라 임금이 가파르게 상승하는 보수 체계를 갖고 있다. 나이가 들면서 역량이 높아지면 문제될 것이 없지만, 연령 증가에 따른 역량 증대는 OECD 평균에 크게 미치지 못하는 것으로 나타난다.

결국 이주호·최슬기의 연구는 다음 네 가지 결론을 내린다. 첫째, 한국 공공 인력의 역량이 제대로 활용되지 못하고 있다. 둘째, 역량 개발을 위한 학습이 제대로 이루어지지 않고 있다. 셋째, 역량이 제대로 보상받지 못하고 있다. 마지막으로 호봉제 중심의 임금 체계로 인적 자본의 투자를 유인하지 못하고 있다.

30년 이상 변하지 않는 보수 체계

지난 30년 동안 보수 체계는 얼마나 변했을까? 기본적인 보수 체계는 현재도 큰 변함이 없다. 60년 동안 비교해도 비슷하지 않을까 싶다. 2000년 이후 성과급 제도가 확산되고 있지만, 그 비중은 연봉의 5~10%에 불과하다. 나머지 90% 이상은 호봉이나 직급에 의해 결정된다. 하지만 직급보다 호봉의 차이가 중요하다. 동일 호봉인 조건에서 직급이 다를 경우, 직급 간 봉급 격차는 크지 않다. 오히려 하위 직급이라도 호봉이 높으면 높은 봉급을 받는 구조이다. 이러한 체계는 30년 전에도 거의 똑같았다.

1990년 공무원 보수표와 30년이 지난 현재의 보수표를 비교해 보면 이를 명확히 알 수 있다. 1990년 일반직 보수표에 따르면, 기본급으로 5급 기준 1호봉 공무원은 월 33만 원을 받았고, 최고 호봉인 12호봉은 50만 4,000원을 받았다. 즉 최저 호봉과 최고 호봉의 봉급 차이는 약 17만 원으로 1.5배 수준이었다. 당시 최고 호봉인 12호봉의 5급 공무원은 50만 4,000원을 받았고, 최고 호봉인 12호봉의 4급 공무원은 56만 7,500원을 받았다. 약 12.5%의 차이가 났다. 다른 직급 간 보수액을 보더라도 마찬가지다. 직급 간 봉급 격차는 거의 없고 호봉 간 봉급 차이가 컸다는 뜻이다. 즉 보수에서 직급보다 근무 기간이 더 중요한 요소였다.

2020년 기준으로 보면, 먼저 호봉이 대폭 확대되었다. 1990년에는 최고 호봉이 12호봉이었지만, 30년이 지난 지금은 30호봉까지 늘어났다. 그만큼 경력 단계가 많아지고 경력에 따른 보수 격차가 커졌다는 뜻이다.

반면 동일 호봉의 직급 간 격차는 오히려 줄어들었다. 즉 현재 5급 12호봉은 378만 5,900원인 데 비해, 4급 12호봉은 418만 8,300원이다. 약 10.6% 차이다. 30년 전 12.5% 차이에서 약간 줄어들었다. 4급 과장은 직책이 높다 하더라도 호봉이 높은 5급의 봉급을 따라가기 어려운 구조이다.

더욱 심한 것은 호봉 간의 차이다. 1990년 당시 호봉 간의 금액 차이는 5급의 경우 약 13,000~15,000원이었다. 5급 초봉이 당시 33만 원이었으니 4.5% 정도 차이 난 것이다. 이와 비교해 현재 5급 초봉은 240만 3,500원에 호봉 간 격차는 4% 수준으로 약간 줄어들었다. 하지만 30년 전에 최고 호봉과 최저 호봉의 차이는 1.53배였지만 현재는 1.94배로 크게 늘어났다. 그동안 호봉 수가 크게 늘어났기 때문이다.

요약하면 30년 전에 비해 직급보다 호봉이 더 중요해졌다고 할 수 있다. 정부 혁신, 행정 개혁, 관료 개혁을 말하면서도 보수 체계는 거의 변함이 없다. 연공서열의 봉급 체계가 개선되기는커녕 더욱 심화된 것이다. 이로 인해 공무원들은 승진보다 정년까지 오래 남아 근무하는 것이 목표가 되었다고 해도 과언이 아니다. 열심히 일할 이유가 없어진 것이다. 역설적으로 사명감과 자부심으로 일하던 과거에 오히려 합리적인 보수 체계를 갖고 있었다고 할 수 있다. 새로 임용되고 있는 제5세대로서는 이해할 수 없는 보수 구조이다.

청년세대는 호봉제를 어떻게 보나?

호봉제 때문에 가장 손해를 보는 계층은 젊은 세대 공무원들이다. 안타깝게도 제5세대 신세대라고 해도 공직에 들어서면 인내하고 순종하는 사회화 과정을 거치는 것이 현실이다. 아무리 높은 직급 또는 동일한 직급에서 어려운 직무를 수행하더라도 경력이 오래된 공무원보다 봉급을 적게 받기 때문이다. 따라서 입사 후 최소 10여 년을 박봉에 시달려야 한다. 그러다 보니 입사 초기에는 무조건 인내하고 굴복하고 희생하다가, 15~20년이 지나면 일을 덜 하고 돈을 더 받는 공무원 생활을 즐기면서 기득권화된다.

러시아 음악가 쇼스타코비치가 말했듯이 "나이가 든다는 것은 젊었을 때 가장 경멸했던 일들을 한다는 것"인가.[116] 보수와 상관없이 패기와 열정으로 공직 생활을 시작한 청년 공무원들은 보통 10년 후면 지치게 된다. 이때부터 이들은 호봉제에 찬성하면서 젊은 세대에게 희생을 강요하는 대열에 동참하게 된다. 이런 악순환은 공직사회를 병들게 하고, 복지부동하면서 소극 행정으로 일관하게 하는 매우 중요한 요인으로 작용한다.

호봉제는 과거 공무원의 보수 인상을 위한 명분으로 유지해 왔지만, 2000년대 이후에는 대부분 민간 임금의 80% 이상에 달하는 것으로 발표되고 있다. 한때 90% 수준에 달한 것으로 발표되기도 했다.

이제 근무 연한에 따라 임금과 직급이 결정되는 연공제(연공서열제) 폐지를 검토할 때가 되었다. 그럼에도 여전히 우리 사회는 공공부문만이 아니라 민간부문, 시민사회, 심지어 벤처기업까지 연공서열식 봉급 체계를 버리지 못하고 있다. 연공제는 사회의 안정성을 담보하고 가족을 유지하는 긍정적 측면이 있다고 강조한다. 하지만 과거 공무원들이 국가에 대한 특별한 사명감이나 자부심, 그리고 직무 열정을 가지고 복무했던 시대에도 연공제 보수 체계가 현재처럼 심하지는 않았다는 점을 상기하자.

실질적인 직무급제 도입해야

독일 공무원의 보수 체계는 경력과 호봉에 의해 결정되는 구조가 아니다. 경력을 인정하지 않는 것은 아니지만, 우리나라처럼 매년 호봉이 올라가고 이에 따라 보수가 많아지는 시스템은 아니다. 독일 공무원의 보수 체계는 15등급으로 되어 있는데, 각 등급별로 6개의 단계가 있다. 공무원의 호봉은 2~4년마다 올라간다. 즉 1호봉에서 5호봉까지는 2년마다 1호봉씩 자동적으로 승급하고, 이후 9호봉까지는 3년마다, 그리고 10호봉에서 12호봉까지는 4년마다 1호봉씩 승급하는 방식이다.[117]

프랑스의 경우, 호봉 승진 제도는 있지만 동일 직급 내 상위 호봉으로 올라가려면 근무 기간만이 아니라 근무 성적도 좋아야 한다. 예전에는 근무 기간만을 반영하는 자동 호봉 승진제였으나 2002년부터 근무 성적을 반영하되, 최대 근무 연수에 도달하면 자동적으로 호봉 승진할 수 있도록 했다.[118] 2006년에는 이러한 자동 호봉 승진제마저 폐지했다. 최초 직급 임용 후 5년, 10년, 15년 이후 호봉 승진이 가능하도록 했다.[119]

우리나라의 경우, 2000년대 이후 성과급을 도입했으나 공정하지 않은 평가 방식이나 나눠먹기식 성과급 배분 등으로 그 폐해가 큰 것으로 나타났다. 성과급의 기본 목표는 연공서열 중심의 보수 체계를 개선하기 위한 것이었으나, 실제 성과급의 절대 규모가 연봉에서 차지하는 비중이 낮고, 성과급 운영상의 한계도 있어 호봉제의 적절한 대안으로는 부족한 상황이다.

우리나라 봉급 체계의 근본적인 변화 방향은 직무급제의 도입이다. 성과보다는 직무에 따라 보수를 차등 지급하는 방식이다. 하지만 대부분의 기관이 연공서열, 호봉제 중심 보수 체계의 근본적 변화 없이 부분적으로 도입하고 있을 뿐이다. 실질적이고 순수한 직무급제 도입은 거의 없다.

직무급제는 반대 여론이 만만치 않다. 무엇보다도 직무급을 도입하게 되면 호봉이 높은 사람들은 임금 하락에 대한 우려로 불만을 제기할 것이다. 매년 자동적으로 올라가는 호봉이 없어지기 때문이다. 노동조합을 중심으로 상당한 반발과 저항이 예상된다. 평균연령이 낮았던 시기에는 호봉제를 하다가 평균연령이 높아지니 직무급제를 도입하는 것은 인건비를 줄이기 위한 수단이라고 주장한다.[120] 임금 차별이 고착화될 우려가 있다는 지적도 있다. 상위직의 경우 직무 난이도나 곤란도가 높아 직무 등급을 높게 책정하고, 반면 하위직은 상대적으로 일상적·반복적 업무라는 이유로 직무 등급을 낮게 책정할 게 뻔하다는 것이다.[121] 직무 등급 책정의 객관성과 공정성에 대한 불신도 높다.

만약 연공제를 당장 폐지할 수 없다면 차선책이라도 필요하다. 호봉 수를 현재의 반으로 줄이고 매년 올라가는 호봉을 2~3년에 한 번씩 올리는 방식도 생각해 봐야 한다. 호봉 간 금액 차이도 현재의 절반으로 줄일 수도 있을 것이다. 외국처럼 호봉 승급 시 단순히 연령만이 아니라 성과나 역량 등 다른 요소를 반영하는 방법도 강구해야 한다.

단순히 경력이 많다고 높은 봉급을 받는 불공정하고 불합리한 시스템이 21세기 밀레니얼들이 활동하는 정보화 사회에 적합한지 철저한 반성과 검토가 필요하다. 일한 만큼 보수를 받는 공정 사회가 우리가 나아갈 길이다. 지금부터라도 호봉제를 직무급으로 개편하기 위한 사회적 논의를 시작하자. 60년 이상 유지해 온 보수 체계의 변화 없이 우리 관료들의 행동과 문화가 바뀌기는 힘들다.

Ⅲ

인사혁명 3

영혼

<u>12</u> 인간주의 조직이 그렇게 어려운가?

몰인간적 관료주의의 현실

　　　　　프란츠 카프카는 그의 소설 『소송』에서 19세기 초 당시 법원* 관료주의를 상당한 분량을 할애하여 비판한다. 주인공 요제프 K는 아무런 이유도 없이 어느 날 구속될 수 있다는 말을 듣는다. 기소 통보를 받고서 그는 자신의 집 주변을 배회하는 이상한 감시인들을 발견한다. 법원의 심리에서 자신의 결백을 주장하고, 백방으로 호소해 보지만 아무 소용이 없다. 어느 날 법원 근처에 살면서 판사들에게 그림을 그려 주며 생활하고 있던 화가가 그에게 말한다. "법원이 일단 고소를 제기하면 피고인의 죄를 확신하는 것이며, 법원이 그런 확신을 철회하게 만들기가 정

---

* 소설에서 명확히 설명하고 있지는 않지만, 전반적인 내용으로 볼 때 당시의 법원은 엄격한 구분 없이 검찰 기능도 수행한 것으로 보인다.

말 어렵다"는 것이다.[1] 심지어 "당신이 이 캔버스 앞에서 판사들을 캔버스에 그려놓고 자신을 변호하는 게 실제 법정에서보다 성공 가능성이 많을 것"[2]이라고 단언하며 "단 한 번도 실질적인 무죄 판결을 본 적이 없다"[3]고 덧붙인다.

무죄를 자신했던 그에게 우려했던 일이 어김없이 닥친다. 법원 관료주의가 그의 결백을 무참하게 짓밟은 것이다. 자신이 왜 이런 고통을 받아야 하는지도 모른 채 요제프 K는 1년간의 기나긴 소송 끝에 어느 날 저녁 두 명의 남자에게 눈이 가려진 채 어딘지 모르는 교외로 끌려가 사형을 당한다. 관료주의가 빚은 한 인간의 비극적인 결말이었다.

이 같은 일이 단지 소설 속의 이야기만일까. 우리 법원과 검찰에도 이런 일이 없었다고 말할 수 있을까. 1988년 화성 연쇄살인사건의 용의자였던 윤모씨는 수감 생활 20년을 마친 뒤 지난 2009년에 석방되었다.[4] 그런데 최근 다른 유력한 용의자인 이모(57세) 씨가 자신의 범행임을 밝히면서 그가 억울한 옥살이를 했다는 사실이 밝혀졌다. 30년이 지나 진범이 나타난 후에야 밝혀진 진실이었다. 경찰의 고문 수사, 검찰의 기소, 법원의 판결이 만든 합작품이었다.

1990년 낙동강변에서 살인사건이 일어났다. 근처를 지나던 최모씨와 장모씨는 용의자로 검거돼 무기징역을 선고받고 2011년 21년간의 복역 끝에 모범수로 석방되었다.[5] 검찰에 경찰의 고문 사실을 이야기했지만, 돌아온 것은 검찰의 고문이었다고 한다. 재판 과정에서도 고문으로 허위 자백을 했다고 밝혔으나 아무 소용이 없었다. 경찰·검찰·법원은 모두 책임을 떠넘기면서 그들을 범인으로 확정지은 것이었다.

이러한 사례들은 법 집행 기관만의 일이 아니다. 일반 정책 기관도 크게 다르지 않다. 관료제의 가장 큰 장점이자 단점은 몰인간성이다. 관료제는 솔직함이나 겸손함이 없다. 순수한 감정도 없고 따뜻한 배려도 없다. 사람의 향기라는 것이 없다. 영혼이 없는 기계와도 같다.

인사 과정에서도 사람이 없기는 마찬가지다. 명확한 기준도 없이 승자와 패자를 가른다. 권리를 보장하면서 대화하고 상담하기보다는 의무와 책임만을 강조하면서 징계하고 문책하고 일방적으로 통보한다. 16세기 초 마키아벨리가 『군주론』에서 말했던 "빛나는 갑옷을 입은 무자비한 기사"들은, 오늘날 "매니큐어 칠한 손톱과 맞춤형 양복을 입은 무자비한 관료들"로 바뀌었을 뿐인가.[6] 이처럼 관료제의 위기는 인간주의의 상실에서 출발한다.

우리 사회는 액체 사회인가, 고체 사회인가

카프카는 법원 관리들의 인간적 한계의 원인을 일반 주민들과 접촉이 없다는 데서 찾는다. 그들은 평범하고 일상적인 소송은 잘 준비되어 있지만, 아주 단순한 사건이나 특별히 어려운 사건은 어찌할 바를 몰라 당황하는 경우가 많다고 한다.[7] 밤낮으로 법률에만 얽매인 삶을 살다 보니 인간관계에 대한 이해가 부족하기 때문이다.

러시아의 대문호 톨스토이도 인간주의자였다. 그의 소설 『부활』에는 몰인간성을 다룬 장면이 여러 번 나온다. 죄수들을 시베리아로 이주시키는 과정에서 다섯 명이 죽었음에도 호송병들은 그들의 죽음에 전혀 관심이 없다. "오로지 그들은 법이 명하는 대로 일을 처리해야 한다는 생각만을 염두에 두었다. 시체를 적당한 장소로 보내고, 또 그들의 서류라든가 소지품들을 관계 기관에 인계하고, 명단에서 그들의 이름을 삭제하는 일"만 했다.[8]

톨스토이는 죄수들의 죽음은 도지사, 교도소장, 파출소장, 순경, 호송장교와 호송병들이 "인간을 대할 때 진실로 인간적인 태도로 대하지 않아도 된다고 믿기 때문에 벌어진 일"이라고 썼다. 관리들은 "인간이라든가 인간에 대한 의무를 생각지 못하고 오로지 자신의 직무와 의무만을 중요시한다"는 것이다.[9] "관직에 몸을 두고 있다는 이유만으로 가장 순수한 동정도 품지 않는 몰인정한 인간"으로 "돌땅에 비가 스며들지 않듯 인간애가 도무지 스며들지 않는다"고 꼬집는다.[10] 인간주의가 사라진 관료사회에 대한 대문호의 진단이다.

영국의 유명한 사회학자 지그문트 바우만은 19세기 관료화된 고체 사회와 달리, 현대 사회를 '액체 사회'라고 진단했다.[11] 즉 현대 사회는 '견고한 것을 녹이는' 액화의 과정이라는 것이다. 액체는 형태가 자유롭게 바뀌고 시시각각 이동한다. 액체 사회는 다양하고 복잡한 상황에서도 흐르는 물처럼 유연하게 대응하는 사회이다. 반면 고체는 딱딱하고 무겁다. 형태도 변하지 않는다. 이처럼 고체 사회는 공격적이고 적대적이며 경직되어 있어 타협할 줄 모른다. 고체 사회를 유지하려면 감시와 통제가 많을 수밖에 없다. 우리 사회는 액체 사회인가, 고체 사회인가?

일반 국민은 이미 액체 사회에 진입하고 있다. 다양한 지식과 정보를 교환하며 실시간으로 소통하고 있다. 모든 사물이 인터넷으로 연결되는 정보혁명으로 역동성이 넘치는 우수한 인재들이 사회 곳곳에서 액체 사회의 든든한 자산으로 성장하고 있는 것이다.

하지만 관료들의 역할이나 행동, 대응 방식을 보면 예전과 크게 달라지지 않은 고체 사회인 것 같다. 딱딱한 규정이 사람보다 앞서고, 수많은 지시문과 법령집으로 획일화·단일화를 강요하고 있지 않은가.

이어령 교수는 일찍이 우리 '보자기' 문화의 우수성을 일깨워 주었다. 보자기는 실용적이면서 어떤 형태도 포용할 수 있는 유연함이 있기 때문이다. 상선약수上善若水, 즉 "최고의 선은 물과 같다"고 한다. 물은 구석구석 빠짐없이 흐르면서 만물을 이롭게 하고 다툼도 없다. 흐르는 물처럼 무리가 없는 결정을 하고, 단단한 바위 틈새를 가득 채워 주는 액체 정부가 어떤가. 정부 조직의 운영 방식이나 행동 양식의 변화는 사람을 중시하는 국정 목표를 달성하는 데 반드시 필요한 조건이다.

넛지 행정, 휴머니즘을 말하다

사람 중심, 인간적 조직을 만드는 방법 중 하나가 미국 시카고대 교수이자 행동경제학자인 리처드 탈러가 제안한 '넛지Nudge 행정'이다. '넛지'란 '타인의 선택을 유도하는 부드러운 개입'을 의미한다.[12] 이제 넛지형 관리 방식, 넛지형 정책과 조직을 생각할 때다. 넛지 행정은 '무엇을 해야 한다'는 명확한 주장을 하기보다는 '무엇을 해보면 어떨까'라는 숨겨진 설득을 강조한다. 지도자의 선도적이고 권위적인 리더십보다 인간주의적 리더십이 민주주의를 실현하기 위한 지름길로 작용하는 경우가 많다.

정책 결정권자도 사회 문제에 부드럽게 개입해 좋은 결과를 유도하는 '사회적 넛지'가 필요하다. 미국의 오바마 대통령은 2015년 『넛지』의 공동 저자인 하버드 법대 교수 캐스 선스타인을 채용하고 백악관 사회행동과학팀/행동과학반을 설치했다. 영국 데이비드 캐머런 총리도 행동통찰팀 넛지팀을 만들었다. 특정 정책에 대한 일반 국민의 행동과 태도를 깊이 있게 분석함으로써 부드럽게 심리 변화를 유도하는 심리학적 접근이다.[13]

넛지 행정의 성공 사례를 읽어 보면 놀랍고 흥미롭다.[14] 전기요금 납부서에 옆집의 에너지 사용량을 알려 주었더니 에너지 사용량이 줄었다고 한다. 영국에서는 다른 사람들이 정해진 날까지 세금을 납부한다는 편지를 써서 보냈더니 세수가 15% 증대되었다는 조사 결과도 있다. 그런가 하면 골목길 쓰레기통을 향해 푸른 발자국 모양을 그려놓았더니 쓰레기 무단 투기가 46% 줄었다는 실험 결과도 있다. 제주도에서는 엘리베이터가 느리다는 불평을 줄이기 위해 엘리베이터 앞에 거울을 설치했다고 한다. 동료 의사들보다 과잉 처방을 내리는 의사에게 상대적으로 높은 그의 처방률을 알려 주었더니 과잉 처방이 줄었다는 사례도 있다. 이처럼 넛지 행정 성공 사례는 아주 많다.

우리의 과거 정책은 대부분 '막고 품는' 방식의 행정이 많았다. 대규모 토건산업을 통해 토지를 뒤집고 다시 건설하는 정책들이었다. 최근 10여 년 동안을 돌아보아도 경제 정책도, 일자리 정책도, 복지 정책도 대규모의 예산과 인력을 쏟아 붓는 형태가 많다. 일부 개혁 과제를 예외로 하더라도 실질적인 내용과 효과 중심의 '넛지 행정'이 필요한 때다. 이를 위해서는 개별적 상황에 대한 좀 더 세심한 배려와 치밀한 준비가 필요하다. 강압적인 정부 개입을 줄이고 부드러운 설득과 개입을 늘릴 수 있는 정책 수단을 강구할 필요가 있다. 정부의 연성화는 인간주의 관료제의 시작이 될 것이다.

부드럽고 따뜻한 인간주의 관료제를 위하여

기원전 1세기 로마의 유명한 철학자 키케로는 "인간 사회와 공동체는 그 구성원 각자가 가장 친밀하게 결합되어 서로 최대의 호의를 베풀 때, 가장 잘 유지·보존되는 것"이라고 했다.[15] 그는 인간이 사유하는 능력과 말하는 능력, 즉 이성과 언어를 갖고 있기 때문에 짐승과 다르다고 말한다. 즉 이성과 언어를 통해 의사를 전달하고 토론하며 인간 상호간의 유대를 강화하고 사회 정신을 함양할 수 있다는 것이다.[16]

독일의 철학자 포이에르바하는 인간주의적 유물론으로 유명하다. 그는 『기독교의 기원』에서 "신학은 신이나 절대정신 또는 신성한 것을 찾는 일이 아니고 인간의 자기 이해"라면서 헤겔을 비판한다.[17] 헤겔이 주장한 절대정신은 인간이었다고 주장하면서, 인간과 인간의 사회적 관계가 우주의 중심이라는 것이다. 그는 신이나 천국은 이상적인 인간 사회의 표현이며, 사랑과 정의, 자비야말로 인간 사회의 실체라고 말한다. 이처럼 포

이에르바하는 인간 사회의 실체로서 휴머니즘을 주장했다.[18]

몇 년 전 발달장애인 시설 건립과 관련해 발달장애인 학부모들은 울분을 참지 못하고 자신의 아이들을 서울시교육청 청사 마당에 두고 가 버렸다. 10여 명의 발달장애 학생들이었다. 교육청으로서는 엄밀히 말해 행정 업무 방해 행위이므로 부모들에게 당장 항의하고, 법 규정대로 아이들을 장애인 돌봄센터에 보내도 무방했다.

하지만 교육청 직원들은 자신들이 나서기로 했다. 장애 학생을 보호하기 위한 시설이 없으므로 급히 매트를 사오고, 학생들의 이름과 특성을 파악하고 돌봄 전문인력의 도움을 받아 하루 세 끼 먹이고 적당히 운동도 시켰다. 조금은 생소하고 어려운 일이었지만, 서로 교대해 가며 아이들을 24시간 돌보았다. 이 소식을 들은 학부모들은 교육청 직원들의 따뜻한 마음과 행동에 감동했고, 교육청을 신뢰하게 되었다. 그리고 사건 일주일 만에 조건 없이 아이들을 집으로 데려갔다고 한다.[19]

경기도는 불과 1년 전 하천·계곡 일원의 불법 점유 시설물에 대한 강력한 철거 조치를 단행했다. 등산로 입구에서 누구나 느꼈던 불편한 현실이었다. 불법 점유한 사람들이 생존권을 위협한다고 호소했지만, 마을회관에서 지역 상인 및 주민들과 만나 터놓고 솔직하게 대화하고 설득했다. 그리고 이제 '차별 없는 쉼' 공간으로 "가족들이 오순도순 모여 편하게 쉬었던 평상"을 놓아 청정 계곡을 만들었다고 한다.[20] 작은 정책이지만, 법과 원칙을 지키면서도 인간적인 행정 관료제의 따뜻한 모습에 국민들은 감동했다.

다산 정약용은 『목민심서』에서 자신이 모셨던 훌륭한 목민관 유의

柳誼의 이야기를 들려준다. 참판 유의가 홍주 목사 때의 일이다. 그해 흉년이 들어 유리걸식자 5~6명이 읍내를 돌아다녔다. 유의는 그들을 가련하게 여겨 군청의 뜰에 있는 마방馬房에 머물게 하고 죽을 먹이고 불을 때어주었다. 군청의 간부나 아전들은 "유리걸식자를 이같이 즐겁게 해주면 그떼가 앞으로 구름같이 모여들 것이니 누가 이것을 감당하겠느냐"며 반발했다. 그들의 예상대로 유리걸식자들이 소문을 듣고 모여들었다. 군청 관리들은 극력 반대했지만, 유의는 이들을 모두 수용했다.

금정에서 근무하던 다산이 홍주에 갔을 때, 유의가 그동안의 일을 말하고는 "유리걸식자는 그 수효가 한도가 있는 것인데 구름같이 모여든다고 미리 말하는 것은 모든 착한 일을 가로막는 일이다. 내 힘이 미치는 데까지는 우선 받아들일 것이요. 힘이 이에 다 되면 보내는 것이 또한 옳지 않겠나"라고 했다는 것이다. 다산은 "내가 지금까지 그 말에 마음으로 감복하고 있다"고 썼다.[21]

서울시 교육청과 경기도, 홍주 목사의 공통점은 무엇일까? 인간주의적 관료제가 아닐까. 법의 형식 논리에만 집착하지 않고 일의 근본 목적을 생각하는 관료들이다. 세 사례가 보여준 인간주의적 관료제를 모든 행정기관이 실천하면 어떨까. 관료들도 맹목적 형식주의나 몰인간적 합리주의에 빠지지 말고 따뜻한 인간주의를 실천하려는 노력이 필요하다.

불신에서 신뢰로

미국의 정치학자 로버트 퍼트남은 성공적인 민주주의를 위한 시민공동체의 덕목으로 "신뢰에 바탕을 둔 공익 정신"을 강조한다.[22] 조직 내부도 마찬가지다. 개개인이 기회주의에 빠지지 않고 자발적으로 신뢰하고 협력하는 공동체를 만들어야 한다. 일반 시민들에 대한 인간적인 봉사와 희생 정신을 키우기 위해서는 관료제 조직 내부에도 시민정신이 필요하다. 모든 구성원이 서로 신뢰하는 공동체만이 인간주의적 관료제를 만들 수 있다.

수직적 계층 구조로는 직원 공동체의 시민성을 키우기 어렵다. 조직 구성원 상호간에 상대방이 배신할 것이라는 가정을 근본적으로 없애야 한다. 상호 신뢰 없이는 자율도 없고, 자율이 없으면 책임도 있을 수 없기 때문이다. 자신의 노력과 무관한 책임을 지우게 되면 침묵을 낳을 수밖에 없다.

이제 조직 구조를 수직적 피라미드형에서 수평적 항아리형으로 바꾸어야 한다. 엄격한 명령과 통제에 의해 움직이는 뷰로크라시bureaucracy에서 자율과 협력에 기초한 홀라크라시holacracy로 전환해야 한다. 의사결정의 수직적 구조를 인정하더라도 조직 내부의 토론과 참여를 통해 자율적으로 결정하는 시스템을 만드는 것이다.[23]

런던경제대학의 게리 하멜 교수도 최근 《하버드 비즈니스 리뷰》에서 관료제의 종말을 선언하고 '인간관료제'를 제안했다.[24] 인간은 원래 혁신적이고 창의적이지만, 조직은 그렇지 않다는 것이다. 그는 순응을 극대화하는 시스템에서 조직에 헌신하는 개인들을 만드는 인간관료제를 강조한다. 조직 내부를 지배하는 과장, 마찰, 왜곡, 냉정, 경직, 순응, 편협, 주눅, 정치 등에서 벗어나 실험, 개방, 용기, 열정, 주체, 자율, 창의, 협력, 오너십, 목표, 위임 등이 핵심 단어가 되어야 한다는 것이다.[25]

인간관계 이론을 처음으로 주장한 엘튼 마이요는 단순히 상여금의 인상, 휴식 시간이나 간식 제공, 주 6일 48시간(당시) 보장 등 작업 환경을 개선한다고 생산성이 증가하지는 않고, 작업 환경과 작업 속도를 결정할 때 보다 많은 재량과 자유를 가지게 될 경우 생산성이 증가한다는 사실을 발견했다.[26] 우리의 경우, 탄력근무제, 일과 가정의 균형, 주 40시간 등 근로조건이나 작업 환경을 바꾸는 데 집중한 것은 아닌지. 인간관계론의 핵심은 상호 협조와 교류, 비공식적 행동 규범, 인간적인 감정과 관심이라는 사실을 상기할 필요가 있다.

우리도 인간주의 관료제를 위해서는 불신에 기반한 제도와 행태를 신뢰에 기반한 제도와 행태로 바꾸어야 한다. 모든 행정기관에 대한 감사를 3년간 실시하지 않는다면 어떤 일이 발생할까? 기관 평가를 3년간 중단하는 파격적인 조치는 불가능한 일인가? 이제 감사와 평가와 인사라는 불신의 트라이앵글을 개선하기 위한 노력이 필요하다. 우리 조직도 사람들이 살아 숨쉬는 인간적인 공동체로 만들어 보자.

13 당신의 역량은 우수한가?

고도성장 시대의 역량, 지금도 유효한가

1967년 4월 23일 오전, 장기영 경제기획원 장관은 김윤기 건설부 장관에게 국토 건설 개척 관련 계획서를 작성하여 오후까지 부총리실로 가져오라고 지시했다. 부총리의 지시를 받은 건설부 실무자들은 계획서 작성에 들어갔다. "주무국인 계획국 건물은 밤 11시까지 환하게 불이 켜진 채 작업이 계속되었으며, 계획국장 김용희 씨가 부총리 자택을 찾아간 시간은 거의 밤 12시가 가까워서였다."[27] 서울~부산 간 고속도로 건설사업 추진에 관한 유명한 일화이다.

이런 일화가 말해 주듯이, 과거 공무원들은 일에 대한 헌신과 적시성, 능률성 등은 매우 높았던 것으로 보인다. 1970년대 이후 고도성장 시대를 견인한 것은 우수한 역량을 가진 공무원들의 헌신과 희생이라는 진단이 많다. 당시 경제부처와 내무 관료들은 기획력과 전문성, 추진력과 집행력을 가진 우수한 집단이었던 것으로 평가된다.

우수한 역량이란 무엇인가? 민주화·정보화·세계화 시대에 동일한 기준으로 역량의 우수성을 평가할 수 있을까? 고도성장 시대의 우수한 역량이 현재 시점에서도 우수한 역량이라고 말할 수 있을까? 21세기에 살고 있는 우리나라 공무원의 역량은 과연 높은 수준일까?

서울대 행정대학원 노화준 교수는 당시 공무원들의 역량이 우수했다는 주장에 반론을 제기한다. 그는 1996년의 논문에서 당시 공무원들은 일에 대한 이해와 전문적인 지식, 일의 수행 능력, 국민 신뢰와 지지 확보 능력, 이니셔티브나 기업가 정신 등이 상대적으로 미약했다고 진단했다.[28] 특히 민주화 이후에는 공무원들의 역량이 전반적으로 부족하다고 진단했다. 일에 대한 이해와 전문 지식, 일의 수행 능력이 낮고 효과성, 적시성, 능률성도 높지 않았다는 것이다. 관료들의 전반적인 역량을 구체적으로 조사한 정부 발표는 없으나 최근까지도 공무원 역량이 크게 향상됐다는 연구 결과는 거의 없다.

최근의 연구를 보면 공무원의 역량이 평균적으로 높지 않다는 진단이 많다. 2015년 연세대 문명재 교수 등이 공무원 250명, 전문가 250명을 상대로 공무원의 역량 수준을 조사했더니, 공무원의 경우 역량이 높다는 의견은 전체의 77.6%를 차지한 반면, 전문가의 경우에는 49.2%에 그쳤다.[29] 즉 공무원은 스스로 우수한 역량이 있다고 판단한 반면, 외부 전문가들의 시각은 그와는 조금 다르다는 것이다. 공무원들이 편협한 자기 최면에 빠져 있는 건지, 아니면 전문가들의 왜곡된 시각이 반영된 탓인지 알 수는 없다. 하지만 이러한 통계로 볼 때 공무원의 절대적 역량은 크게 나쁘지 않은 것으로 보인다.

그러나 민간 기업과 비교하면 상대적으로 역량이 낮은 것으로 나타난다. KDI 정책대학원 이주호·최슬기 교수의 연구에 따르면 대기업과 비교할 때 연령과 직위가 높아지면서 역량이 현저히 떨어지는 것으로 나타났다. 즉 30대 중앙부처 사무관과 대기업 신입 사원 중 사무관이 더 우수하다는 의견이 4배 더 높게 나타났으나, 50대 중앙부처 실장과 대기업 임원을 비교하면 반대로 민간 기업이 더 우수하다는 응답이 4배 높았다.[30]

OECD(경제협력개발기구) 국가와 비교해도 우리나라 공무원의 역량은 높은 편이 아니다. 2011~2012년 조사 결과, 공공부문 인력의 역량이 거의 모든 연령대에서 OECD 평균보다 낮게 나타났다.[31] 미국·독일·영국·일본 등 4개국과 비교하면 우리 공무원의 역량이 현저하게 떨어진다. 25~44세 연령대는 일부 국가보다 높지만, 45~65세 연령대는 가장 낮은 수준을 보인다.

OECD 국가와 비교할 때 젊은 세대는 똑똑하고 유능한 데 반해, 성인 세대는 상대적으로 역량이 부족한 것으로 나타난 것이다. 서열 중심의 문화가 강하게 작용하는 우리 사회 시스템을 생각하면 어느 정도 예측할 수 있는 일이라 할 수 있다.

우리나라 공무원의 역량이 OECD 국가와 비교해 대체로 낮게 나타난 것은 두 가지로 해석할 수 있다. 실제 역량이 낮은 경우와, 역량은 있지만 발휘할 수 없는 경우이다. 둘 다일 수도 있다. 전자의 경우, 역량 개발을 위한 노력이 필요하다. 후자의 경우는 문제가 매우 심각하다. 역량이 있음에도 조직 구조와 문화로 인해 발휘할 수 없다면 조직 혁신과 변화가 시급하기 때문이다. OECD 통계 분석 결과에 대해 연구자들은 "상명하달의 수직적 통제와 명령에 의존하면서 개인의 역량을 충분히 활용하지 못하기 때문"으로 진단한다.[32] 나중에 다시 이야기하겠지만, 공무원들이 갖고 있는 우수한 역량을 발휘할 수 있는 조직과 인사의 혁명적 변화가 필요하다는 것을 반증한 분석 결과라 할 수 있다.

조직을 떠난 역량이란 없다

공무원의 역량이 전반적으로 낮다면 평균 역량 수준을 높여야 한다는 논리적 귀결을 이끌어낼 수 있다. 하지만 이러한 접근은 조직의 성과를 높이거나 개인의 역량을 개발하기 위한 구체적인 방법을 제시해 주지 못한다는 한계가 있다. 조직 내 개개인의 역량은 서로 다를 뿐만 아니라 역량 유형별로 수준도 다르기 때문이다.

따라서 우리나라 공무원의 역량이 전반적으로 높다, 낮다고 말하는 것은 개인의 역량 수준이나 역량 유형을 획일적인 잣대로 규정하는 폭력에 가깝다. 모든 공무원이 역량 유형과 상관없이 수준을 높여야 한다는 결론에 이르게 되기 때문이다. 이는 과거 일방적이고 대규모의 집단적 교육 훈련을 강요하는 시대에 유행했던 방법이다.

이처럼 조직과 직무를 논하지 않고 개인의 역량을 논하는 것은 아무 의미가 없다. 역량은 개인적 특성이면서 조직과 연계되어 있기 때문이다. 역량은 조직 내의 역할이 있어야 의미가 있다. 역할이 다르면 필요한 역량도 다르다. 조직은 구성원들의 다양한 역할을 통해 존재하고 목표를 달성한다. 무작정 역량 수준을 높이고 역량 개발을 해야 한다는 주장은 강요된 허상일 뿐이다. 예를 들어 어떤 사람은 의사소통 역량은 뛰어난 반면 정책 기획 역량은 떨어질 수 있다. 반대로 정책 기획 역량은 탁월하지만 의사소통 역량은 변변치 못할 수도 있다. 이럴 경우, 두 사람의 역량을 평균 낸다면 역량 수준은 동일하겠지만 전혀 다른 역량 유형을 보이게 된다.

따라서 조직 내 개개인이 서로 다른 역량을 가진 경우, 그에 상응하는 배치와 전환이 필요하다. 대부분의 역량은 좀 떨어지더라도 특정 역량에 탁월한 면모를 보인다면 조직 입장에서는 활용할 수 있는 인재가 된다. 신분이 보장되어 있는 우리 공직 시스템에서 역량이 부족하다고 강제 퇴직시킬 수도 없다. 조직 성과를 높이기 위해서는 반드시 필요하지만 부족한 역량이 무엇인지 아는 것이 중요하다. 그에 따라 각 개인이 필요한 역량을 개발할 수 있기 때문이다. 전반적인 역량 수준이 낮다는 주장보다 구체적으로 어떤 역량이 낮은지가 논의의 핵심이다.

어떤 역량이 부족하고, 어떤 역량이 필요한가?

플라톤의 『국가론』에는 소크라테스가 "국가의 수호자는 대단한 기백과 온순한 기질을 동시에 가져야 한다"고 말하는 대목이 나온다. "적에게는 난폭해야 하지만 친구에게는 온순해야 한다"는 것이다.[33] "친구를 부드럽게 대하는 본성은 지혜를 사랑하는 사람"이라며, 국가

수호자는 '지혜'와 '기백'을 가져야 한다는 것이다. 아울러 "유혹에 굴하지 않고 조화로운 품성과 소신을 유지한다면 그가 국가를 위해 유용한 자"[34]라고 덧붙인다. 이러한 기백을 높이기 위해 망아지를 소란스러운 곳으로 끌고 가서 겁이 많은지 살펴보고, 황금을 불 속에 던져 그 품질을 시험해 보듯이 갖가지 시련과 고통을 주어 시험해 봐야 한다고 말한다.[35] 모름지기 국가를 관리하는 자는 용기와 지혜, 절제와 정의*라는 네 가지 역량을 갖춰야 한다는 것이다. 우리 공무원들이 이러한 기백이나 용기를 갖고 있을까.

행정학자 박동서 서울대 교수는 엘리트 관료에게 필요한 자질로 공익 추구, 성실성, 책임성, 창의성, 전문성 다섯 가지를 들고 있다.[36] 이 중에서도 민주주의 국가에서 민의民意에 충실함을 뜻하는 책임성을 특히 강조한다. 공직자가 지녀야 할 가치를 강조하는 것이지만, 공직 수행에 필요한 핵심 역량인 것만은 틀림없다. 그가 공무원과 전문가들을 대상으로 설문조사한 결과에 따르면 직급별로 차이가 있다. 사무관급에 필요한 역량은 이해력, 분석력, 의사소통, 협업, 조직 헌신, 적응력과 변화 관리 역량인 데 비해, 실·국장급은 전략적 사고, 정책 집행 관리, 조직관리, 갈등조정, 윤리의식, 변화관리 등인 것으로 나타났다.[37]

필요 역량은 부처별로도 차이가 있다. 필자가 2009년 기획재정부, 즉 옛 재정경제부 공무원 216명을 대상으로 조사한 결과, 과장급 이상에 해

---

* 여기에서 정의는 "자신의 것을 잘 지키고 자신의 맡은 바 일을 잘 수행하는 것"이라고 정의한다. 각자의 소임을 다하는 것은 "자신의 내면을 잘 조절하고, 지배와 복종, 협력을 마치 조화로운 음정을 통해 아름다운 선율을 이끌어내듯이 변주하는 일"이라고 설명한다.

당하는 정책 관리 계층은 목표나 방향 제시와 전략적 사고가 필요하고, 사무관에 해당하는 정책 실무 계층은 전문가 의식과 문제해결 능력, 6급 이하 실무 집행 계층은 정보 수집 관리나 전문가 의식이 요구되었다.[38]

인사혁신처가 실시하고 있는 역량 평가에서는 실·국장급에 필요한 역량을 사고 역량, 업무 역량, 관계 역량으로 구분하여 검증한다. 고위 공무원의 경우 사고 역량으로 문제 인식과 전략적 사고, 업무 역량으로 성과 지향과 변화관리, 관계 역량으로 고객 만족, 조정·통합 등 총 6개의 역량 유형을 검증한다.[39] 과장급은 조금 다르다. 이들에 대해서는 정책 기획, 성과관리, 조직관리, 의사소통, 이해관계 조정, 동기부여 등 총 6개의 역량을 검증하는데, 사고 역량이나 업무 역량보다는 관계 역량의 비중이 높다.[40] 실·국장보다 과장급에서 왜 업무 역량보다 관계 역량이 더 중요한지 이해하기 어렵다. 우리 공직사회가 업무의 성공적 수행보다 관계 지향적 공무원을 원하고 있음을 간접적으로 보여주는 것은 아닐까.

그렇다면 공무원들에게 가장 부족한 역량은 무엇일까? 필요한 역량과 부족한 역량은 동전의 양면과도 같다. 대부분의 연구 결과를 보면, 공무원들에게 가장 부족한 역량은 비판적 사고와 창의성이다. 앞서 언급한 전문가와 공무원 설문조사 결과를 보더라도 비판적 사고가 가장 부족한 역량으로 나타났다.[41] 문제가 되고 있는 사안에 대한 비판적 사고 역량과 불의와 부정에 저항하는 행동 역량은 공직을 추구하는 공무원에게 필요한 핵심 역량이다.[42] 특히 대규모 조직은 권위주의적이어서 "조직 구성원이 지니고 있는 창의성이 적극적으로 개발되지 않아 활용도 되지 못하고" 있는 실정이다.[43]

현재 공직자들에게 부족한 도전 정신이나 창의적 사고는 성공적 업무 수행에 반드시 필요한 역량이다. 의사소통, 갈등조정, 변화관리 등도 사무관과 실·국장 등 직급에 상관없이 공통적으로 부족한 역량으로 나온다. 특히 실·국장급의 경우 의사소통 역량 교육의 필요성이 강하게 제기된다.[44] 상대방의 의견을 경청하여 그 의미를 정확히 이해하고, 자신의 의견을 명확하고 효과적으로 전달하는 역량[45] 개발이 필요하다는 것이다. 이러한 역량이 부족하게 된 데는 상명하달식 공직 문화에 기인한다는 진단이 많다.[46] 공무원들은 상급자의 의견에 반대하기 힘들고, 너무 혁신적인 것을 주장하면 본인의 경력이 위험하다는 인식이 깔려 있다.

역량 평가는 인사혁명의 시작이다

일본 국가공무원법은 공무원의 "임용은 실적제의 원리에 의한다"고 규정하고 있다. 아울러 제33조에 "직원의 임용은 그 사람의 수험 성적, 근무 성적 또는 그 외의 능력의 실증에 따라 실시한다"고 규정하고 있다.[47] 우리나라의 국가공무원법 역시 제26조 제1항에서 "공무원의 임용은 시험 성적·근무 성적, 그 밖의 능력의 실증에 따라 행한다"고 규정되어 있다. 일본과 똑같은 규정에 놀라지 않을 수 없다. 어떻게 이처럼 똑같은 규정을 만들었을까? 일제강점기를 거친 탓에 일본 법령을 참고로 했음이 분명하다.

반면, 우리나라 국가공무원법에는 역량 중심의 인사에 관한 언급이 없다. '미래지향적 역량'이라는 추상적이고 모호한 문구가 한 번 나올 뿐이다. 동법 제6장 '능률'이라는 제목 아래 인재개발 조항에서 공무원은 "직무를 효과적으로 수행할 수 있는 '미래지향적 역량'과 전문성을 배양하기 위하여", "교육 훈련을 받고 자기개발 학습을 하여야 한다", 그리고 제3항에서 기관장은 "미래지향적 역량과 전문성을 향상시킬 책임을 진다"고 되어 있다. 공무원임용령 등 하위 법령에도 역량 평가 등에 대한 개별적인 규정만 있고 역량 중심의 공직 시스템에 대한 언급은 없다. 계급 중심의 인사 운영을 기본 원칙으로 하고 있기 때문이다.

이제 계급과 직무를 넘어 역량 중심의 인사를 해야 한다. 공직 인사에서 노무현 정부의 최고 치적은 고위 공무원에 대한 '역량 평가'를 도입한 것이 아닐까. 정부 수립 후 최초로 고위 공무원의 역량을 진단하고 평가하는 작업이 이루어진 것이다. 역량 평가는 신뢰성이나 공정성을 강조하는 필기시험을 대체할 수 있는 가장 효과적인 도구로 보인다.

지금까지 수많은 평가가 이루어졌지만, 이처럼 비교적 객관적이고 공정한 인사 평가는 없었다. 역량 평가는 무슨 획기적인 시스템을 구축하는 것이 아니다. 다양한 전문가들이 면접을 통해 후보자의 역량을 진단하고 합의 하에 최종 의견을 내는 것이다. 우리나라 인사 시스템의 문제 대부분은 소수의 몇 사람이 비밀리에 진행하기 때문에 발생한 것이었다. 다수가 참여하고 투명하고 개방적으로 인사 절차를 진행한다면 객관성을 담보할 수 있을 것이다.

공직 인사 시스템도 역량 중심으로 개편해야 한다. 채용과 선발뿐만 아니라 승진, 평가, 보상에 이르기까지 경력과 계급 중심에서 직무 중심으로, 직무 중심에서 역량 중심으로 전환해야 한다. 역량 면접, 역량 승진, 역량 교육, 역량 개발, 역량 평가, 역량 보수, 역량 교육 등 역량 중심으로 개편하는 것이다.

현재 공무원 시험에 도입한 직무적격성시험PSAT은 역량 중심의 인사를 향한 출발점이다. PSAT를 모든 직급으로 확대하고, 역량 평가도 모든 직급으로 확대해야 한다. 역량 중심의 인사는 역량이 낮은 사람을 골라내 처벌하거나 배제하기 위한 것이 아니다. 개개인이 가지고 있는 우수한 역량을 조직과 국민을 위해 가장 효과적으로 활용하기 위한 것이다. 조직의 수요와 개인의 역량을 매칭하는 작업이고, 이를 통해 정부 조직의 역량을 전반적으로 높이기 위한 것이다.

14 '영혼 없는 전문가'를 원하는가?

전문성의 폭력, 그 무책임한 허상

홀로코스트의 전범이었던 오토 아돌프 아이히만은 1960년 5월 11일 저녁 부에노스아이레스 교외에서 체포되어 9일 후 이스라엘로 압송되었다. 그리고 이듬해 4월 11일 예루살렘 지방법원으로 재판받기 위해 이송된 뒤 15가지 죄목으로 기소되었다.[48] 살인죄 기소에 대해 아이히만은 다음과 같이 말했다.

"유대인을 죽이는 일에 나는 아무런 관계도 없다. 나는 유대인이나 비유대인을 결코 죽인 적이 없다. 이 문제에 대해 말하자면 나는 어떠한 인간도 죽인 적이 없다. 나는 유대인이든 비유대인이든 죽이라는 명령을 내린 적이 없다. 여하튼 난 그런 일을 하지 않았다." "그 일은 그냥 일어났던 일이다. 나는 단 한 번도 그 일을 해야 한 적이 없었다."[49] "나는 괴물이 아니다. 나는 그렇게 만들어졌을 뿐이다." "나는 오류의 희생자이다" "나는 지배 집단의 일원이 아니었고, 희생자였으며, 오직 지도자들만 처벌받아야 한다."[50]

아이히만은 경찰 소속도 아닌 다른 부대의 신참자들이 유대인 이주 업무를 수행한 것에 몹시 분노했다. 그는 자신 같은 전문가가 담당해야 한다고 생각했다. 전문성과 책임감을 가지고 유대인 이주 문제를 해결할 수 있는 사람은 오직 자신뿐이라고 생각한 것이다. 그는 기존 부서에 대한 답답함을 토로하면서 자신의 전문적 경험을 통해 그 일을 효과적으로 처리할 수 있다는 자신감이 있었다.

자신에게 맡겨진 업무를 완벽하게 처리한 그는 1933년 나치스에 가입한 후 1937년과 1941년 사이에 네 차례나 승진했다. 14개월도 채 되지 않아 하급 중대 지휘관에서 최고 중대 지휘관으로 승진했고, 1년 반 뒤에는 상급 대대 지휘관이 되었다. 그는 뮐러의 뒤를 이어 유대인 이주를 위한 제국 본부의 수장이 되었다.[51] 자신이 상상했던 것보다 훨씬 더 빨리 높은 자리에 오른 것이다. 마침내 그는 이주와 소개evacuation의 권위자이자 전문가로 인정받게 되었다.

아이히만은 자신이 "총통의 명령에 무조건 복종하는 톱니바퀴였다. … 당시 나는 일종의 본디오 빌라도의 감정과 같은 것을 느꼈다. 나는 모든 죄로부터 자유롭게 느꼈기 때문이다"[52]라고 말했다. 본디오 빌라도는 유대 지역을 다스리던 로마의 총독으로, 유대인은 예수를 로마에 대한 반역죄로 몰아 빌라도에게 고발했다. 빌라도는 예수의 무죄를 확신했지만 유대인의 요구와 정치적 압박을 이기지 못하고 예수를 십자가형에 처하라고 판결했다. 판결 후 빌라도는 손을 물로 씻으면서 자신은 죄가 없다고 했다. 아이히만 역시 유대인 학살 명령을 내린 총통이나 최고 지휘관을 배제한 채 명령을 효과적으로 이행했던 자신에게 책임을 물을 수 없다고 말했다.

역사적 상황과 명령의 내용은 다르지만, 독일의 과거는 우리의 현재였다. 2015년 1월 문화체육관광부 C국장은 청와대로부터 특정 문화예술인·단체를 "지원 대상에서 빼라"는 지시를 받았다.[53] 그는 이런 지시가 위법 부당하다고 생각했지만 '시키는 일이니 어쩔 수 없다'고 판단했다. 그는 별도의 메모지에 적어 담당 직원에게 지원 배제를 이행하도록 지시했는데, 이러한 지시는 10~20차례에 걸쳐 되풀이되었다. 2018년 문화계 블랙리스트 진상조사위원회는 감시, 사찰, 검열, 지원배제 등으로 피해를 본 문화예술인이 8,931명에 달한다고 발표했다.[54] 영화, 문학, 공연, 시각예술, 전통예술, 출판, 음악, 방송 등 거의 모든 분야에서 진행된 일이었다.

2015년 10월 26일 문화체육관광부는 법인 설립 신청 서류를 수령한지 3시간 만에 미르재단 설립을 전격 허가했다.[55] 재단 설립자가 재산을 출연하지 않았고 법인 인감증명서상의 인감과 다른 인장을 정관에 날인하는 등 중대한 흠결이 있는데도 청와대의 지시 한마디에 팀장, 과장, 국장, 실장 등 직업 공무원들은 치밀한 검토 없이 절차를 끝냈다. 2016년 1월 13일 10시경에는 K-스포츠 재단 설립도 허가했다.[56] 전날 오후 늦게 접수된 신청 서류는 그날 국장까지 결재했고, 다음날 아침에는 실장의 허가가 떨어졌다. 상부의 지시와 명령에 대한 행정 조치는 하루도 채 걸리지 않았다.

직업 관료들은 주어진 업무를 중립적이고 효과적으로 신속하게 처리했다. 그들은 10~30년 정도의 경력을 가진 베테랑 공무원이었다. 지시의 부당성을 지적하고 이행을 거부한 사람은 없었다. 오랜 경력을 통해 배웠던 것이 과연 무엇이었을까? 공무원의 역할과 책임은 무엇일까? 감사원 감사에서 그들은 "비영리법인 업무 매뉴얼에 따라 했다", "실무자들이 거부하는 데 어려움이 있었다"고 토로했다.[57] 전문성만을 강조하는 공직 시스템이 초래한 인재였다. 결국 두 사건은 1년 후 국정농단 사건과 대통령 탄핵의 전조前兆가 되었고, 영혼 없는 공무원을 상징하는 대표적인 사건으로 기억되고 있다.

전문가들의 빛과 그림자

프랑스 작가 알베르 카뮈는 소설 『페스트』에서 관찰자로서의 사실 전달보다는 서술자로서의 인간적 책무를 강조하고 있다. 『페스트』는 스페인의 한 도시에서 일어난 전염병에 관한 소설로, 최근의 코로나바이러스와 거의 비슷한 상황을 보여준다. 그는 연대기의 서술자 입장에서 전염병의 시작과 확산, 그리고 종결을 이야기하고 있다. 일반적으로 서술자의 중요한 자질은 사실에 바탕한 정직성과 개인적 욕구와 가치를 배제하는 겸손함이라고 한다. 증인으로서 증언하는 것이다. 하지만 그는 서술자가 불편부당한 관찰자만은 아니라고 말한다.[58]

페스트로 고통당하는 사람들과의 강한 연대 의식은 서술자의 책무임을 강조한다. 즉 『페스트』의 서술자는 "정직한 마음의 법칙에 따라 희생자의 편을 들었고, 자신과 같은 시민들이 공유하고 있는 유일한 확신, 즉 사랑과 고통과 귀양살이 속에서 그들과 한덩어리가 되고자 했다. 이리하여 자신과 같은 시민들이 불안이라면 그 어떤 것도 그가 그들과 나누어 겪지 않는 것이라고는 없고, 어떤 상황도 동시에 그 자신의 상황이 아닌 것이라고는 없다"라고 쓴다.[59] 이에 따라 서술자는 페스트의 도시인 오랑 시민들을 '그들'이라고 부르지 않고 '우리들'이라고 동일시하며 이야기를 풀어 나간다.

자기 소설을 실천이라도 하듯이 카뮈는 "나는 반항한다. 고로 우리는 존재한다"고 했다.[60] 그는 전쟁에는 반대했지만, 전쟁이 발발하자 전쟁을 회피하지는 않았다. 전쟁이 시작되자 '나와는 상관없는 일이다'라고 회피하는 것은 무의미하다고 생각한 것이다. 그는 독일에 저항하기 위해 입대를 결심하지만 거절당한다. 결국 전국레지스탕스위원회 책임자를 만나 비밀 지하신문 〈콩바〉 활동에 가담하게 되는데, 네 번에 걸쳐 "독일 친구에게 보내는 편지"를 썼다. 전쟁이 끝난 후에는 알제리에서 반정부 활동을 한 이유로 체포된 친구를 구명하기 위한 글을 《르몽드》지에 기고하기도 했다. 그리고 44세라는 젊은 나이에 "오늘날 인간의 의식에 제기되고 있는 문제들에 빛을 던지는 작품들"이라는 찬사를 받으며 노벨문학상을 수상했다.[61]

2020년 1월 26일 대한의사협회는 코로나바이러스 관련 대국민 담화문을 발표했다.[62] "최악의 경우에는 중국으로부터의 전면적인 입국 금지조치 등 가능한 모든 조치를 위한 행정적 준비를 당부"한다는 내용이었다. 그 뒤로도 1월 30일, 2월 1일, 2월 3일 계속해서 담화문을 발표했다. 2월 18일에는 또다시 "중국 전역으로부터의 입국 제한 조치를 다시 한 번 검토하여 주시기 바랍니다"라고 밝혔다. "위협을 효과적으로 줄일 수 있는 마지막 기회"라고까지 경고하기도 했다. 다른 어떤 것보다 방역을 최우선에 두고 중국인 입국 전면 금지를 강력하게 요구한 것이다. 전문가 협회로서 강한 방역 의지와 책임감은 존중받아 마땅하다. 국민들로서는 전염병 확산 우려에 대한 전문가들의 고언과 충정에 감사할 일이다.

하지만 어떤 정책을 결정하는 데는 책임이 뒤따른다. 중국인 입국 금지 결정은 전염병 확산의 원인과 확산 정도, 전염병 방역에 미치는 효과, 경제적 또는 사회적 파급 효과, 입국 금지의 실제 집행 가능성 등을 종합적으로 고려해야 한다. 정책 결정자의 개인적 책임과는 별개로 국민 건강에 대한 책임과 국가 발전에 대한 책임도 중요하다. 대한의사협회의 의견을 그대로 실행했다면 어떤 일이 일어났을까.

새 학기 입국 예정인 중국 유학생만 7만여 명이었다. 더욱이 한국의 1위 수출국은 중국으로, 우리나라 수출의 25%를 차지하고 있다. 시민권자를 포함한 중국 거주 한국인도 250만 명이나 된다. 교육부, 산업통상자원부, 외교부 등의 의견도 충분히 고려해서 결정해야 하는 일이다. 다른 나라와는 상황이 다르다.

2020년 2월 25일 정은경 질병관리본부장도 "입국 금지에 대해서는 현재 방역하는 입장에서는 누구라도 고위험군이 덜 들어오는 게 좋은 것은 당연"하다는 의견을 표명했다. 이는 전문가적 시각을 강조하면서도 종합적인 시각에서 책임 있는 정책 결정의 여지를 남긴 발언으로 해석된다. 그는 2017년 질병관리본부장 취임 후 인터뷰에서도 신종감염병은 "언제든지 공중보건 위기 상황을 초래해 사회경제적으로 지대한 영향을 미치고, 단순한 보건 문제를 넘어 국가안보 이슈이기도 하다"고 말했다.[63] 전문가적 시각을 넘어 국가적 차원의 종합적인 시각을 언급한 것이다.

2020년 3월 20일 청와대는 "정부가 중국인 입국을 전면 금지하지 않는 것은 방역의 실효적 측면과 국민의 이익을 냉정하게 고려한 것"이라고 설명했다. 3월 말 이후 대한민국은 코로나바이러스 방역의 세계적인 모범 국가로 크게 보도되었다. 현안으로 발생한 문제에 대한 과잉 처방은 효과적이지도 못함은 물론, 정책적 혼란과 부작용을 초래할 우려가 있다. 전문적이고 복잡한 문제가 얽혀 있는 정책을 결정할 때 정교한 접근이 필요한 이유이다.

최근 세계적인 코로나 경제위기 상황에서 확장적 추경 편성을 강조하면서 집권여당 대표는 관료 출신 경제부총리를 향해 "정책적 상상력"을 강조하면서 해임을 건의하겠다고 압박했다.[64] 비상경제 상황의 심각성에 대한 관료들의 이해 부족과 안이한 태도를 질타한 것이다. 정치적 압박 수단으로 활용된 측면이 없지 있지만, 추경 규모 확대의 당위성과 합리성 여부를 떠나 관료들의 전문가적 접근의 한계를 지적한 발언이었다. 전문가로서의 합리적 판단과 결정을 강조한 관료들의 시각이 틀렸다고 말할 수는 없지만, 전문가적 시각을 뛰어넘는 정책적 상상력을 강조한 것이다.

진보 경제학자인 김태동 성균관대 명예교수는 문재인 정부의 경제개혁이 실패한 원인 가운데 경제부총리를 개혁적 인물로 임명하지 않은 잘못을 첫 번째로 꼽았다.[65] 김동연 부총리에게 '흙수저' 출신의 개혁 마인드를 기대했지만, 그가 결국 "재벌에 포획된, 영혼이 없는 예산 관료일 뿐"이었다는 것이다. 경제정의실천시민연합(경실련)은 홍남기 경제부총리가 지명되자 그를 두고 "전형적인 관리형 관료 출신으로 '국민들이 명령했던 경제개혁을 포기한 인사'"라고 비판했다.[66] 관료 출신 장관들의 전문성과 합리성 중심의 미시적 시각에 대한 비판인 셈이다. 두 부총리의 여러 가지 장점에도 불구하고, 일반 관료가 아닌 정무직 공무원으로서 거시적 판단과 역량에 대한 기대와 아쉬움을 표현한 것으로 해석된다.

영혼 없는 전문가, 그 끝은 어디인가?

1930~1940년대 공무원의 책임과 역할에 대해 미국의 정치학자 칼 프리드리히와 허먼 파이너가 벌인 논쟁은 유명하다.[67] 관료들의 책임성을 어떻게 확보할 것인가? 두 학자 모두 관료들에 대한 계층적·권위적 통제의 현실적인 한계를 인정한다. 법과 규정에 따라, 또는 상사가 아무리 통제한다고 해도 관료들의 일탈과 부정을 막고 나태하고 소극적인 업무 태도를 바꾸기 어렵다는 것이다.

이에 칼 프리드리히는 직업적 전문성을 통한 자율적 통제를 주장한다. 전문가로서 직업윤리와 자격을 만들고 자율적 학습과 통제를 통해 관료들의 행동을 변화시킬 수 있다는 것이다. 이른바 '전문직업주의professionalism'이다. 그는 하버드대에 행정대학원(케네디스쿨)이 만들어지고, 전국 단위의 전문가 단체가 설립되어 자격증을 발급한 것도 전문직업주의를

향한 변화였다고 진단한다.[68]

반면, 허먼 파이너는 이러한 방식에 회의적이다. 관료들의 전문성이 진정 객관적이고 과학적이라는 보장이 없으며, 자율적이고 내면적인 직업윤리에 맡길 수만은 없다는 것이다. 따라서 전문가인 관료라 하더라도 국민이 선출한 정치인들의 통제를 받아야 하고, 정치적 통제를 강화하기 위한 다양한 제도를 구축하고 강화해야 한다고 말한다. 1939년 처음으로 백악관에 대통령실을 만든 것도 이 같은 맥락에서라고 할 수 있다.[69] 결국 주인인 국민의 위임을 받은 선출직 정치인들의 명령과 지도에 따르는 것이 관료들의 바람직한 행동이라는 것이다.

미국 뉴욕대 교수이자 발전경제학자인 윌리엄 이스털리는 그의 저서 『전문가의 독재』에서 권위주의적 발전과 자유로운 발전을 구분한다.[70] 전자는 기술적 전문가들을 거느린 '인자한' 독재자들이 강압적 권력을 휘두르면서 이룬 발전 지향인 반면, 후자는 정치적·경제적 권리를 행사하는 자유로운 개인들이 문제를 해결하는 발전 지향이다. 그는 전자에 동조하면서 후자에는 무관심한 테크노크라트의 환상을 비판한다. 전문가들이 의도적으로 설계하는 발전이 아니라 개인들의 자생적인 해결책을 중시하는 발전을 강조한 것이다. 그는 빈곤의 근본 원인이 '기술적 해법의 부재'라기보다는 '정치적·경제적 권리의 부재' 때문이라고 주장한다.[71]

하지만 전문가들은 정치적이고 윤리적인 문제를 기술적인 문제로 바꿔 놓고 의도된 목표를 강조한다고 말한다. 그러면서 발전하고 있는 국가들은 전문가들의 이러한 "약삭빠른 수법"으로 인해 도덕적 비극을 맞게 된다고 진단한다.[72] 그는 동아시아의 "인자한 독재자"는 허구라고 주장하면서 한국이 고도성장한 원인을 특정 지도자의 계획이 아니라 그보다 광범위한 국가적 상황 때문이라고 보는 것이 더 합리적이라고 지적한다.[73] 전문가적 지식이나 경험과 함께 수준 높은 도덕 의식과 종합적 판단 능력, 역사적·시대적 가치와 헌법상의 기본 원리, 민주주의와 시민의 권리, 정부 정책의 다양한 파급 효과 등을 인식하는 역량을 가져야 함을 강조한 것으로 해석된다.

영국의 역사학자 E. H. 카는 케임브리지 대학교를 졸업한 후 외무부 공무원으로 20여 년간 근무했다. 그는 『역사란 무엇인가』에서 공무원의 지위를 "집권하고 있는 정부의 정책들을 집행할 뿐 아니라 그것들이 좀 더 효율적인 것이 되도록 실제적인 개선책을 건의할 수 있는 자격은 있지만, 그것들의 근본적인 전제나 궁극적인 목표를 의심할 자격은 없는 지위"라고 말하면서, 그런 식으로 이성이 기존 질서의 전제들에 종속되는 것은 도저히 용납할 수 없는 일이라고 말한다.[74] 공무원들이 전문가로서 유용한 측면이 있지만, 사회 개혁과 역사 인식의 중요성을 강조한 것이다.

도시 이론가로 알려진 앤디 메리필드는 『아마추어, 영혼 없는 전문가에 맞서는 사람들』이라는 책을 썼다. 원제는 'The Amateur: The Pleasure of Doing What You Love'이다. 아마추어라는 용어는 '사랑'을 뜻하는 고대 프랑스어에서 유래되었는데, 어떤 일을 즐기기 위해 참여하는 사람을 뜻한다고 한다.[75] 전문가 시대에 아마추어를 대안으로 제시하는 메리필드는 넘쳐나는 전문가들은 자신의 개성을 포장하고 경력을 개발해 행복한 삶을 영위한다고 말한다.

팔레스타인 출신으로 컬럼비아 대학교 교수였던 에드워드 사이드도 지식인의 역할을 강조하면서 지식인은 프로페셔널한 직업이 아니고 아마추어 직업이어야 한다고 주장한다. 프로 지식인은 권력이 원하는 진실을 말하고, 아마추어 지식인은 권력에 맞서 진실을 말한다는 것이다.[76]

사이드는 지식인들이 기술적 전문성에 매몰되어 실제 사회로부터 격리되어 있다고 비판한다. 방송언론인은 객관적 사실을 단순히 전달하는 것이 아니라 진실truth을 전달해야 하고, 학자는 독립적인 위치에서 비판적이고 회의적인 시각을 가져야 하며, 관리자도 단순히 주어진 업무의 실행보다는 선택의 문제가 더 중요하다는 것이다.[77]

오늘날 지식인의 범주에 포함되는 과학자, 컨설턴트, 정부 관료, 로비스트, 컴퓨터 전문가도 마찬가지다. 즉 지식인들은 단순히 지식을 생산하거나 알고 있는 지식을 전달하는 전문가가 아니라 애정과 열정을 가지고 독립적이면서도 자율적으로 기능을 수행하고 책임을 다하는 아마추어여야 한다는 것이다.[78] 또한 사이드는 "편안하고 돈벌이가 되는 순응적 태도에 저항하고, 억누를 수 없는 흥미와 열정에 따라 움직이며, 직업적 한계를 뛰어넘는 아이디어와 가치를 모색해야 한다"고 주장했다.[79]

제너럴리스트인가, 스페셜리스트인가?

조직생태학organizational ecology의 창시자인 미국 스탠퍼드대학 교수 마이클 한난과 존 프리만은 그들의 논문에서 제너럴리스트generalist 조직과 스페셜리스트specialist 조직을 이론적으로 상세하게 설명한다. 변화하는 환경 속에서 어떤 조직이 생겨나고 어떤 조직이 사라지는 지, 즉 조직의 생존과 소멸을 연구한 것이다. 그들은 안정적이고 예측 가능한 환경에서는 스페셜리스트 조직이 유리하고, 불안정하고 수시로 변화하는 환경에서는 제너럴리스트 조직이 유리하다고 말한다.[80] 제너럴리스트 조직은 미래의 환경 변화에 대응할 수 있는 초과능력excess capacity을 보유하고 있기 때문에 다양한 환경에 탄력적으로 대응할 수 있는 반면, 스페셜리스트 조직은 예측 가능한 환경 변화에 상응하는 자원의 가장 효율적인 조합을 구성함으로써 비용을 줄이고 성과가 높은 조직을 만들 수 있다는 것이다.[81]

이를 정부 조직에 적용하면 안정된 환경에서는 그에 적합한 스페셜리스트 조직을 구성하고, 불확실한 환경에서는 제너럴리스트 조직을 구성해야 한다. 최근 복잡하고 불확실한 환경에서는 제너럴리스트 조직이 보다 성공적인 모델이 될 수 있다는 뜻이다. 결론적으로 행정 구조의 '가외성', 즉 초과 자원이 일부 비효율적이라 하더라도 불안정하고 불확실한 환경에서는 일반 행정가 중심의 조직 운영이 필요하다는 말이다.

미국 예일대 티모시 스나이더 교수는 그의 저서 『폭정』에서 민주주의는 언제든지 폭정으로 변할 수 있다고 주장한다. 인류의 참극을 낳은 1940년대 독일 상황을 보면 "대량학살을 행한 특수기동대의 지휘관들 중에는 법률가들이 지나치리만큼 많았고," "독일인 의사들은 강제수용소에서 소름 끼치는 의학 실험에 참여"했으며, "독일 기업의 사업가들은 강제수용소 수용자들의 노동력을 착취"했고, "장관부터 말단 서기까지 공무원들이 이 모든 과정을 감독하고 기록"했다는 것이다.[82] 만약 법률가와 의사,

기업가와 공무원들이 이러한 작업을 거부했다면 히틀러의 잔혹 행위를 실행에 옮기기가 훨씬 더 어려웠을 것이라고 아쉬워한다.

이와 같이 전문화를 통한 지나친 효율화나 비용의 최소화는 정부의 위험 부담을 늘릴 수 있다. 오히려 전문가보다는 관리자가 필요하다는 주장도 있다. 영국 케임브리지대 장하준 교수는 그의 저서 『국가의 역할』에서 수준 높은 관료란 무엇인가를 논의하면서, "전문적인 지식이 아니라 주요 쟁점에 대해 올바르게 판단할 수 있는 정책 입안자" 능력을 갖춘 사람이 필요하다고 강조한다.[83] 즉 성공적인 정책이나 업무 성과를 위해서는 엘리트 경제 관료의 경우, 전통적 의미의 경제학자로서의 능력보다는 제너럴리스트 관리자로서 뛰어난 역량을 가진 사람이 필요하다는 것이다.

전문성이 성공적인 업무 수행에 반드시 필요한 역량이라는 것을 전면 부인하기는 어렵다. 하지만 조직을 관리하고 정책을 결정하는 고위 관리자들에게도 고도의 전문성이 중요할까? 경제 관료는 경제학을 전공한 사람, 교육 관료는 교육학을 전공한 사람, 과학기술부는 물리학이나 전자공학을 전공한 사람들로 채워져야 하는가? 자신이 담당하는 직무에 대한 전문적 지식과 능력을 갖추는 것은 당연한 일이지만, 그것만으로 과연 탁월한 성과를 낼 수 있는가? 주어진 목표의 집행 도구로써의 전문기술자specialists를 넘어 인간성과 공공성, 도덕성과 책임성을 갖춘 전문직업인professionals을 구하기는 어려운 일일까.

<u>15</u> 정치적 중립, 불변의 철칙인가?

마르퀴즈 로네 vs 피에르 율랑

프랑스 혁명이 일어났던 1789년 7월 14일 밤, 바스티유 감옥을 습격했을 당시 두 명의 전·현직 공무원이 대치했다. 마르퀴즈 드 로네Marquis de Launay 수비대장과 피에르 율랑Pierre Hulin 시위대장이었다. 로네는 시위대로부터 바스티유 감옥을 지키고 있던 현직 수비대장이었고, 율랑은 3년간 국왕 근위대원으로 근무했던 관료였다.[84]

7월 14일 오후 5시, 시위 군중이 바스티유 감옥으로 쳐들어왔다. 수비대가 시위를 진압하는 과정에서 이미 많은 시민이 희생되었다. 시위 군중의 집중 공격에 로네 수비대장은 항복하기로 결심하고 교도소 첨탑의 총안 뒤 연단에서 하얀 손수건을 흔들었다. 그러나 시위대는 시끄러운 대포 소리로 인해 그 사실을 인지하지 못했다. 그러자 그가 메모 하나를 전달했다. "우리에게는 2만 파운드의 탄약이 있다. 만약 우리의 항복을 받아들이지 않는다면, 우리는 여기 바스티유 감옥 요새는 물론 주변 전체를 폭파시킬 수 있다."[85] 단호한 경고를 보내고 얼마 지나지 않아 감옥 문이 열렸다. 수비대장이 자신의 주머니에 숨겨둔 정문 열쇠를 문지기에게 전달했던 것이다. 정문이 활짝 열리자, 시위 군중이 물밀듯이 감옥 안으로 들어왔다.[86]

시위대를 선두에서 이끌었던 사람은 피에르 율랑이었다. 그는 키가 크고 정의감이 강한 인물이었다. 관료로 재직 중이었던 1782년 저항에도 가담했던 그는 파리의 팔레 루아얄 광장과 시청 광장 등에서 대규모 시위 군중을 향해 연설했다. 국왕 근위대의 2개 부대와 대치하고 있는 상황에서 그의 연설은 다소 장황했지만 단호하고 열정적이었다. 그의 뺨 아래로 눈물이 흘러내렸다. "용감한 우리 근위대원 여러분, 저 대포 소리가 들리는가? 저 악당 로네가 우리 형제들, 우리의 부모들, 우리의 아내와 아이들을 죽이고 있습니다. 우리 파리 사람들이 양처럼 살해되고 있습니다. 그들이 살해되도록 그대로 두겠습니까? 바스티유 감옥으로 행진하지 않으시겠습니까?"[87] 시위 군중은 "당신이 앞장서라, 그러면 따라가겠다!"고 답했다. 4개의 대포로 무장한 시민 300명이 바스티유 감옥으로 행진하기 시작했다. 그리고 높이가 5미터나 되는 바스티유 방벽과 첨탑을 향해 대포를 쏘았다.[88]

두 사람 모두 관료였다. 한 사람은 행정 관료였고, 다른 한 사람은 국왕을 지키던 관료였다. 하지만 국왕 근위대원이었던 율랑은 국왕을 비판하며 바스티유 감옥을 습격하는 시위대 편에 섰고, 수비대장 로네는 바스티유 감옥을 지킴으로써 결과적으로 루이 16세 편에 서게 됐다.

이러한 시대 상황에서 과연 어떤 결정과 행동이 바람직할까? 공직을 내던지고서라도 사치와 방탕, 구습과 권위에 갇힌 국왕을 끌어내리고 새로운 정치 체제를 건설하는 역사와 시대의 입장에 설 것인가? 아니면 군주제를 인정하고 폭력과 혼란을 야기하는 시위대에 맞서 자신에게 주어진 업무를 철저히 수행할 것인가?

공직이란 무엇일까? 19세기 이후 대중 민주주의가 발달하여 정치권력이 빈번하게 변화하는 상황에서 공직의 바람직한 역할과 책임은 무엇인가? 시대적 가치와 사회 정의를 실현하기 위해 적극적으로 나서서 표현하고 행동해야 하는가? 정치권력과 역사의 변화를 의식하지 않고 중립적인 입장에서 결정하고 행동해야 하는가? 200여 년 전 두 관료가 보여준 결정과 행동은 무엇을 의미하는가? 만약 여러분이 그런 상황에 처한다면, 어떤 선택을 하고 행동할 것인가? 21세기 현대 사회를 살아가는 관료들의 여전한 고민이다.

정치적 중립, 의무인가 명분인가?

1990년대 초반에 중앙부처의 K국장을 만난 일이 있다. 겸손한 듯 행동하면서도 자기 과시가 심한 인물이었다. 그는 1980년 국보위 상임위원장 비서실 근무 경험을 자랑하며 당시의 실세 권력을 미화했다. 국보위의 정식 명칭은 '국가보위비상대책위원회'로, 1979년 12·12 군사반란과 1980년 5·17 쿠데타를 일으킨 신군부가 입법권과 행정권을 장악하기 위해 만든 초헌법적 행정 기구였다. 1980년 5·18 광주민주화운동을 진압한 지 불과 3일 후 설치된 기구로, 상임위원장은 당시 실세였던 보안사령관이 겸직했다. K국장이 그들의 폭거와 만행을 알고 있었을까? 그가 국보위 근무를 훈장처럼 이야기한 때는 1987년 민주항쟁이 일어난 지 몇 년 뒤인 1990년대 초반이었다.

많은 관료들이 자신이 맡았던 직책과 경력을 자랑한다. 청와대와 장관 비서실, 인사과와 총무과, 기획재정부 예산실, 외교부 북미국, 법무부 검찰국, 국토교통부 주택토지실 등에 근무한 경력을 내세우며 자기를 과시한다. 그 정부가 어떤 폭력을 휘둘렀고, 그로 인해 얼마나 많은 사람들이 희생되었는지, 또 정책 실패로 경제와 사회가 얼마나 나빠졌는지, 국민에게는 어떤 피해를 얼마나 입혔는지는 별로 관심이 없다. 아무 죄책감도 없이 자신의 과거 경력을 화려하게 치장하고, 정치적 무관심과 무책임을 '정치적 중립'이라는 이름으로 포장한다. 이와 같이 정치적 중립은 '의무로 포장된 권리'로 책임을 회피하는 수단이 되곤 한다.

2001년 노벨경제학상을 수상한 조지프 스티글리츠는 그의 저서 『불평등의 대가』에서 중앙은행의 독립성보다는 중앙은행의 민주화를 강조했다. 중앙은행은 정치적 중립성이나 독립성을 지켜야 한다는 통설에 반기를 든 것이다. 그는 미국과 유럽의 중앙은행이 독립성이 떨어지는 다른 나라 중앙은행보다 성과가 낮은 것은 금융업자의 이해관계에 포획된 이른바 '인지포획cognitive capture'의 결과라고 본다.[89] 중앙은행에서 정책과 규제 업무를 담당하다가 규제 대상 부문, 즉 금융회사로 취업하는 회전문 현상 때문이라고 진단한 것이다.

스티글리츠는 "독립적인 중앙은행을 옹호하는 사람들은 민주적 책임성에 대한 확신이 결여되어 있다"고 말한다.[90] 중앙은행 이사회는 정치와 무관하듯 행동하지만, 이는 독립적 위상을 즐기면서도 정치적 책임을 면하려는 숨은 의도가 담겨 있다고 비판한 것이다. 즉, 중앙은행은 독립성과 전문성을 강조하지만 전문성을 가진 경제학자의 정치적 편향성을 부인할 수는 없다는 것이다.

따라서 중앙은행의 정치성을 부정하지 말고 투명성을 유지하면서 금융 부문만이 아니라 학계, 비정부기구, 노동조합 등 다양한 기관에서 진짜 전문가들이 참여해야 한다고 주장한다.[91] 즉, 전문적인 기술 관료나 기득권 집단의 이익을 대변하는 사이비 전문가들에게 중앙은행을 넘겨주어서는 안 된다는 것이다. 중앙은행은 독립성보다 민주성이 더 중요하다는 점을 강조한 것이다.

알렉스 토크빌은 그의 저서 『미국의 민주주의』에서 정부 관료들에 대한 민주적 통제와 책임에 대하여 미국과 프랑스 두 나라를 비교했다.[92]

미국에서 모든 시민은 행정기관에 근무하는 관료 개인을 법원에 소추할 수 있는 권리를 갖는다. 그렇다고 그들의 업무가 위축되지는 않는다. 오히려 정부 관료들은 비판을 피하기 위해 업무를 더 주의 깊게 수행함으로써, 결국 국민은 그들을 존경하게 된다.

반면, 프랑스는 혁명 후 공화국 8년에 제정된 헌법 제75조에 "장관 아래 직급의 모든 정부 관료들은 자신의 업무와 관련하여 소추될 수 없다"고 규정되어 있다.[93] 보통법원에 소추되어 재판을 받게 되더라도 그 대상은 내각회의 결정이지, 관료 개인은 아니라는 것이다. 왕의 명령을 따른 관료 개인을 처벌하지 않는다는 말이다.

이처럼 미국은 개인의 책임을 중시하고 민주적 통제가 강한 시스템이라면, 프랑스는 기관의 책임을 강조하고 민주적 통제가 약한 시스템이라할 수 있다. 당시의 정치체제를 보면 프랑스는 왕정 군주제인 데 반해, 미국은 민주주의를 도입했다.

우리나라는 일부 개인의 책임을 인정하면서도 기관의 책임을 강조하고 민주적 통제도 그리 높지 않은 시스템으로 보인다. 여전히 공적 기관과 개인들은 독립성과 전문성의 이름으로 민주적 책임과 통제를 거부하고 있다. 이러한 양상은 19세기 프랑스 왕정 시대의 제도와 유사한 측면이 있다. 중앙은행뿐만 아니라 경제부처와 권력기관들도 마찬가지다. 이제 기술적 전문성이나 중립성과 함께 민주적 통제를 강화하는 체제로 개편해야 한다.

정치적 중립이 정치 활동의 전면 금지?

공무원의 정치적 중립은 헌법상 지켜야 할 의무임에 틀림없다. 대부분의 사람들은 그렇게 믿고 있다. 헌법 제7조 제2항에도 공무원의 "정치적 중립성은 법률이 정하는 바에 의하여 보장된다"고 규정하고 있기 때문이다. 통상 이 규정은 공무원이 모든 결정과 행위를 할 때 정치적 편향성을 가져서는 안 된다는 의미로 해석한다. 무엇을 할 수 있는 '권리'가 아니고 무엇을 해서는 안 되는 '의무'라는 것이다. 공직의 정치 편향성을 배제함으로써 합리적이고 효과적이며 중립적인 행정을 하자는 것이다.

그렇다면 정치적 중립성은 공무원들이 지켜야 할 '철칙'일까? 헌법 규정을 좀 더 자세히 들여다보며, 헌법의 애초 취지와 의도를 다시 새겨 보자. 헌법은 공무원의 정치적 중립성은 "보장된다"고 규정하고 있다. 이 조항은 1960년 3·15 부정선거로 촉발된 4·19혁명 후 신설된 것이다. 관권 선거의 폐해를 방지하기 위한 헌법적 조치였다. 즉, 선거에 공무원을 동원하려는 집권세력의 부당한 간섭이나 압력으로부터 공직을 보호하기 위한 규정이었다.[94] 정치적 중립성은 공무원이 지켜야 할 의무라기보다는 부당한 간섭과 압력을 거부할 수 있는 권리임을 인정한 것이다.[95]

하지만 5·16 군사쿠데타가 일어난 뒤 당초 입법 취지와는 달리 공직과 정책을 포괄적으로 통제하고 공직자의 정치 활동을 전면 금지하는 수단으로 변질되었다.

우리나라처럼 공무원의 정치적 의사 표현과 활동을 전면 금지하는 나라는 거의 없다. 독일 헌법 제130조는 "모든 공무원은 정치적 의견의 자유"를 보장한다고 명시적으로 규정하고 있다. 또한 "누구든지 정치적 견해 때문에 불이익을 받거나 우대받지 않는다"고 되어 있다.[96] 일본 헌법에도 공무원의 정치적 중립 규정은 없다. "모든 공무원은 전체의 봉사자이며, 일부의 봉사자가 아니다"라고만 규정되어 있다. 정치적 중립성에 대한 직접적인 규정은 없는 셈이다. 프랑스 헌법에도 공무원의 정치적 중립 규정은 없다. 미국 헌법에도 공무원의 정치적 활동을 제약하는 공무원의 정치적 중립 규정이 없다. 오히려 수정헌법 제1조는 시민들의 정치적 의사 표현과 정치 활동의 자유를 보장하고 있다.[97] 공무원도 시민으로 본 것이다.

미국 해치법The Hatch Act은 공무원의 정치 활동을 규정하는 법이다. 공무원에게 금지된 정치 활동은 세 가지로 요약할 수 있다. 첫째, 공무원은 근무 중 또는 근무 장소에서 정치 활동을 해서는 안 된다. 둘째, 공무원은 고의로 특정 정당, 선거 후보자를 위해 정치적 헌금을 요청해서는 안 된다. 셋째, 공무원은 선거 결과에 영향을 미치기 위해 직무상 권한이나 영향력을 사용해서는 안 된다.

그런데 이를 역으로 해석하면, 근무 중 또는 근무 장소가 아니면 정치 활동을 할 수 있다. 또 특정인을 위한 정치적 헌금을 요청하지 않으면 정치 활동이 가능하다. 마지막으로 직무상 권한이나 영향력을 행사하지 않으면 정치 활동이 가능하다. 결국 해치법은 편파적 정치 활동은 금지하지만, 헌법상의 정치적 활동의 자유는 인정한 셈이다.

미국만이 아니다. 법률로 정치적 의견 제시나 활동을 포괄적으로 전면 금지하는 나라는 없다. 선거 개입 등 공무원이 할 수 없는 특정 정치 활동을 규제하고 있을 뿐이다, 영국·일본도 정당 가입을 허용하고 있고, 프랑스·뉴질랜드·핀란드·노르웨이·스웨덴·오스트리아 등은 공무원의 정당 가입뿐만 아니라 그 밖의 정치 활동도 허용하고 있다.[98] 특정 정치 활동을 제한하는 경우도 직무를 수행할 때 정치에 대한 불편부당성 등을 의미할 뿐이고, 정당 가입이나 당비 납부 등 개인의 정치적 자유까지 제한하는 것은 아니다.[99]

우리가 금과옥조처럼 중시하는 정치적 중립에 관한 현행 헌법과 법령을 어떻게 봐야 할까? 정치적 중립은 불변의 철칙일까?

정치적 중립, 진실의 편에 서야

30년 넘게 중동과 동유럽 지역에서 전쟁의 참상을 취재한 미국 CNN의 유명 앵커인 크리스티안 아만푸어는 "언론은 중립적 neutral이어서는 안 된다. 진실의truthful 편에 서야 한다"고 말했다.[100] 1990년대 초 보스니아에서 발생한 반인륜적 인종 청소를 보도하면서 언론이 중립만을 고집하는 것은 공범이 될 수 있다는 것이다. 그러면서 "공정성은 모든 편便들에 귀를 기울이는 것이지 모든 편을 동등하게 대하는 것은 아니다"라고 단호하게 말했다.[101] 중립성은 단순히 형식적인 '가운데'를 의미하지 않는다는 것이다. 그는 정의와 불의의 중간이 아니고 정의의 편에 서야 한다는 점을 명확히 밝히고 있다.

공직도 언론과 마찬가지다. 정치적 중립이란 정치적 편향성을 배제하고 거부하라는 것이지, 정치적 불의나 부정을 보고 눈감으라는 뜻은 아니다. 공직자는 공공의 이익을 위해 직무를 수행한다. 따라서 아만푸어가 말한 것처럼 진실의 편에 서서 행동해야 하고, 정의의 편에 서서 결정해야 한다. 공정의 편에 서서 의견을 제시해야 한다는 것이다. 정치적 중립은 진실과 거짓, 정의와 불의, 공정과 부정의 중간 지점을 말하는 것이 아니라 진실과 정의와 공정의 가치에 따라 판단하라는 뜻이다. 공적 가치를 위해 국민의 목소리에 귀를 기울이라는 말이리라.

우리 사회는 정치적 중립성을 정치와의 완전한 단절로 해석하고 있다. 그러나 정치와 단절된 정책이나 행정이 과연 있을 수 있을까?

정책에는 이미 정치적 가치가 담겨 있다. 모든 결정은 곧 가치의 표현이고, 정치는 가치의 배분이다. 따라서 가치가 부여되지 않는 결정이란 없고, 가치로부터 자유로운 정책 관리자도 있을 수 없다. 정책적 판단이 곧 가치의 판단이고 정치적 판단이기 때문이다.

따라서 정치적 중립은 정치적 격리가 아니라 "교차적으로 집권하는 정당 정치의 권력에 대한 '불편부당한 복무equal loyalty'"라고 정의되기도 한다.[102] 역사적으로 볼 때 정치적 중립이란 "민주적으로 수립한 사회적 목표를 효과적으로 달성하기 위한 전략이지 그 자체로 정치 과정을 약화시키는 통치의 대안이 아니"기 때문이다.[103] 정치적 중립보다 더 큰 가치는 헌법에 규정된 민주주의이다. 민주적 통제와 책임이 정치적 중립보다 더 중요한 가치인 것이다.

정치적 기본권, 시민으로서의 권리다

정치적 중립에 대한 또 하나의 오해는 모든 정치 활동에 대한 금지로 해석하는 것이다. 공무원의 정치적 중립 의무가 헌법이 보장하는 모든 정치 활동을 부정할 수는 없다. 이는 공무원의 종교적 중립 의무가 헌법상의 의무로 규정되어 있다는 이유로 개인의 종교 활동을 금지하는 것과 같다.[104]

그럼에도 우리 국가공무원법은 헌법 규정상의 정치적 중립성을 확대 해석하여 아예 '정치 운동의 금지'를 조문화하고 공무원의 의무로 규정하고 있다. 국가공무원법의 하위 법령인 공무원 복무규정은 아예 정치적 행위 자체를 명문화하여 원천적으로 금지하고 있다. "공정하게 만들어진 것이 법률이지만, 그 법률을 지나치게 엄정히 실시하는 것은 불공정으로 이어진다"는 말도 있지 않은가.[105]

이처럼 정치적 중립을 이유로 정치적 활동을 포괄적으로 금지할 수는 없는 일이다. 더불어민주당 박주민 의원은 과거 한 토론회에서 정치적 중립을 "정치세력이 공무원을 이용하는 것을 막는다는 뜻으로 봐야지 공무원들의 정치 활동을 포괄적으로 금지하는 것으로 봐선 안 된다"고 주장했다.[106] 그리고 서강대 현대정치연구소 서복경 박사는 "공무원의 정치 활동을 포괄적으로 제한하는 것은 사실상 민주주의 체제의 '시민'"을 부정하는 시각이라고 비판한다.[107] 충남대 이한태 교수도 "5·16 군사쿠데타 이후 50년 가까이 공무원은 정치적 자유를 억압당해 왔다"고 전제하고, "공무원의 정치적 중립성을 과도하게 요구하는 것은 인간 본성에 대한 부정이며, 기본권에 대한 본질적 침해이다"라고 주장한다."[108] 공무원의 정치적 중립은 정치적 활동 자체를 금지하라는 뜻이 아니라는 것이다.

하지만 현실은 어떤가? 2019년 4월 국가인권위원회는 공무원의 정치적 기본권을 보장할 것을 권고했다. 국회의장을 비롯해 인사혁신처장, 행정안전부 장관, 교육부 장관 및 중앙선거관리위원회 위원장에게 관련 소관 법률 조항의 개정을 추진하고 관련 하위 법령을 개정할 것을 권고한 것이다.[109] 국가인권위원회 위원 10명 중 단지 1명만 반대 의견을 냈을 뿐, 9명이 찬성한 결정이었다. 국가인권위원회는 이러한 권고 결정의 배경으로 국제노동기구ILO 등에서 여러 차례 공무원의 정치적 자유 확대 및 차별 개선에 관한 권고가 있었다고 설명했다.

그러나 제도를 바꾸어야 할 해당 부처들은 머뭇거렸다. 공무원의 정치적 자유를 확대·제한하기 위해서는 사회적 공감대 형성과 국민적 합의가 필요하다는 것이다. 국회 논의 과정에서 다양한 의견을 수렴할 필요가 있다고도 했다. 권고 내용인 소관 법률 조항의 개정은 물론, 관련 하위 법령 개정에 대한 아무런 이행 조치도 내놓지 않았다. 법률적 검토와 정치적·사회적 상황을 충분히 고려하여 공무원의 정치적 자유를 최소한이나마 보장해야 한다는 인권위원회의 권고를 무시해 버린 것이다. 시대는 변했지만 관료사회가 변하지 않았다는 사실을 확인한 '사건'이었다.

20대 국회가 개원한 이후 다수의 국회의원들이 관련 법률의 개정안을 국회에 제출했다. 이재정 의원 등 국회의원 30명은 공무원의 정치 활동을 포괄적으로 금지하는 조항을 삭제하는 국가공무원법 개정안을 제출했다.[110] 공무원도 개인적 신분으로는 정당에 가입하고 정치 활동도 할 수 있도록 하여 공무원의 정치적 자유와 권리를 보장하자는 것이었다. 이와 비슷한 취지의 법 개정안을 제출한 국회의원도 많다. 그러나 15대 국회 이후 수많은 국회 제출 개정안은 자동 폐기되었고, 입법에 대한 관심과 의지도 점점 멀어지고 있다.

'가치 중립' 아닌 '가치 소신'을 가져야

2019년 11월 21일, 미국 하원 정보위원회는 트럼프 대통령 탄핵을 위한 청문회를 열었다. 민주당의 바이든 대통령 후보 아들의 우크라이나 사업과 관련하여 트럼프 대통령이 우크라이나 정부에게 수사 압력을 넣었느냐, 넣었다면 어떤 압력을 넣었느냐가 핵심 쟁점이었다. 소위 '우크라이나 스캔들'이었다. 외교와 정보 분야 전·현직 고위 인사 12명이 증언대에 섰다. TV 생방송을 지켜보던 미국 국민들은 그들이 증언 과정에서 보여준 국익과 인권과 평화에 대한 강한 확신과 사명감에 놀랐다. 특히 명확한 논리와 당당한 태도, 품격 있는 표현을 보여준 외교관들의 역량에 크게 감동했다.

그중에서도 우크라이나 미국대사관의 정무참사관 데이비드 홈즈의 증언은 매우 인상적이었다. 홈즈는 미국 국무부에 들어와 18년 정도를 근무한 정통 외교관이다. 그는 "트럼프 대통령이 (우크라이나 대통령에게) 수사를 하겠느냐고 물었다", "트럼프 정부가 우크라이나에 바이든 수사를 압박하기 위해 원조를 보류한다는 '명백한 인상'을 받았다"고 거침없이 증언했다.[1] 증언자 중 가장 낮은 위치의 직업외교관이었음에도 불구하고 자신에게 주어진 책무의 의미, 가치와 목표를 명확히 인식하고 있었고, 우크라이나에서의 미국의 역할과 관계, 미래에 대한 자기 소신도 분명했다.

1989년 10월 6일 토지공개념 정책 도입을 담당하고 있던 건설부 토지국장은 한 신문사와의 인터뷰에서 정부 정책 추진의 당위성을 강하게 주장했다. 정부의 긍정적 입법 취지와 의도에도 불구하고 사회주의나 공산주의 정책이라며 비판과 공격을 받고 있는 상황이었다. 비록 정부 정책의 정당성을 강조하고 있었지만, 그의 소신은 분명했다.

– 전경련과 경제정의실천시민연합이 각기 상반된 건의안을 내놓았는데 정부가 수렴할 부분은 없습니까?

"전경련이 토지초과이득세의 입법 유보를 건의했는데, 입법 유보는 불로소득을 계속 누리겠다는 것입니다. 절대 양보 못하는 부분입니다."

– 토지 문제에 정부가 개발 공약을 남발해 땅값을 올리면서 한편으로는 땅값을 잡는다고 법석을 떨지 않았습니까?

"개발이익환수제가 실시되면 정부의 개발 사업으로 인한 땅값 앙등은 없을 것입니다. 허가제는 결국 필요없어질 때가 올 것입니다. 토지초과이득세도 정부가 거두지 않는 때가 오리라고 봅니다."

– 종이호랑이가 되기를 바란다는 뜻입니까?

"아니지요. 아주 강한 이빨을 가진 호랑이인데 잡아먹을 게 없었으면 좋겠다는 뜻입니다."[112]

그는 신문사와의 인터뷰에서만이 아니라 당시 최고의 시청률을 보였던 〈100분 토론〉에서도 자신 있게 정책 의지와 소신을 밝혔다. 토지공개념 정책에 대한 명쾌한 논리와 합리적인 근거 제시에 그는 토론장을 압도했고, 많은 국민의 공감을 얻으며 찬사를 받았다. 그의 역할에 힘입어 사유재산권 침해라는 극렬한 반대에도 불구하고 입법 논의가 긍정적으로 진행되었고, 결국 국회를 통과하여 입법화하는 데 성공했다. 최근에는 왜 이런 장면을 볼 수 없을까.

우크라이나 미국대사관의 정무참사관이나 우리 건설부의 토지국장처럼, 자신의 의사를 당당하고 명확하게 표현할 수는 없을까. 정치적 중립 의무를 완화하여 공무원도 자신의 의사를 표현할 수 있도록 하면 어떨까.

그렇다고 자의적이고 편파적인 정치 활동을 허용한다는 뜻은 아니다. 자신의 명예나 영달을 위한 편파적 정치 활동은 결코 용납될 수 없다. 정당한 정부 정책에 소극적으로 대응하거나 침묵 또는 거부하는 행태도 내버려둘 수 없다. 정치적 자유의 보장을 고의적으로 악용하는 경우, 철저하게 처벌하는 장치도 필요할 것이다. 다수 국민의 의사를 무시하고 민주적 통제를 거부하며 자기 정치에 몰두하는 정치 관료도 엄히 다루어야 한다. 다만, 이런 예외적인 사례를 가지고 정치적 기본권을 모두 부정할 수는 없다.

우리 헌법에 규정된 정치적 중립성이 불변의 '철칙'은 아니다. 2018년에 마련한 정부의 헌법 개정안 제7조 제3항은 "공무원은 직무를 수행할 때 정치적 중립을 지켜야 한다"고 규정하고 있다. '직무 수행' 외에는 정치적 활동을 할 수 있는 근거를 마련한 셈이다. 헌법 개정 이전이라도 정치운동 금지를 규정한 국가공무원법 65조도 보다 균형 있는 개정이 필요하다. 정치적 기본권과 정치적 중립성의 조화이다.

가치의 중립이 아니라 가치의 소신이 필요한 상황이다. 정책의 정치성을 솔직하게 인정하고 정치적 기본권을 보장해 주는 전향적 조치가 필요하다. 언제까지 정치적 중립을 정치와의 단절이나 정치 활동의 전면 금지로 등치시킬 것인가? 공무원들에게 바스티유 수비대장 로네의 단순 중립적인 행동보다 시위대장 피에르 율랑의 당당한 실천과 행동을 기대하는 것이 무리일까.

16 인사부의 만행, 과거인가 현재인가?

인사실장과 비서실장의 막강 권한

1942년 히틀러의 핵심 추종자로 유태인 학살을 주도했던 독일 비밀경찰대장 하인리히 힘러는 아프리카 전쟁 경험이 있는 막시밀리안 본 헤르프 대령을 비밀경찰대SS 인사실장으로 발탁했다.[113] 인사실은 인력관리부와 인력교체부로 나뉘어 인사 채용, 승진, 교육, 교화, 이동, 훈련, 해고, 형사 업무를 담당했다. 즉 고위직 임명 및 승진, SS 지도자들에 대한 이동 명령, 인사 문서의 기관 하달 등의 권한을 가지고 있었다.

하인리히 힘러가 이끄는 SS 본부에는 부장이 모두 12명 있었는데, 발탁된 지 6개월 만에 헤르프는 힘러의 비서실장으로 영전했다.[114] 비서실은 유태인 학살을 기획하고 실행하는 핵심 조직이었다. 그는 비서실장으로서 독일이 패망한 1945년까지 폴란드 유태인 학살을 주도했다.

헤르프는 그 후 승승장구하여 1944년 4월 20일 SS 장군으로 승진했다.[115] 그러나 독일 패망 후 영국 군대에 체포되어 교도소에서 심장마비로 죽었다. SS 인사실장 본 헤르프의 전임자는 월터 슈미트였다. 1939년부터 3년간 근무했고, 그 역시 1942년에 장군으로 승진했다. 1945년 전쟁이 끝난 후 체코 인민법원에 체포되어 사형을 선고받고 그해 9월 처형되었다.[116] 인사실장과 비서실장의 권세를 말해 주는 사건이다. 지금으로부터 70년 전의 독일 이야기지만, 우리나라 인사부서장들의 보직 경로와 행태를 돌아보게 한다. 권위적인 정부, 권위적인 지도자일수록 정책이 아닌 인사와 비서 기능이 권력의 핵심 기능이 된다. 조직의 장들은 자신의 권위와 권력을 강화하고 과시하기 위해서 인사권을 활용하곤 한다.

인사는 분명 조직관리의 핵심적 수단임에 틀림없지만, 인사 권한에만 의존하는 조직관리와 통제는 조직의 장으로서 효과적인 권력 활용 방식은 아니다.

우리의 현실을 보면, 인사실장이나 비서실장은 뛰어난 능력으로 발탁되기도 하지만 인사권자와 업무 외적으로 특별한 관계를 맺고 있거나 주어진 업무를 묵묵히 수행하는 순종적인 사람들이 많다. 바른말을 잘하고 원칙과 기준을 중시하는 사람들은 인사부서장으로 발탁되기 어렵다. 이러한 성향의 인사부서장들은 피인사자를 위한 인사 운영을 더욱 어렵게 한다.

전통적 인사부서의 교묘한 행태

프란츠 카프카의 유명한 소설 『소송』에서는 문지기를 "의무를 이행함에 있어서 동정을 하거나 화를 내지도 않고, 수다스럽지도 않고 잘 매수되는 사람도 아니며, 깐깐하기 그지없는 현학적인 성격을 가진" 사람으로 규정한다.[117] 또한 문지기를 천성적으로 친절한 사람이라고 묘사한다. "끈질긴 간청을 이겨내는 인내심을 가지고 아무리 큰 소리로 저주해도 그대로 용인하는 초연한 자세를 보인다"는 것이다.[118] 이러한 문지기의 행태는 무색무취의 인사부서 특성을 그대로 표현한 것이 아닐까.

정부 기관이나 민간 기업에는 인사실이나 인사부 또는 인사과 등 인사부서가 있다. 총무부나 총무과도 명칭만 다를 뿐, 인사를 담당하는 권력 부서이다. 장관이 임명되면 비록 고위직은 아니어도 인사부서장부터 교체한다. 인사부서장은 기관장과의 다양한 인연 때문에 실세로 통한다. 아무리 착한 사람도 인사부서장으로 임명되면 행동이 달라지는 경우가 많다. 기관의 특성이나 규모와 상관없다. 전통적 인사부서의 일반적인 행태는 다음 세 가지로 요약된다.[119]

첫 번째는 침묵이다. 인사 담당자에게 침묵은 금이다. 대화는 절대 금물이다. 인사는 기밀사항이므로 말하지 않는다. 인사 이동과 승진에 대한 결정 권한은 인사권자의 고유 권한이기 때문에 의견 한마디도 조심스럽다. 인사의 '계절'이 되면 인사부서는 아예 문을 닫고 만나 주지 않는다. 피인사자의 인사 관련 상담이나 고충 해결 요청은 거부되기 일쑤다.

두 번째는 불신이다. 그들은 사람을 믿지 않는다. 피인사자가 겪고 있는 고충이나 요구를 이해하려 하지 않는다. 인사 상담도 피상적이고 형식적이다. 피인사자를 중요한 자산이 아닌 조직의 부품으로 생각한다. 인사 대상일 뿐, 그의 역량이나 처한 상황, 조직 목표에 관한 진심어린 충고나 조언은 거의 없다.

세 번째는 폐쇄성이다. 인사 담당자와 인사 대상자 사이에는 높은 벽이 가로막고 있다. 인간적인 이야기, 역량 개발이나 직무 발전, 생활 고충 따위는 자신들의 업무로 생각하지 않는다. 인간적 만남은 기대하기 어렵다. 조사·감사·수사 기관의 행태와 매우 유사하다.

우리나라 인사부서의 역할과 행동은 앞서 말한 문지기의 행태와 비슷하지만, 피인사자에게는 다양한 방식의 권력을 행사한다. 가끔은 인사권자의 권한을 무력화하기도 한다. 본인이 싫어하거나 경쟁 상대인 과장이나 국장에 대해 승진이나 보직 이동을 추천하기도 한다. 이러한 선택은 자신의 경쟁자를 제거하거나 자신이 선호하는 보직을 갖기 위한 편법인 경우가 많다.

대부분의 피인사자는 인사의 전체 구도와 상황을 모르기 때문에 인사부서의 제안을 거부하기 힘들어 대체로 감사하는 마음으로 받아들인다. 만약 피인사자가 인사부서의 제안을 거부하면 인사권자의 뜻을 거역한 것으로 보고하여 이후 다양한 불이익이 우려되기 때문이다. 위임되지 않은 자의적 권력 행사이자 교묘한 권력 남용이다. 직급의 높낮이와 상관없이 인사부서에 피인사자는 단지 힘없고 가련한 아이 같은 경우가 허다하다.

인사 정보의 독점이 '인사 마피아'를 만든다

인사부서의 잘못된 행태는 인사 정보의 독점에서 비롯된다. 인사부서장이나 인사부서의 작업은 대부분 독점한 인사 정보를 활용해 이루어진다. 인사 업무의 특성상 불가피한 폐쇄성을 말하지만, 실제 정보를 독점하기 위한 명분인 경우가 많다. 삼성 등 대기업의 경우 인사팀과 함께 재무팀의 권세도 대단하지만, 공공기관의 재무팀은 일거리만 많고 인사팀의 권세만 못하다. 어느 조직이나 특정 자리에 가기 위한 다수의 경쟁이 불가피한 측면이 있지만, 인사가 공정하고 투명하게 이루어진다면 불만이 생길 리 없다. 인사부서와 피인사자 간 정보의 근본적 차이는 불공정과 불균형을 만드는 출발점이다.

전·현직 인사부서 출신들은 끈끈한 유대감으로 정보 독점의 혜택을 누리는 경우가 많다. 청와대·비서실·총무과, 이른바 '청비총'은 인사 정보를 독점하는 3총사이다. 청와대와 비서실은 수시로 바뀌지만, 인사부서는 조직 내 핵심 직연職緣을 만들어 집단화한다. 이른바 '인사 마피아'다.

정부 부처는 인사 마피아가 인사 정보를 독점하는 경우가 많다. 어떤 직위가 공석인지, 어떤 직위가 공석이 될 것인지, 누가 승진할 것인지, 언제 인사가 있을 것인지 등이 인사 핵심 정보이다. 피인사자 대부분은 인사 상황과 정보를 모른다. 인사 마피아는 정보를 독점하고 자신들의 이익을 위해 최대한 활용한다. 정보를 독점한 인사자와 정보가 부족한 피인사자들은 결코 공정한 게임을 할 수 없다.

집단화된 인사 마피아는 인사를 왜곡하기도 한다. 불공정을 야기하고 불균형을 조장한다. 인사부서 근무 경험이 주는 편익이 공직 생활 내내 계속된다. 자신에 대한 인사를 스스로 결정하고 실행하는 일도 허다하다. 아무리 높은 고위직도 인사 마피아들의 권세를 무시하기 어렵다.

인사부서 본래의 직무와 역할 회복해야

미국에서 인사부서장은 인적자본책임관human capital officer이라 부른다. 이들의 법령상 기능은 여섯 가지이다. 첫째, 기관의 인력 발전 전략을 수립한다. 둘째, 기관사명과 전략 기획에 기초하여 기관 인력의 특성과 미래 수요를 평가한다. 셋째, 기관의 인적자본 정책과 프로그램을 조직 목표와 사명, 그리고 전략과 성과 목표에 맞게 조정한다. 넷째, 유능한 직원을 끌어들이고 유치하기 위하여 지속적인 학습 문화를 개발한다. 다섯째, 우수 사례를 발굴하고 벤치마킹 대상을 연구한다. 여섯째, 기관의 지적 자본을 측정하고 이를 조직 성과와 성장에 연결한다.[120]

우리나라의 기관별 직제상 인사담당관의 기능은 미국과는 차이가 있다. 첫째, 공무원의 임용·복무·교육훈련 및 그 밖의 인사 사무, 둘째, 부내 성과 관리 및 평가 총괄, 셋째, 부내 교육훈련 등 업무 역량 강화 지원, 넷째, 조직의 진단과 평가를 통한 조직 및 정원 관리, 다섯째, 부내 혁신 전략 수립 및 혁신 과제의 발굴 선정 및 관리, 여섯째, 업무 처리 절차의 개선, 일곱째, 조직문화의 혁신 등 부내 행정 혁신 업무의 총괄 지원 등이다.[121]

거시적 인사 목표나 인사 전략보다는 단순한 인사 업무의 사무적 집행이 대부분임을 알 수 있다. 조직 목표와 사명에 대한 고려 없이 피인사자의 승진이나 임용 등 실무적인 내용이 많다. 기관 내부의 혁신 업무를 언급하고 있지만, 정작 인사 혁신이나 발전을 직접 언급한 규정은 없다. 인사 처리 과정이나 절차를 관리하고 지원하는 데 집중한다. 인사부서가 자신들의 목표와 역할을 명확히 인식하지 못하고 인사를 단순히 집행하고 처리하는 데 여념이 없는 이유 중 하나이다.

이제 인사부서의 역할과 한계를 법제화할 시점이다. 국가공무원법에 따르면, 인사권자는 전문성을 강화하기 위해 인사 담당 공무원의 보직 기준을 정하도록 되어 있다. 하지만 인사 담당 공무원의 책무와 역할, 복무와 활동에 대한 언급은 없다. 하위 법령으로 '인사담당자 윤리규정'이나 '인사부서의 직무 규정'도 없다. 감사직의 경우에는 감사관들의 행동이나 활동을 엄격히 통제하기 위한 감사 직무 규정이 있다. 일년에 한두 차례 오는 외부 감사와 달리, 인사 권력은 상시적으로 행사되는 현실적인 내부 권력이다.

따라서 인사 마피아를 규제하고 인사부서의 역할을 명문화할 필요가 있다. 전·현직 인사부서 직원들의 인사 정보 공유나 접촉 제한에 대한 규정도 필요하다. 퇴직자 취업 제한과 유사하게 인사부서 출신 상호간 접촉을 통한 비공식적 인사 청탁을 막고, 주요 보직 이동과 승진 시 일정 기간 제한을 둘 필요도 있을 것이다. 인사부서장, 과장 및 직원들에 대한 이해충돌 방지 규정도 필요하다. 특히 채용 비리 등 인사부서의 부정과 비리를 처벌하는 규정이 필요하다. 이제부터라도 피인사자들의 불필요한 고통을 줄이고 인사부서 본래의 기능과 역할을 회복하도록 하자.

인사만족도가 높은 조직이 꿈의 직장이다

요즘 청년세대에게 공공기관은 '꿈의 직장'으로 선망의 대상이다. 근사한 사무실에 높은 보수를 받으며 평생 동안 일할 수 있는 직장이라고 생각하기 때문이다. 하지만 '꿈의 직장'이란 무엇일까? 직장의 조건이나 환경보다는 자기가 하는 일에 만족할 수 있는 직장이 아닐까. 자신의 적성에 맞고, 능력을 인정받으며, 또 인사가 공정하게 이루어지는 직장이 아닐까. 즉 인사만족도가 높은 직장이 '꿈의 직장'일 것이다.

하지만 안타깝게도 공공기관을 비롯한 정부기관은 대부분 인사만족도가 낮다. 최근 한 공공기관의 인사만족도 조사에서는 인사 배치, 승진, 인사부서에 대한 만족도가 특히 낮은 것으로 나타났다.[122] 인사부서가 직원 개인의 의견과 고충을 들어 주느냐는 질문에 대한 답은 평균보다 더 낮았다. 이러한 결과를 예측해서일까, 인사부서는 인사만족도 조사를 원하지 않는다. 오히려 인사에 만족하는 사람이 어디 있느냐고 반문한다. 설문조사를 통해서라도 의견을 제시하고 싶은 피인사자들의 인식과 큰 괴리가 있다.

인사만족도는 조직의 건강 정도를 측정하는 핵심 지표이기도 하다. 인사만족도 조사 결과를 가지고 인사부서는 피인사자들과 직접 소통하고 이들의 고충에 대해 상담해야 한다. 인사부서의 가장 기본적인 역할은 상담이라 해도 과언이 아니다.

하지만 우리나라 인사부서에는 진정한 상담 기능이 없다. 최근 정부가 공무원 마음건강센터를 열었다고 한다. 부드럽고 따뜻한 정부가 해야 할 가장 기본적인 책무이다. 어디가 아픈지를 알아야 치료할 수 있기 때문이다. 직장인들의 마음을 가장 아프게 한 것은 인사다. 공무원들의 마음 건강을 살피고자 한다면, 먼저 부처별로 인사 상담을 시작하는 것이 어떨까.

모든 기관장의 취임사에 인사 원칙 포함해야

지금으로부터 20여 년 전, 한국전력 사장에 원자력 분야 전문가이자 내부 승진자인 이종훈 씨가 임명되어 연임까지 한 것은 한국전력 역사상 처음이었다. 그는 내부 승진 사장답지 않게 취임 일성으로 한국전력 혁신을 강조했다. '인사청탁 금지'를 최초의 사장 훈령으로 제정하기도 했다. 과거의 사례이지만 지금도 많은 시사점을 준다.

2014년 박경철 익산시장 후보는 시장후보 TV 토론회에서 '공무원 클린 인사 선언'을 했다. 그러면서 "배경 없는 공무원들도 정직한 능력으로 노력하면 반드시 승진 또는 승급을 할 수 있도록 사명감이 충전되는 행정 문화를 만들겠다"며 "공무원들이 시장에게 충성하는 것보다 시민을 섬기고 시민에게 충성하는 것이 더 큰 보람이 될 수 있는 제도를 만들어 추진하겠다"고 강조했다.[123] 그의 '클린 인사 선언'에 대해 공무원노조는 반발했지만, 시민들은 많은 관심을 보이며 호응했다.

2017년 6월 23일 김현미 의원이 여성 최초로 국토교통부 장관에 임명됐다. 취임식에서 그는 직원들에게 인사 이야기를 꺼냈다. "줄은 화장실에서만 서자는 것입니다. 낭중지추라는 말이 있습니다. 열심히 일을 하는 사람은 굳이 드러내지 않아도 자연스럽게 알려질 수밖에 없습니다." 그리고 결정적으로 "인사는 '줄'이 아니라 '능력'이라는 조직문화를, 여러분과 함께 만들어 가겠습니다"라고 선언했다. 그 약속이 현재 얼마나 지켜졌는지는 알 수 없지만, 취임 당시의 순수한 마음이라 하더라도 인사와 관련하여 그런 각오와 다짐, 그리고 약속을 공개적으로 발표한 장관은 거의 없다.

모든 기관장의 취임사에 클린 인사 선언을 포함하게 하면 어떨까. 중앙부처와 지방자치단체, 공공기관의 장에 이르기까지 취임사를 통해 직접 인사의 방향과 기준을 공개적으로 발표하도록 하는 것이다. 재직 기간 내내 그런 인사 원칙과 기준을 모두 충족할 수는 없겠지만, 자신과의 약속이자 직원들과의 약속을 지키기 위한 최소한의 노력을 기대할 수는 있을 것이다. 인사권자와 인사부서의 고충과 애로를 모르는 바 아니지만, 인사권자와 인사부서가 먼저 변하는 것이 피인사자들의 직장 내 행복을 주고 영혼을 살리는 길이 아닐까.

IV

인사혁명 4

민주

<u>17</u> 직장 민주주의는 꿈인가?

정치의 민주화에도 변함없는 조직 권위주의

백범 김구 선생은 일찍이 민주주의의 가치를 강조했다. 『백범일지』를 보면 민주주의에 대한 그의 강한 신념을 읽을 수 있다.

개인 생활에 너무 잘게 간섭하는 것은 좋은 정치가 아니다. 국민은 군대의 병정도 아니요, 감옥의 죄수도 아니다. 한 사람 또는 몇 사람의 호령으로 끌고 가는 것이 극히 부자연하고 또 위태한 일인 것은 파시스트 이탈리아와 나찌스 독일이 불행하게도 가장 잘 증명하고 있지 아니한가.[1]

일제강점기에 조국의 해방을 위해 싸웠던 독립운동가가 불안정하고 위험천만한 위기 상황 속에서도 수직적 계층에 바탕한 전제와 독재를 거부하고 개개인의 의사를 존중하는 수평적 민주주의를 생각하고 있었다는 사실에 놀라움을 금할 수 없다.

민주주의에 대한 그의 강한 신념과 호소에도 불구하고 우리 사회는 1980년대 말에야 비로소 민주주의를 이룩했다. 헌법 제1조가 명시하고 있듯이, 민주주의는 우리 사회를 지배하는 핵심 철학이자 가치이다. 최근에는 과잉 민주주의라 할 만큼 개인의 자유와 권리가 신장되었다. 특히 참여 민주주의는 다양한 제도를 통하여 실현되고 있다.

이처럼 정치적 민주주의는 급격하게 진전되어 왔음에도 불구하고, 조직 내부의 민주주의는 상대적으로 더디게 진행되고 있다. 민주주의 가치와 이념은 개개인의 정신과 행동을 지배하고 있지만, 조직은 여전히 전제주의의 추억을 떠올리며 그리워하고 있다. 시대와 세대는 조직 사회에서 개인 사회로 급격하게 변화하고 있지만, 조직은 변함없이 규율과 도덕을 강요했던 옛날 그 자리를 지키고 있다. 사회는 이미 무한 개방되어 혼란스러울 정도이지만, 조직은 아직도 장막에 가려진 '블랙박스blackbox'인 경우가 많다.

이처럼 조직의 명령에 대한 무조건적 복종을 요구하는 제도와 행태는 권위주의 시대와 크게 달라지지 않았고, 개개인의 도덕적 양심의 목소리를 존중하는 다원주의적 제도는 아직도 수정·보완되어야 할 점이 많다. 20세기 중반 일어난 끔찍한 인종 학살과 국가 폭력의 원죄를 민주주의와 다원주의의 미출현에서 찾은 것처럼,[2] 조직 내부에서도 개인의 인권과 존엄성이 보장되고 인간주의와 민주주의를 실현할 수 있는 길이 무엇인지 고민해야 할 시점이다.

직장 민주주의란 무엇인가?

　　미국의 행정학자 랄프 홈멜은 그의 저서 『관리자와 노동자』에서 관리자의 세계와 노동자의 세계는 서로 다른 논리 체계를 갖고 있다고 말한다.[3] 관리자의 세계가 합리성rationality의 논리를 갖고 있다면, 노동자의 세계는 합당성reasonableness의 논리를 강조하는 경향이 있다는 것이다. 관리자가 추상적인 '개념'의 세계에서 일한다면, 노동자는 현장 지향적인 '경험'의 세계에서 일하기 때문이다.

　이러한 거리가 있는 상황에서 관리자는 조직의 목표를 달성하기 위해 자신의 생각을 노동자에게 주입하고 강요한다. 또한 문제를 해결하기 위해서 수직적 계층 구조의 변화, 즉 피라미드형 조직에서 원형circle 조직으로 만들 것을 제안한다. 피라미드형 조직에서는 관리자와 노동자를 동일체로 보고 인식의 차이를 상정하지 않는 데 반해, 원형 조직은 관리자와 노동자의 인식 차이를 인정하고 인간주의 조직으로 전환하려고 한다.[4] 이를 위해 노동자에 대한 통제 수단인 계획, 규정, 규약, 표준 등을 완화하고, 팀워크나 조직 몰입, 참여와 수렴, 조직 문화 등을 강조함으로써 노동자들의 현장 지식을 인정하고 활용한다. 즉, 현상으로 나타난 노동자들의 언어와 표현을 존중하는 것이다.[5]

　직장 민주주의workplace democracy의 도입은 21세기의 현실이 되었다. 노동자와 그 대표자들이 경영에 직접 참여하여 관리자와 함께 조직의 의사를 결정하고 집행하는 시스템이다.[6] 직장 민주주의는 정치적 민주주의를 직장에 적용한 것이다. 역사적으로 직장 민주주의는 다양한 스펙트럼을 갖고 있다. 파리코뮌을 비롯해 노동조합, 타운미팅, 최근의 원형 조직이나 홀라크라시Holacracy(조직 전체에 권한과 의사결정이 배분되어 있는 형태) 조직도 여기에 포함된다. 각종 자문위원회나 심의위원회, 이사회 등을 확대하여 외부 전문가와 시민단체, 노동자 대표 등이 참여하여 집합적 의사결정을 하는 방식도 포함될 수 있다.[7]

직장 민주주의는 일찍이 로버트 오웬, 칼 마르크스, 존 스튜어트 밀, 존 듀이 등이 널리 주창한 이론이다. 직장 민주주의를 집중 연구한 정치학자 로버트 달은 "국가를 통치하는 데 민주주의가 정당화되려면, 조직을 관리하는 데도 민주주의가 정당화되어야 한다"고 주장한다.[8] 평등하게 함께 살아가는 개인들은 민주적인 방식으로 지배받을 불가침의 기본 권리가 있다는 것이다. 관리자들의 임의적이고 자의적인 자비와 의지에 기대는 것은 수평적인 평등사회를 보장하지 못한다는 것이다.

미국의 정치철학자 존 롤스 역시 "'공정한' 정부의 미래는 직장 민주주의에 달려 있다"고 강조했다.[9] 노동자가 직접 관리하는 조직의 가능성을 제기한 것이다.

고려대 김영평 교수는 "관료제의 도구적 중립성을 극복하여 민주주의의 가치를 구현하는 데에 충실한 행정 조직을 창안할 수 없을까?"라는 명제를 던지면서, 대안으로 학습관료제를 제안했다. 학습관료제는 의사결정 과정에서 토론을 활성화하고, 실험이 가능하도록 신축성을 부여하며, 공정한 경쟁이 이루어지는 가외적 조직이다.[10]* 현대 사회의 다양하고

---

* 가외성은 "무엇이 여벌이 있음"을 뜻하며 "부분이 반복적으로 여러 개 있거나 중복적으로 기능을 발휘하는 것"으로 규정한다.

복잡한 문제들은 기존 관료제의 규칙 체계로는 해결하기 어렵고, 개개인의 의사를 존중하고 의견을 수렴하지 않고는 문제를 해결할 수 없는 시대에 살고 있다는 것이다. 그가 제시한 학습관료제 역시 직장 민주주의를 강조한 셈이다.

직장 민주주의는 개인의 창의성과 자유를 신장하고 조직 내부의 불평등과 비민주성을 해결하는 것이다.[11] 관리자와 노동자가 다양한 의견을 주고받음으로써 효율성과 생산성을 높일 수 있다. 공개적인 참여와 토론을 통해 책임성과 대응성도 높일 수 있다. 직장 민주주의야말로 건강한 조직을 만드는 지름길이다. 직장 민주주의 도입을 위한 보다 진지한 토론과 정밀한 검토가 필요한 때다.

직장 민주주의는 교육 민주주의에서 시작된다

직장 민주주의는 교육 민주주의에서 시작되었다. 1892년 시카고 대학교 총장이자 철학자였던 윌리엄 레이니 하퍼는 "민주주의가 세계의 미션"으로 주어졌다고 전제하면서 "대학이 민주주의의 예언자이자 사제이자 철학자"이며, "민주주의의 메시아이자 인도자"가 될 것이라고 예언했다.[12] 심지어 "대학은 민주주의 원칙을 선언하기 위해 하늘이 보낸 기관"이라고 칭송하기까지 했다.[13] 대학이 교양과 지성, 지식을 갖춘 개인들이 활동하는 공간으로서 민주주의의 표상이 될 수 있다는 확신이었다.

하퍼 총장의 영향을 받은 미국의 철학자이자 교육학자인 존 듀이는 그의 저서 『민주주의와 교육』에서 교사들의 경험이나 지식이 아닌 학습자의 자발적인 경험이 학습의 요체라고 강조했다.[14] 예를 들어 타이피스트를 위한 효과적인 교육이란 교사가 일방적으로 전문 지식과 기술을 전달하는 것이 아니라, 스스로 경험하고 터득하는 과정이라는 것이다. 사전 지식이 전혀 없는 타이피스트라도 무작위로 타이핑을 하지 않고 자신의 지식을 활용하여 의미 있는 타이핑 방식을 생각하고 만들어 나가기 때문이다. 자신이 의도한 결과를 성취하기 위해 주어진 자원이 무엇인지, 어떤 조건에 처해 있는지, 어려움과 장애물은 무엇인지 등을 스스로 찾아낸다는 것이다.

듀이는 이러한 경험을 해나가는 과정이 학습이고 교육이라고 규정한다.[15] 권위적이고 일방적인 교육이 아니라 자발적으로 경험해 나가도록 하는 것이다. 교육이 경험의 과정이라면, 지식 역시 스스로 완성되는 실체가 아니고 행동의 과정이다. 지식은 한 개인이 갖고 있는 소유물이 아니라 그가 수행하는 활동의 품격과 수준을 의미한다. 그래서 공식 전문 교과목의 교리를 습득하는 것은 교육이 아니라 죄악이며, 교육 개혁은 교과목의 교리를 바꾸는 것이 아니라 마음의 관념이나 교육과정을 개혁하는 것이라고 주장한다.[16] 즉 교육은 참여의 과정이고, 경험의 과정이며, 습득의 과정이라는 것이다. 이처럼 듀이는 학습 참여와 학습 과정을 중시하는 교육 민주주의의 기본 원리를 제시했다. 직장 민주주의는 바로 이러한 교육 민주주의의 원리에 그 뿌리를 두고 있다.

검찰과 법원, 직장 민주주의의 가늠자

우리 사회에서 가장 권위적인 조직이라 할 수 있는 법원과 검찰에 과연 직장 민주주의가 가능할까? 법률가들의 기본적인 업무는 법과 양심에 따라 판단하고 집행하는 일이기에 더욱 어렵다. 특히 검찰은 상명하복의 강한 지휘 체계가 작동하는 조직으로 인식된다. 그럼에도 불구하고 법원과 검찰이 최근 직장 민주주의를 제도화하기 위해 상당한 노력을 기울이고 있는 것은 긍정적인 변화가 아닐 수 없다.

모든 법원에는 '판사회의'가 설치되어 있다. 사법행정에 대한 내부의 목소리를 반영하겠다는 취지에서 1992년에 만든 판사회의체이다. 최근에는 각급 법원 판사회의에서 선출된 대표들로 '전국법관대표회의'를 만들었다. 양승태 대법원장의 사법행정권 남용을 둘러싼 논란이 일자, 일선 판사들은 판사회의를 통해 엄정한 수사를 촉구하기도 했다. 2018년에 열린 제1회 전국법관대표자회의는 법관 인사 문제를 핵심 문제로 다루었다. 과거에는 볼 수 없었던 법원 민주화, 사법행정의 민주화를 위한 발전적 변화라 할 수 있다.

한편 검찰에는 '평검사회의'가 있다. 평검사회의는 일선 검사들의 의견을 수렴하고 검찰의 발전을 논의하기 위해 검찰청별로 설치된 기구이다. 주요 이슈나 현안에 대한 평검사들의 의견수렴 창구인 셈이다. 검사동일체라는 계층화된 구조를 완화하고, 일선 검사들의 건전한 참여와 토론을 활성화하는 것은 분명 발전적 변화이다. 법원의 판사회의처럼 제도화하여 평검사들의 의견이 전달될 수 있는 민주적 통로 역할을 한다면 직장 민주주의의 발전을 위해 바람직할 것이다.

하지만 법원과 검찰의 민주주의에 대한 이해와 실현 의지는 아직 갈 길이 멀다. 최근 전국법관대표회의에 참석한 대법원장은 "그간 법원행정처와 사법행정 관련 개혁을 중심에 뒀던 전국법관대표회의의 관심을 이제 재판으로 돌려야 한다"고 말했다. '사법행정을 잘하겠다'가 아니고 '재판을 잘하자'는 뜻으로 이해되는 발언이다.[17] 법관회의는 법관 인사 등 사법행정의 발전에 대해 논의했지만, 대법원장은 재판을 거론했다. 시대 변화에 상응하는 재판 내용의 변화도 중요한 과제임이 틀림없지만, 재판 절차와 과정, 그리고 법원 관리와 법관 인사의 민주화에 대한 논의가 우선 아닌가.

평검사회의는 가끔 조직 이기주의적 행태를 보이기도 한다. 몇 년 전 L검사가 전국평검사회의 개최를 촉구했다. 검찰 개혁안이 검찰 제도의 근간을 무너뜨린다는 이유에서였다. 이에 대해 "무소불위의 권한을 휘두를 때는 침묵하면서 눈치를 보다가 국민의 요구로 검찰개혁 논의가 진전되자 여기에 반발하는 것"이라는 논란도 있었다.[18] 2003년에는 강금실 당시 법무부 장관의 '기수 파괴' 인사 방침에 일선 검사들이 반발하면서 평검사회의가 열린 적도 있다.

평검사회의는 조직의 이익을 방어하고 개혁에 저항하는 정치적 집단행동보다는 국민의 검찰이 되기 위해 다양한 의견을 수렴하는 공론의 장이 되어야 한다. 우리 사회에서 검찰이나 법원이 직장 민주주의를 먼저 실천해 나간다면 더없이 좋은 일이다. 전체 공직 사회를 선도하는 검찰과 법원의 모습을 보고 싶다.

조직시민들의 민주적 역량이 필수적

직장 민주주의를 실현하기 위해서도 조직 구성원의 민주주의에 대한 믿음과 역량이 필요하다. 조직 관리자와 구성원들이 민주주의를 실천할 역량이 없다면 직장 민주주의는 실패할 수밖에 없다. 조직 내부에도 시민공동체가 형성되어야 한다. 시민공동체의 구성원들은 조직의 명령과 통제에 의해 움직이는 '조직인'이 아니라, 자신의 권리를 당당하게 주장하고 국민이 맡긴 책무를 다하는 '조직시민'이 되어야 한다. 개인의 이익보다는 공공의 이익을 앞세우고, 참여와 토론을 존중하는 민주적 역량이 필수요건이다.

프랑스 역사학자 마르크 블로크는 그의 저서 『이상한 패배』에서 "권력의 집행 도구들이 공적 제도가 지향하는 정신에 부정적 태도를 취한다면, 국가는 정부 형태와 상관없이 고통을 받게 된다"고 지적했다.[19] 왕정 군주제의 효과적인 운용을 위해서는 왕정주의자나 군주론자들로 정부를 구성해야 하고, 민주주의의 성공적인 운용을 위해서는 민주주의자들을 선발해서 활용해야 한다는 것이다.

만약 고위 관료들이 민주주의를 경멸하고 파괴하여 독점적으로 조직을 운영한다면, 민주주의는 약화될 수밖에 없다. 관료 조직의 민주화를 위해서도 민주주의 가치와 정신을 신뢰하는 상·하위 관리자들로 충원해야 한다. 참여와 토론, 합의와 조정 등 민주주의 역량 교육도 강화할 필요가 있다.

교육철학자 존 듀이 역시 민주적 공동체를 위한 세 가지 특성을 제시했다. 첫째는 상호작용interaction 또는 연대 활동association이다. 다양한 집단에 참여함으로써 다양한 역할을 통해 통합적 개인성을 형성할 수 있다는 것이다. 둘째는 공유 행동shared action이다. 비민주적인 방식으로 운영되는 공동체는 비민주적인 행동의 습관을 강화한다는 것이다. 셋째는 공유 가치shared values이다.[20] 공유된 행동 습관과 생각이 필요하고, 공통된 이해가 있어야 민주적 공동체 생활이 가능하기 때문이다.

유명한 정치학자 로버트 퍼트남은 민주 정부의 성공 여부는 시민공동체의 형성에 달려 있다고 말했다. 그리고 시민공동체의 조건으로 시민 참여, 정치적 평등, 연대와 신뢰, 협동과 결사를 제시했다. 퍼트남은 이를 공동체의 "시민성civicness"이라고 규정했는데,[21] 공공의 문제에 지속적으로 관심을 가지고 꾸준히 공공선을 추구하면서 적극적으로 참여하는 것을 말한다. 서로 존경하고 신뢰하며, 관용을 베풀 줄 아는 시민이다. 조직 내부에서도 마찬가지다. 공공 정신을 함양하고 사회적 협동을 북돋우는 시민성이 직장 민주주의 성공의 열쇠이다.

인사 민주주의를 위하여

기계적이고 위계적인 관료주의를 극복하고 직장 민주주의를 실현하는 것은 21세기 마지막 혁명 과제이다. 직장 민주주의의 핵심적 요소는 인사 민주주의다. 정치학자 로버트 달이 제시했듯이, 성공적인 민주주의를 위해서는 정책에 대한 의견을 제시할 수 있는 평등한 참여

기회, 정책이 결정되기 전에 투표할 수 있는 기회의 평등, 정책 대안과 결과에 대한 적극적인 설명과 이해, 의제 설정 과정에서 선택 기회의 보장 등이 필요하다.[22]

이를 인사에 적용한다면 이런 것이 아닐까. 먼저 자신의 인사에 대한 의견을 제시할 수 있는 기회의 보장, 둘째, 인사 과정 및 결과에 대한 적극적인 설명, 셋째, 인사 이동에 미리 대비할 수 있는 시간의 보장, 넷째, 인사 시기와 범위, 기준에 대한 사전 설명이다. 인사 민주주의야말로 피인사자를 보호하고 인사권자의 공정한 인사를 보장할 수 있는 길이다.

인사 민주주의의 핵심적 요소는 인사 희망과 상담이다. 현재도 일부 기관에서는 이미 인사 희망을 받고 있다. 앞으로 이 제도를 모든 기관으로 확대하여 인사 희망을 정기적 또는 수시로 받아야 한다. 아예 국가공무원법에 "임용권자는 매년 정기적으로 인사 대상자들의 희망과 상담을 받아야 한다"고 명시하면 어떨까. 인사권자가 인사에 대해 최종 결정하되 피인사자의 희망의 권리, 상담의 권리, 의견 제시의 권리를 보장하는 것이다.

나아가 "임용권자는 정기적으로 소속 직원을 대상으로 인사만족도를 실시한다"는 규정을 만들면 어떨까. 인사만족도 조사의 의무화는 피인사자를 위한 일이라기보다는 인사권자를 위한 것이다. 공정한 인사, 민주적 인사를 하는 데 반드시 필요한 요소이다. 자신과 조직의 이익을 위해 인사 민주주의의 악용을 막는 장치도 필요하다. 국민에 대한 진정한 봉사자임을 망각한 직장 민주주의와 인사 민주주의는 있을 수 없다.

인사 민주주의는 인사 권한을 나누고 내리고 공유하며 공감하기 위한 노력이다. 활력과 열정이 넘치는 건강한 조직을 만드는 데 꼭 필요한 일이다. 우리 사회 전반에 광범위하게 퍼져 있는 수직적 관료제를 극복하고 직장 민주주의, 인사 민주주의를 향한 새로운 도전과 혁명적 변화를 기대해 본다.

18 인사 권한, 내려놓을 수 없는가?

우리 민족의 자치 역량은 오래된 현재다

'한국은 예로부터 조선 시대에 이르기까지 지방자치적인 중세 봉건제가 발달하지 못했다.' 이는 우리나라 역사를 왜곡하는 식민사관 중 하나인 '정체성론'의 주장이다. 조선은 역사의 정상적인 경로를 밟지 못하고 중앙집권적 고대 시대에 머물러 있다는 것이다. 중세 봉건제가 발달하지 못했기 때문에 근대화를 이루지 못했다는 것이다. 이러한 주장은 우리의 자치 능력을 전면 부인하면서 일제 강점을 정당화하기 위한 논리였다.

우리나라는 강력한 왕권 하에서도 만들어진 향약과 유향소 등 뿌리 깊은 자치 유산을 보유하고 있다. 또한 조선 시대의 면面과 동洞·리里는 주민들이 자발적으로 구성한 행정 단위로서 면장·동장·이장을 선임할 때에는 그 지역 주민들의 의사가 많이 반영되는 자치적 색채를 띠고 있었다.[23]

조선 시대 중엽에는 한때 주민들이 향약을 제정하여 지방 공공 사무를 처리하였고, 갑오개혁 이후에는 「향회조규鄕會條規」와 「향회판무규정鄕會辦務規定」에 따라 주민들로 구성되는 이회里會·면회面會·군회郡會를 두고 공적 사항을 협의했다.[24] 이러한 조선 시대의 주민자치는 1910년 경술국치 이후 중단되었다고 보는 것이 합당하다.

1948년 제헌헌법 제96조는 "지방자치단체는 법령의 범위 내에서 그 자치에 관한 행정 사무와 국가가 위임한 행정 사무를 처리하며 재산을 관리한다"고 규정하고 있다. 그리고 제97조 제2항에는 "지방자치단체에는 각각 의회를 둔다"고 명시하고 있다. 해방 이후 독립국가의 행정 시스템으로 지방자치제를 천명한 것이다. 일제강점기 36년간 말살된 지방자치를 회복하겠다는 의지의 표현이다. 이에 따라 지방자치법 제·개정을 통해 지방의회 선거와 시·읍·면장 주민 직접선거 등이 이루어졌다. 제2공화국 들어와서는 본격적인 지방자치제도를 도입하려고 했다.

하지만 지방자치제가 정착하기도 전에 5·16 쿠데타로 1961년에 지방의회가 해산되고 지방자치단체장은 모두 임명제로 바뀌었다. 그 뒤로 1987년 헌법이 개정될 때까지 26년간 지방자치는 중단되었다. 1995년 지방자치단체장을 직선제로 전환하면서 비로소 지방자치제가 되살아났다. 물론 운영 과정에서 부작용도 없지 않았지만 지방자치제는 지역적 특성과 문화를 살려 깨끗하고 아름다운 고장을 만들고, 주민들을 존중하는 봉사행정을 정착시켰다. 코로나 위기 상황에서도 지역주민들을 위한 지방자치단체의 역할과 노력은 적지 않은 성과를 거두었다.

우리나라와 우리 국민에게 자치 능력이 없다는 말은 우리 역사를 부정하고 우리 국민을 폄하하려는 의도에서 비롯된 것이다. 정치적 민주화를 국민의 힘으로 성취하고, 촛불혁명을 통해 대통령을 탄핵하는 등 세계적으로 보기 힘든 광장 민주주의를 실천한 것은 우리 국민의 자치 역량이 그만큼 높다는 것을 말해 준다. 조직 내부 역시 자율과 분권의 관리 역량이 크게 성숙한 상황이다.

대통령의 인사권도 다이어트가 필요하다

참여정부에서 문화부 장관을 지낸 정동채 전 의원은 "장관들은 인사권과 정책 결정에 있어서 현실적인 책임을 충분히 갖고 있지 못하고, 대통령 중심으로 청와대 수석 등의 영향력이 세다"고 지적했다.[25] 이명박 정부 당시 문화부 장관을 지낸 정병국 전 의원의 지적도 비슷하다. "청와대 비서실을 없애야 한다고 생각합니다. 장관이 대통령을 보좌하면 되는 것입니다. 장관이 보고할 때도 비서실을 거쳐야 하는데 비서실 입맛에 맞지 않으면 보고조차도 못하는 경우가 있습니다."[26] 두 전직 장관의 퇴직 후 회상이지만 많은 사람들의 공통된 생각이다.

여야를 막론하고 정치인 출신 장관들이 제기한 문제는 중앙집권적 인사 시스템이다. 관료나 교수 출신 장관들은 대부분 그런 현실을 담담하게 받아들이고 제한된 범위 내에서 자신의 직무를 묵묵히 수행한다. 전직 장관 출신은 물론 정치인과 전문가, 일반 국민 모두 인정하는 일이지만, 현실을 바꾸는 것은 녹록지 않다. 민주적으로 선출된 대통령의 핵심 권한을 논의하는 것 자체가 적지 않은 정치적 부담이기 때문이다.

2003년 노무현 정부는 청와대에 인사수석실을 설치했다. 기존의 폐쇄적인 밀실 인사에서 벗어나 투명하고 공개적으로 인사를 운영하겠다는 취지에서 인사의 중앙집권화를 꾀한 것이다.[27] 인사의 전문성을 강화하여 "숨은 진주"를 찾겠다는 순수한 의도에서였다. 인사수석실을 설치함으로써 비공식 인사 라인이 없어지고, 대통령의 권한인 고위직의 정치적 임용까지도 공식 절차와 기준에 따라 처리하겠다는 취지는 높이 살 만했다. 하지만 부처 장관의 인사권이 상대적으로 축소된 사실은 부인하기 어렵다.

이명박 정부에서는 인사수석을 인사비서관으로 하향 조정함으로써 단순한 서류 처리 부서로 전락시켰다. 그 결과, 소위 '왕비서관'이라 불리는 측근 실세 비서관이 인사비서관을 제치고 사적 라인을 형성함으로써 정부 인사는 또다시 밀실 인사로 회귀했다.[28] 비공식적인 인사 집권화의 일종으로 볼 수 있다. 박근혜 정부는 인사수석실을 다시 설치했지만, 부실한 사전 검증과 불투명한 인선 과정 때문에 '수첩 인사', 정실 인사라는 비판을 받았다.[29] 게다가 인사수석실을 이용하여 인사 권력을 사적으로 운용하기까지 했다.

2013년 2월 박근혜 당선자는 대통령직인수위원회를 통해 책임장관제를 부르짖었다. 청와대의 몸집을 줄이고 예산·인사·조직에 대한 권한을 총리실과 각 부 장관에게 넘긴다는 구상이었다. 장관들이 소신 있게 일할 수 있도록 하겠다는 취지였다. 과거 어느 정부도 추진하기 어려웠던 훌륭한 시도라고 할 만했다. 내각 중심으로 행정을 운영하고, 청와대 수석들은 비서 기능에 충실하도록 하겠다는 구상이었다.

하지만 현실은 달랐다. 불과 1년 후 부처 내부의 인사권을 모두 청와대가 행사함으로써 장관들은 허수아비로 전락했다. 각 부처의 국장과 과장들의 전보 인사까지 청와대가 검증하고 재가하는 상황에 이르렀다. 청와대가 검증을 강화하면서 인사 공백은 커져만 갔다. 21개 중앙부처의 국장급 이상 자리 51곳이 비어 있고, 이 중 43곳은 한 달 넘게 공석空席이라는 보도도 나왔고, 청와대가 결정을 미룬 탓에 5개월 이상 확정되지 않은 상태로 근무한 경우도 있었다.[30] 1970년대 장관을 지낸 한 인사는 "당시에는 장관들에게 차관 추천권도 주었는데 최근에는 차관은 고사하고 차관보 국장 인사까지도 청와대가 관여하는 상황"이라고 지적했다.[31]

대통령이 임명하는 직위가 9천여 개에 이른다고 한다. 대략적으로 보면, 장·차관 등 정무직이 160여 명, 고위 공무원이 1,600여 명, 검사 2,300여 명, 총경 이상 경찰공무원 3,700명 등이다. 국립 유치원 원장, 초·중등학교의 교장, 일선 지방의 파출소장, 정부위원회 실무위원회까지 대통령이 임명해야 할까. 전국의 평검사는 물론, 국립대학 교수나 부교수, 중앙부처 사무관과 서기관까지 대통령이 임명해야 할까.

대통령의 인사권은 헌법상의 권한이다. 인사 분권은 대통령의 헌법상 권한을 축소하기 위한 것이 아니다. 실제 대통령이 행사하지 않는 인사 권한도 많고, 불필요하게 형식적인 대통령 임명을 요하는 인사 발령도 많다. 대통령 임명장을 받아야 명예롭다는 권위적인 사고에서 벗어나야 한다. 국정 운영의 핵심 직위 중심으로 인사 권한의 다이어트가 필요하다. 인사 분권은 오히려 대통령의 인사 부담을 줄이고 정부 주요 직위의 인사에 집중하게 함으로써 실질적인 인사 권한을 강화하는 길이다.

이를 위한 대통령의 인사 참모 조직의 역할은 크게 세 가지다. 첫째, 장·차관 등 정무직 공무원에 대한 추천·검증·임용이다. 정무직 공무원에 대한 인사는 청와대 고유의 역할과 책임이다. 인사 기준을 마련하고, 후보자를 물색하여 검증하고, 국회 인사청문회를 거치거나 직접 임용해야 한다. 둘째, 대통령 공약 실천을 위한 고위 공무원의 승진 및 인사 이동이다. 대통령 선거에서 국민에게 약속한 정책을 실현하기 위해서는 핵심 고위 공무원의 인사 교체 또는 이동이 불가피하다. 특히 정권 초기 전임 정부와 국정 철학이나 정책 방향이 다른 경우, 고위직의 직무 교체는 당연하다. 셋째, 직업공무원 인사 제도에 대한 전략 및 방향 정립이다. 범정부적 인사 개혁 과제를 발굴하고 인사 제도를 개선하는 것이다. 미래 인재를 양성하고 공정하고 투명한 인사를 위한 노력도 중요한 책무인 것이다.

대통령의 인사 권한을 공식적으로 집행하는 기관은 2014년에 출범한 인사혁신처이다. 우리나라는 해방 이후 오랫동안 대통령의 인사 권한을 뒷받침하는 강력한 중앙인사관리 체제를 유지해 왔다. 인사 정책의 통일성과 일관성을 유지할 수 있고, 공정하고 투명하게 인사를 할 수 있기 때문이다.

그러나 이제는 좀 더 실질적인 투명성과 공정성을 확보하기 위한 중앙 단위의 인사위원회 설치를 검토할 필요가 있다. 1999년 김대중 대통령이 설치한 중앙인사위원회는 참여정부를 거치면서 정착하는 듯했으나 이명박 정부가 출범하면서 폐지됐다. 독립성과 공정성 측면에서 중앙인사 기구의 역사적 퇴행이었다.

장관의 인사 권한은 어느 정도인가?

대통령은 법률상 원칙적으로 5급 이상의 국가공무원 임용권을 갖는다. 국가공무원법 제32조에는 "행정기관 소속 5급 이상 공무원 및 고위공무원단에 속하는 일반직 공무원은 소속 장관의 제청으로" "대통령이 임용"한다고 되어 있다.

장관이 공식적으로 할 수 있는 법률상의 인사 권한은 6급 이하 공무원의 승진과 전보뿐이다. 국가공무원법의 규정이 그렇다. 다만, 대통령령에 따라 부처 내 국장급 직위의 전보 권한과 3급 내지 5급 과장급 직위의 승진, 전보 권한은 장관이 행사하도록 위임되어 있다. 실장급 직위의 전보나 국장급 승진은 장관 단독으로 하지 못한다. 정부 부처의 차관을 비롯한 실장과 국장, 과장, 소속 기관장들의 인사 권한은 더욱 제한적이다.

비공식적으로 보면, 인사 권한은 부처 내부의 수직적 계층에 따라 분산되어 있다. 1989년의 한 조사에 따르면 공무원 5급에서 4급 과장 승진 결정 시 장관 35.3%, 차관 27.4%, 국장 23.0%, 과장 7.2%로 권한이 분산되어 있었다.[32] 즉 60~70%의 인사 권한이 장관보다는 수직적 계층에 있었다. 이처럼 장관이 독자적으로 인사를 판단하고 결정하는 권한은 제한적이다. 지금의 비공식적인 인사 관행도 크게 변하지 않았을 것으로 짐작된다.

하지만 세계 대부분의 나라는 장관의 인사 권한이 상대적으로 강하다. 영국에서 장관은 소속 계급과 직위의 책정, 보수 결정, 임용과 승진, 교육 훈련 등 전반적인 관리 권한을 갖고 있다. 미국도 우리나라처럼 중앙인사

기관인 인사관리처OPM가 설치되어 있으나 실질적인 인사는 각 부처 장관이 수행한다. 일본은 인사원에서 채용 시험을 관장하지만, 채용 후보자 명부는 부처에서 작성하는 등 부처의 권한이 상대적으로 강하다. 특히 인사원은 3년 임기의 독립적인 상임인사관으로 구성되어 있어 인사의 실질적인 중립성을 보장받고 있다.[33]

프랑스에서는 각 부처가 매년 국가공무원 신규 채용 계획을 작성한 것을 인사부가 취합하여 공고하되, 채용 시험은 원칙적으로 부처별로 실시한다.[34] 우리나라의 장관과 비교할 때 훨씬 강한 인사 권한을 갖고 있음을 알 수 있다.

장관의 제왕적 인사 권력?

우리나라 장관의 인사 권한이 정말 제한적일까? 법령상의 공식 인사 권한만 보면 그렇다. 하지만 실질적인 인사 권한은 그렇지 않다. 장관의 인사 권한이 결코 적다고 말할 수 없다. 장관의 인사 권한은 다음 세 가지로 요약된다.

첫째, 장관이 가진 인사 권한 중에서 가장 강력한 권한은 전보 권한이다. 장관의 인사 권한에 대한 법령상의 엄격한 제한에도 불구하고 소속 공무원의 전보 권한은 대부분 장관에게 있다. 그로 인해 장관을 비롯한 기관장들의 조직 장악은 대부분 전보 권한을 통해 이루어지고 있다. 보직 다툼이 치열한 공직사회에서 보직 이동, 즉 전보 권한은 소속 직원들을 통제할 수 있는 가장 강력한 무기임에 틀림없다. 특히 우리나라처럼 부처 간 전보가 거의 없는 상황에서 부처 내 전보 권한은 더 크다고 하지 않을 수 없다.

둘째, 인사 추천 권한이다. 법률 용어로 말하면 제청 권한이다. 국가공무원법에 따르면 5급 이상의 모든 공무원은 장관의 제청으로 임용된다. 일반적으로 대통령은 임용권자이고 장관은 임용제청권자이지만, 임용권자인 대통령보다 임용제청권자가 실질적인 권한을 행사하게 마련이다. '제청'이지만 사실상 장관이 결정한 후 대통령 재가에서 수정되는 경우는 극히 드물다. 즉, 고위 공무원의 승진이나 보직은 대통령 권한이라 하더라도 인사 기준과 세부 내용은 1차적으로 장관이 결정한다. 이 과정에서 차관, 실장, 국장, 과장, 팀장도 부분적으로 추천 권한을 가진다. 이른바 인사 '추천 권한'을 통해 조직을 관리하고 운영하는 것이다.

셋째, 비공식적 인사권이다. 아무도 장관의 권한이 약하다고 생각하지 않는 것은 바로 비공식적으로 갖고 있는 실권 때문이다. 장관의 인사 권한은 막강하다. 다양한 방식으로 법령상의 전보 권한이나 추천 권한을 활용할 수 있기 때문이다. 인사 과정에서 부처의 정책 방향이나 개인의 역량·성과만이 아니라 장관의 주관적인 생각이나 비공식적인 관계가 작용할 수 있음을 부인하기 어렵다.

따라서 피인사권자의 입장에서 보면 인사권자인 장관은 하늘만큼이나 높다. 특히 차관 이하 모든 계층에서 추천 권한이 누구에게 있는지 명확히 규정되어 있지 않기 때문에 모든 상관에 대한 무한 충성만이 불확실성을 조금이나마 줄일 수 있다고 해도 과언이 아니다.

'인사 권력 나누기'를 향하여

독일에서는 공무원 채용과 선발을 직접 담당하는 중앙 단위 인사관리 기관이 없다. 중앙부처는 공석이 생겼을 때 기관의 책임 아래 일정한 선발 절차에 따라 독자적으로 직원을 채용한다.[35] 앞서 말한 것처럼, 이러한 시스템은 미국·독일·일본·영국 모두 비슷하다.

이와 달리 우리나라는 중앙집권적 행정기관이 설치되어 있을 뿐만 아니라 그 권한과 역할 또한 매우 큰 것이 현실이다. 중앙집권적 인사 시스템은 인사 부정과 비리를 막아 인사의 공정성을 높일 수 있지만, 조직 환경의 변화와 인력 수요에 탄력적으로 대응하기 어렵고 책임 있는 조직 운영을 할 수 없다는 한계가 있다. 따라서 인사 권한과 책임의 적절한 분산은 불가피하다.

인사 권한의 분산이 장관의 인사권을 강화하자는 의미는 아니다. 현재 대통령-장관-차관-실장-국장-과장으로 이어지는 수직적 계층 구조 내의 인사 권한 분담 체계를 재구성할 필요가 있다는 뜻이다. 즉, 직위 계층별 인사 권한을 한 단계씩 위임하는 것이다. 예를 들면 통상교섭본부장은 대외적으로는 통상장관의 지위를 부여하고, 영문명도 'Minister for Trade'를 사용한다. 그러나 실질적 인사권은 거의 없다. 고위 공무원만 아니라 일반 직원의 승진·전보 등의 임용권이 모두 산업통상자원부 장관에게 있기 때문이다.[36] 차관급인 과학기술정보통신부의 과학기술혁신본부장이나 행정안전부의 재난안전관리본부장도 마찬가지다. 우리나라 대부분의 소속 기관장들이 겪는 고충이다. 부처 내부의 인사 라인에 있지 않는 차관들도 같은 상황이다.

　우선 대통령의 인사 권한을 장관에게 대폭 위임하면 어떨까. 즉 대통령은 실장급 이상의 고위 공무원만 관장하고, 국장급 이하 공무원의 인사는 장관에게 맡기는 것이다. 이렇게 하더라도 대통령의 인사 대상은 2,000명 이상이 된다. 즉 장·차관 등 정무직 공무원 160여 명, 실장급 고위 공무원 200여 명, 실장급 이상 외교관, 검사장 이상 검사, 치안감 이상의 경찰, 대학총장, 그리고 공공기관장을 포함하면 1,500명쯤으로 추산된다. 그 밖에 법령상 추천 또는 임명하는 위원회 위원 등을 합하면 많아야 2,000명 수준이 되지 않을까. 이들은 대한민국을 운영하는 핵심적 직위들이다. 민주적으로 선출된 대통령의 정책 의지와 방향에 따라 효과적인 국정 운영을 하기 위해서는 이들 핵심 직위에 대한 전략적 관리가 필요하다.

　대통령의 인사 권한은 대통령이 임명한 부처 장관들을 통해 충분히 행사할 수 있다. 직접적인 인사 권한은 위임하되, 인사 방향과 기준을 설정하고 인사 평가와 모니터링, 감사 기능을 강화하면 될 것이다. 개혁 인사, 균형 인사 등 예외적으로 필요한 경우에는 대통령이 직접 인사를 하도록 규정하면 된다. 현재 비공식적으로 진행하고 있는 정무직과 실장급에 대한 인사 평가를 공식화할 수도 있다. 미국 인사관리처는 실적주의 승진의 기본 지침을 마련하고, 각 부처는 이 지침에 따라 실적 승진 계획Merit Promotion System을 자체적으로 만들어 운영한다.

　장관의 인사 권한은 국장급 승진과 전보에 국한하고, 차관에게는 과장급 인사 권한을 부여하고, 실·국장에게는 5급 이하의 인사 권한을 부여하면 어떨까. 수직적 계층에 상응하는 인사 권한과 책임을 부여하는 것이다. 현재처럼 부처의 모든 인사를 장관, 즉 기관장이 관장하는 것은 물리적으로 무리가 아닐까. 장관이나 기관장의 인사 대상이 수백, 수천 명에 달하기 때문이다. 인사 내용을 모두 알 수도 없고, 사실상 사용하지 않고 있는 인사 권한이다. 특히 인사 라인에 있지 않은 제2차관이나 소속 기관장들에게도 인사 권한을 부여해야 한다. 앞에서 언급한 통상교섭본부장이나 과학기술혁신본부장 등에게도 인사 권한과 책임을 부여하는 것이다.

통상 인사 권한은 기관장의 고유 '권한'으로, 조직을 '장악'하기 위한 수단이라고 말한다. 인사 권한이 효과적인 리더십을 발휘할 수 있는 중요한 도구임에 틀림없지만, 조직의 장으로서 진정한 리더십은 법적·강압적 성격의 인사 권한으로 이루어지는 것이 아니다. 진정한 리더십은 국민에 대한 봉사와 희생, 책임으로부터 나온다. 더구나 기관장의 고유 권한이라는 것이 기관장의 독점 권한이라는 뜻은 아니다. 인사 권한도 국민으로부터 나오는 권력이다.

더 이상 인사를 위해 줄서는 일이 없도록 하자. 인사 권한의 분권화는 가장 중요한 민주주의의 실천이며, 다원주의 사회에서 상호 신뢰하는 인간주의 조직을 만드는 밑바탕이 될 것이다.

19 노동조합의 참여, 인사권 침해인가?

직원협의회에 알리고 협의하라

　　　　　최근 한 독일 공무원을 만났다. 5년 정도의 경력을 가진 주정부 공무원으로, 현재는 아헨 공대에 파견 나가 있었다. 대부분의 공무원은 연구기관이나 민간 기업에서 2~3년 동안 반드시 파견 근무를 한다고 했다. 경력이 길지 않은 한 사람과의 인터뷰를 가지고 독일 공무원 전체를 판단할 수 없지만, 그와의 인터뷰는 퍽이나 인상적이었다. 직책이 낮더라도 이러한 의견을 제시할 수 있는 용기와 자신감은 단순히 그 독일 공무원의 개인적 성향만은 아닌 듯했다. 우리의 관료 시스템과 가장 놀라운 차이는 직원들의 의견을 듣는 다양한 제도와 장치가 마련되어 있다는 것이다.

　　무엇보다도 중요한 것은 노동조합의 역할이다. 모든 부처에는 노동조합이 설립되어 있다. 노동조합은 직원들의 불만과 고충을 해결하는 역할을 한다. 직원은 노동조합을 통해 자신의 의견을 존중받고, 모든 장관은 노동조합과 대화할 의무와 책임이 있다. 특히 노동조합과 별도로 직원협의회Staff Council가 설치되어 있다. 장관은 인사 사항을 포함한 거의 모든 문제를 직원협의회에 알리고 협의한다. 직원들의 투표로 선출된 직원협의회 의장Counsellor이 정책이나 인사 결정 내용에 대해 질문하면 장관은 답변해야 할 책무가 있다. 인사의 불공정성이나 자원의 불균등한 배분 등은 직장협의회와의 논의 사항으로, 장관은 그런 결정을 하게 된 배경과 필요성을 충분히 설명하고 설득해야 한다.[37]

그는 조직 내 장관과 직원의 관계가 계층적 관계가 아닌 수평적 관계임을 강조하면서, 이는 노동조합 또는 직원협의회가 있기 때문이라고 설명했다. 따라서 불필요한 복종이나 의전에 신경 쓰지 않고 자신감과 자부심을 갖고 맡은 일을 할 수 있다고 했다. 역사적으로 볼 때 가장 관료제적 공무원 시스템을 가지고 있을 것이라는 예상과 달리, 독일은 순수한 의미의 합리적인 관료 시스템을 지향하고 있는지도 모르겠다.

독일 공무원은 인사와 관련하여 4가지 기본 권리를 가지고 있다.[38] 첫째, 헌법이 부여한 직무를 수행하고 행정의 중립성을 지킨다면 법적·경제적 독립성을 보장받는다. 특별한 경우를 제외하고는 신분이 보장된다. 둘째, 직무에 상응하는 보수와 연금을 받는다. 보수와 연금은 직급, 직무 중요도와 책임도에 따른다. 셋째, 적정한 직위를 갖는다. 자신이 보유한 자격요건 아래의 직위에 임용되지 않으며, 독립적으로 직무를 수행한다. 넷째, 공무원과 그 가족은 퇴직할 때까지 돌봄과 보호를 받는다. 이것은 제3자의 부당한 공격으로부터 보호하기 위해서이다. 독일은 이러한 권리를 보장하기 위한 제도적 장치가 이미 마련되어 있다.

우선 독일의 모든 행정기관에는 직원협의회가 설치되어 있다.[39] 연방인사대표법Federal Personnel Representation Act의 강제 규정이다. 직원협의회는 기관의 업무를 공동으로 하고, 직원들의 권익을 보호하기 위해 구성된 조직이다. 기관 규모에 따라 직원협의회에 근무하는 직원의 숫자는 다르다. 예를 들어 공무원 수가 50~150명이면 직원협의회 직원은 5명, 600명 이상~1,000명 이하는 11명, 5,000~6,000명이면 20명이며, 최고 31명까지 둘 수 있다.[40]

직원협의회는 공동 결정, 참여, 제안, 청문, 자문, 공지 등 다양한 권리를 갖고 있으며, 채용, 전보 이동, 승진, 평가 가이드라인, 직장 디자인 등을 승인한다. 만약 상호 협의가 되지 않으면, 양측 대표자 동수로 구성된 중재위원회에서 결정하되, 의회에서 결정할 사안은 추천할 권한만 갖는다. 기관 통합, 조기 퇴직, 사전 공지 후 퇴직 등 단순히 참여만 할 수 있는 권리의 경우에도 미리 상세하게 상의하도록 되어 있고, 만약 직원협의회와 최종 합의에 도달하지 못할 경우에는 최종 결정권자가 결정한다.[41]

프랑스는 노사 협상이라기보다 노사가 함께 인사를 운영하고 관리하는 체제이다. 1946년 헌법에는 "모든 인간은 조합 활동을 통해 자신의 권리와 이익을 옹호하고 스스로 선택한 조합에 가입할 수 있다"고 규정되어 있다.[42] 민간 기업 근로자만이 아니라 공무원도 노동조합을 조직하고 참여할 수 있는 보편적 권리를 인정한 것이다. 정부 조직도 예외가 될 수 없다. 부처 형태인 인사총무국이 인사 정책의 결정·집행·감사 기능을 수행하지만, 다수의 위원회를 설치하여 협의한다. 대부분의 위원회는 정부측과 노조측이 동수로 구성한다.

총리가 주재하는 국가공무원 최고위원회는 정부측 대표 20명, 노조측 대표 20명으로 구성되며, 위원회는 국가공무원 법령을 제정하거나 개정할 때 사전심의 기능을 맡는다. 아울러 직무의 종류에 따라 인사를 독자적으로 운영하는 모든 공무원단은 균등하게 구성된 위원회의 사전심의를 통해 공무원의 개인별 신분 변화와 관련된 임용, 승진, 근무평정, 휴직, 징계, 해임, 휴직 등을 결정한다.[43]

그뿐만 아니라 부처 단위로 설치되는 전문위원회는 행정기관이 임명한 위원과 노조가 임명한 위원이 동수로 구성되어 조직 운영과 업무 수행 방식, 인사 규칙, 성과급 지급 기준 등에 대해 의견을 제시하도록 되어 있다. 그 밖의 위원회도 행정기관과 노동조합이 임명한 위원을 동수로 구성한다. 간혹 노동조합이 임명한 위원이 더 많은 위원회도 있다.[44]

물론 독일과 프랑스의 사회문화적 전통과 역사, 경제 구조와 상황, 노동조합의 역사와 행태가 다르기 때문에 우리나라 시스템과 단순 비교하기는 어렵다. 하지만 우리의 미래 인사 시스템을 설계하는 데 중요한 시사점을 주는 것은 사실이다.

노동에 대한 뿌리 깊은 계층 의식

우리 사회는 '노동'이라는 말에 대한 거부감이 강하다. 전통적으로 노동은 경시하고 양반을 중시하는 문화 때문이다. 양반 사회는 사농공상士農工商이라 하여 글을 읽어 관직에 오르는 사士를 최고로 여기며 정신노동과 육체노동을 계층화했다. 이로 인해 직업의 귀천이 확실히 갈리고 사회 계층도 나뉘게 되었다. 그런 점에서 노동운동은 양반 사회에 대한 도전으로 인식되었다.

1948년 정부 수립 후 허정 교통부 장관과 전진한 사회부 장관의 공무원노동조합에 대한 시각은 판이하게 달랐다. 전진한 장관은 공무원도 일종의 노동자로 간주했으나, 허정 장관은 공무원은 국가의 공복이므로 노동자가 될 수 없다고 일축했다. 허 장관은 노동조합 설립에 적극 반대하고 공무원노조의 조직 활동을 원천 차단한 반면, 전 장관은 공무원도 노동조합에 가입할 수 있어야 한다고 맞섰다.[45] 이로 인해 국무회의가 3일간이나 이어졌고, 전 장관은 결국 스스로 물러났다. 당시 장택상 외무장관은 "하루는 전진한이 노발대발해 가지고 나가더니 다시는 돌아오지 않고 자퇴해 버렸다. 주위 사람들이 그렇게 만류했건만 결국 전진한은 장관직을 헌신짝처럼 던져 버렸다"고 회고했다.[46]

그 이후 지금까지도 공무원노동조합은 우리 사회의 오래된 미해결 과제 중 하나이다. 헌법 제33조 제2항에는 "공무원인 근로자는 법률이 정하는 자에 한하여 단결권·단체교섭권 및 단체행동권을 가진다"고 규정되어 있다. 헌법상 규정을 해석하면, 법률이 정하는 자 이외에는 근로자로서 노동3권을 갖지 못한다는 것이다. "법률에 정하는 자"에 한하여 노동3권을 부여한다고 규정함으로써 공무원의 노동권을 법률에 위임하고 있다.

현행 법률은 원천적으로 '법률에 정한 자'를 극히 제한적으로 보고 있다. 국가공무원법 제66조 제1항은 "공무원은 노동운동이나 그 밖에 공무 외의 일을 위한 집단 행위를 하여서는 아니 된다"고 규정하고 있다.* 여기에서 말하는 '집단 행위'는 단체행동권만을 의미하지 않고 노동3권 전체를 말하는 것으로 해석된다. 법률에 정하는 자를 "사실상 노무에 종사하는 공무원"으로 규정함으로써 헌법을 매우 제한적으로 해석하고 있다.

1949년 국가공무원법 제정 당시에는 제37조에 공무원은 "공무 이외의 일을 위한 집단적 행동을 하여서는 아니 된다"고 규정했다. 이는 공무원의 단체행동권만을 제한한다는 취지로 해석된다. 하지만 5·16 군사쿠데타 이후에는 "노동운동 등 공무 이외의 일"로 수정하여 공무원의 노동운동을 엄격하게 금지했다. 공무원노동조합 활동에 대한 역사적 퇴행이었다. 민주화 이후에도 국가공무원법은 5·16 군사쿠데타 후 개정된 당시 내용을 거의 그대로 유지했다.

1999년에는 "법률이 정하는 자에 한하여"라는 조건에 따라 공무원의 노동조합을 인정하는 법률이 통과되었다. 교원의 노동조합 설립 및 운영 등에 관한 법률, 즉 교원노조법이다. 그리고 2006년에 공무원의 노동조

---

* 1987년 민주화 이전 헌법에는 "공무원인 근로자는 법률로 인정된 자를 제외하고는 단결권·단체교섭권 및 단체행동권을 가질 수 없다고 엄격하게 규정하였으나 민주화 이후 "공무원인 근로자는 법률이 정하는 자에 한하여 단결권·단체교섭권 및 단체행동권을 가진다"고 긍정적인 조문으로 개정됐다.

합 설립 및 운영 등에 관한 법률, 즉 공무원노조법이 제정되었다. 1965년에 국제노동기구의 조약을 비준하고 이미 법 체계를 정비했던 일본 정부와 비교하면,[47] 우리나라의 정치적·경제적 특수 상황을 감안하더라도 때늦은 입법이었다.

법이 제정된 후에도 정부는 전국 단위 공무원노동조합에 대한 합법적 지위 등록을 반려함으로써 사실상 인정하지 않았다. 정부와의 끊임없는 줄다리기 끝에 2007년에 마침내 합법 노조가 탄생했으나, 2년 만에 이명박 정부는 전국공무원노동조합(전공노)을 불법 단체로 규정함으로써 합법적 지위를 박탈했다. 전공노가 이명박 정부를 비판하는 시국선언문을 발표하고 민주노총에 가입함으로써 공무원의 정치적 중립 의무를 위반했다는 것이 그 이유였다. 그 후 전공노의 수차례에 걸친 합법 노조 등록 서류 제출에도 정부는 서류를 반려하는 방식으로 이를 인정하지 않았다. 촛불혁명으로 탄생한 문재인 정부에 들어와서야 비로소 전공노는 2018년 법외 노조에서 합법 노조로서의 위상을 되찾았다.

노동조합의 인사 참여, 성역 침해인가?

1948년 제헌헌법 제18조는 "근로자의 단결, 단체교섭과 단체행동의 자유는 법률의 범위 내에서 보장된다"고 규정하고, "영리를 목적으로 하는 사기업에 있어서는 근로자는 법률의 정하는 바에 의하여 이익의 분배에 균점할 권리가 있다"고 명시했다. 즉, 제헌헌법에서는 경영 참여의 근거가 될 수 있는 노동자들의 이익균점권까지 인정한 것이다. 이러한 규정은 1960년 헌법까지 유지되었다. 1956년 조봉암 대통령 후보는 노동자의 경영 참여를 선거 공약으로 내걸기까지 했다.[48]

그러나 5·16 군사쿠데타 이후 들어선 제3공화국 헌법은 노동자의 이익균점권 조항을 삭제해 버렸다. 그 이후 노동조합의 인사권과 경영권 참여는 법률상 인정되지 않았다. 특히 인사권은 고유한 의미의 근로조건과 무관하기 때문에 단체교섭의 대상이 될 수 없다고 했다. 즉 인사·경영권은 단체교섭을 거부하더라도 부당노동행위에 해당하지 않는다. 사용자의 독점적 인사 권한은 노동조합이 침해할 수 없는 성역이었다. 노동조합의 인사 참여는 인정되지 않았다.

하지만 1997년 제정된 「근로자참여 및 협력증진에 관한 법률(근로자참여법)」은 제1조에서 "근로자와 사용자 쌍방이 참여와 협력을 통하여 노사 공동의 이익을 증진"함을 목적으로 한다고 규정했다. 이 규정에 의한 노사협의회의 임무로는 협의 사항, 의결 사항, 보고 사항을 구분하고 있다. 노사협의회의 협의 사항으로는 "근로자의 채용·배치 및 교육훈련, 근로자의 고충 처리, 인사노무관리의 제도 개선" 등 인사에 관한 사항이 포함되어 있는 반면, 의결 사항에는 인사에 관한 내용이 빠져 있다. 최근 들어 이러한 근로자참여법을 개정하거나 새로운 노동자경영참가법 등 노동이사제를 포함한 법 제정을 주장하는 움직임이 일고 있다.

다만, 이러한 근로자참여법을 공무원에도 적용할 수 있는지는 명확치 않다. 대체로 공무원의 노동조합 설립과 구성이 다른 법률에 적용되어 있기 때문에 근로자참여법은 적용되기 어렵다는 해석이다. 따라서 근로자참여법에 협의 사항으로 되어 있는 인사에 관한 사항도 적용되기 어렵다고 해석할 수 있다.

그뿐만 아니라 「공무원의 노동조합 설립 및 운영 등에 관한 법률(공무원노동조합법)」에는 "임용권의 행사 등 그 기관의 관리·운영에 관한 사항으로서 근무조건과 직접 관련되지 아니하는 사항은 교섭의 대상이 될 수 없다"고 규정함으로써 인사 사항은 교섭 대상에서 제외하고 있다. 고용노동부의 단체교섭 대상 판단 업무 매뉴얼에 따르면, 법령상의 "기관의 관리 운영에 관한 사항"으로 임용권 행사, 조직 및 정원, 예산·기금의 편성 및 집행, 기타 사항이 포함되어 있다.[49]

하지만 서울시는 조례 제정을 통해 2016년부터 17개 공공기관에 노동이사제를 도입하여 운영하고 있다. 각 기관별로 1~2명의 노동이사가 선임되어 활동하고 있는 것이다. 서울시가 도입한 이후 경기도와 광주광역시에서도 노동이사제를 도입, 운영하고 있다. 이들 노동이사는 현장의 목소리를 전달하고, 이사회에 참여해 의견을 적극 개진하며, 노사 갈등을 중재 및 해소하는 역할을 하고 있다. 노동이사제는 대체로 조직 운영의 책임성과 투명성을 높이는 것으로 평가받는다.[50]

웹툰 〈미생〉과 〈송곳〉, 어떻게 해결할까

윤태호 작가의 웹툰 〈미생〉과 최규석 작가의 웹툰 〈송곳〉은 모두 우리 시대 직장인의 애환을 다루고 있다. 2012년과 2014년 최고의 인기를 누렸던 웹툰으로, 두 작품 모두 TV 드라마로 제작되어 방영되었다. 〈미생〉과 〈송곳〉 모두 슬픈 직장인의 현실을 다루고 있지만, 현실에 대처하는 방식은 크게 다르다. 〈미생〉의 오상식 과장은 눈이 충혈될 정도로 일에 치이지만 처세술 부족으로 만년 과장으로 살고 있고, 〈송곳〉의 이수인 과장은 융통성 없고 고지식한 성품에 노조를 결성하고 투쟁에 앞장선다. 〈미생〉에는 노동조합이 없지만, <송곳>은 노동조합의 투쟁을 그리고 있다.

특히 〈송곳〉에서 이수인 과장을 돕는 구상신 노동상담소 소장은 노조원들을 상대로 한 교육장에서 노동조합은 노동자의 당연한 권리라고 열변을 토한다. "그 사람들한테 우리는 책상에 앉아 더했다 뺐다 하는 종이에 박힌 숫자고, 시키는 대로 하다가 새끼 낳아 길러서 머릿수만 채우면 되는 가축이요!" "뺏어도 화내지 않고, 때려도 반격하지 않으니까. 두렵지 않으니까! …인간에 대한 존중은 두려움에서 나오는 거요!"라고 외친다. 다소 선동적이고 과격한 내용임에도 많은 직장인들이 송곳처럼 찌르는 그의 말에 고개를 끄덕였을 것이다.

노동조합 활동은 인간의 삶을 되찾기 위한 투쟁이고 부당한 권력에 대한 정당한 요구라는 것이다. 결과적으로 그런 이유가 작용했는지 〈미생〉의 오 과장은 결국 퇴사를 결심했고, 이수인 과장은 동력은 소진됐지만 회사에 남아 있다. 〈미생〉 시즌 3이 나온다면 장그래가 노동조합을 결성해 활동하는 모습을 볼 수 있을지도 모른다.

우리의 공직 현실은 어떨까? 공무원노조 가입률은 노동조합이 설립된 이후 점차 증가하여 2020년 현재 80%를 상회하고 있고, 총 가입 대상 30만 명 중 26만여 명이 가입해 있다. 정규직 근로자의 노조 가입률이 불과 12% 안팎인 점과 비교하면 매우 높은 수준이다. 대부분의 일선 공무원은 공무원노조에 가입해 있다고 보면 된다. 다른 요인도 작용했겠지만, 공공부문의 적극적인 노조 활동을 기대하는 통계 결과가 아닐 수 없다.

전국공무원노조위원회는 단순히 근로조건 향상만을 위해 활동하는 것이 아니라 스스로 사회 변화의 주체라고 규정한다. 홈페이지에 나와 있는 위원장의 인사말에서 집단 행위의 범위를 짐작할 수 있다. "우리에겐 지난 시절, 민중을 위한 봉사자가 아니라 나쁜 정권의 하수인으로 굴종의 삶을 살아온 역사가 있습니다. 민중의 기본권을 침해하고 때로는 그들의 삶을 파괴하는 잘못된 정책을 거부하지 못했던, 지워 버리고 싶은 과거가 있습니다. 당시 우리는 정권이 시키면 시키는 대로 일하도록 강압당하며 공무원도 역사의 당당한 주체이고 사회적 책무를 지닌 노동자임을 자각하지 못했습니다." 공무원노동조합의 활동 범위와 역할은 한국적 맥락에서 이해할 부분이 있음을 상기시킨다. 그동안 정권의 하수인처럼 살아야 했던 피인사자들이 참고 견딘 고통의 긴 역사를 짐작케 하는 대목이다.

공공 노동조합, 시민의 권익 생각해야

　　1848년 프랑스 2월 혁명이 일어난 직후인 3월에 '관료형제연합'이라는 공무원 단체가 만들어졌다.[51] 이 단체는 행정 개혁과 함께 사회 개혁을 주장했다. 1830년 7월 입헌군주제가 들어선 후 외부 임용이 늘어나면서 승진은 정체되고 관료들의 명예는 땅에 떨어졌던 것이다. 이들은 2월 혁명으로 불붙은 사회 개혁의 물결에 동참했다. 현직 관료들은 "뭉치자, 함께 행진하자"며 자신들은 "사무실 귀족에게 착취당하는 노동자"가 되었다고 반발했다.[52] 수십 년간 불의와 자의적 규정에 고통받은 과거에 항거하며, 자유·평등·박애의 혁명 정신으로 관료 개혁과 사회 개혁을 하자고 부르짖었다.

　　하지만 관료형제연합의 운동은 실패로 돌아갔다. 사회 개혁을 위해 노동자와 기업가를 중재하는 역할보다는 자신들이 가졌던 사회적 자본과 명예와 경력의 회복에 집중했기 때문이다. 일반 사무실 노동자들의 목소리를 외면한 채 '신귀족'으로 전락한 것이다.[53] 이들은 사회적 자본 획득에 실패하자, 문화적 자본을 형성하기 시작했다.

　　프랑스 관료 문화는 이 시기에 형성되었다. 혈연 중심의 가족적 유대는 강화되었고, 경력 중심의 안정적인 승진을 선호했다.[54] 이들은 사회적·문화적 자본을 자신들의 자녀에게 어떻게 물려줄 것인가에 몰두했다. 결국 사회 개혁이 아닌 이기주의적 행정 개혁을 주장하다가 실패한 것이다. 4월 중순, 관료형제연합이 분열되면서 당초의 거대한 목표는 사라졌다. 화이트칼라, 즉 사무실 노동자가 되지 못하고 부르주아지에 편입되지도

못하면서 부르주아 행세를 하는 기회주의적 '쁘띠부르주아지'로 남게 된 것이다.[55]

공공 노동조합의 한계를 우려하는 목소리도 많다. 노동조합의 비중이 커지고 있는 상황에서 노동조합의 위험 요인을 새겨야 한다. 다름 아닌 사회 내의 여러 세력 중 노동조합도 권력화되고 있다는 사실이다. 앞에서 지적한 것처럼, 고전적 관료제가 지닌 관료주의 과잉과 민주주의 결핍, 조직 이기주의라는 위험은 노동조합도 예외가 아니다.

스스로 관료주의를 극복하고 민주주의를 실현하는 노동조합은 조직 이기주의에 빠질 수 없을 것이다. 불합리한 근로조건을 개선하고 건강한 조직을 만들기 위한 노동조합의 적극적인 역할이 필요하다. 특히 공공부문의 경우 단기적인 이익보다는 시대와 미래를 걱정하는 노조 활동이 우리 사회를 밝게 할 것이다. 사회의 공기公器이자 권리의 주체로서 활발한 노동운동이 정착되기를 기대한다.

20 미래 인사, 축구인가 야구인가?

축구와 야구의 차이를 알면, 인사의 답이 보인다

21세기 조직은 팀이다. 팀에서 사람을 선발하고 활용하는 것은 스포츠 경기와 거의 같다. 특히 축구와 야구는 인사 시스템을 설명할 수 있는 대표적인 팀 스포츠로, 개인의 힘과 기량을 겨루는 테니스나 탁구, 권투, 격투기와 다르다. 100미터 달리기나 마라톤과도 다르다. 고독한 자신과의 싸움이 아니다. 단순히 개인의 능력이나 기술에 머무르지 않고 팀 전체가 함께 움직이는 전략과 전술이 필요한 스포츠이다.

조직에서 사람을 어떻게 선발하여 관리할 것인가에 대한 답은 축구와 야구에서 찾을 수 있다. 여러분은 어떤 조직을 선호하는가? 인사를 한다면 어떤 사람을 선발하고 어떻게 관리하고 운영할 것인가? 축구 같은 방식인가? 야구 같은 방식인가? 사람마다 생각과 의견이 다르겠지만, 축구와 야구의 차이를 몇 가지만 요약해 보자.[56]

무엇보다도 축구와 야구는 선수 간의 역할과 직무 배분이 다르다. 야구는 투수와 포수, 1·2·3루수, 내야수와 외야수 등 각기 맡은 직무와 책임이 명확하다. 활동 영역도 비교적 분명하게 정해져 있다. 1루수가 3루에 와서 공을 잡을 수는 없다. 반대로 3루수가 1루에 와서 공을 잡을 수도 없다. 반면 축구는 역할과 직무가 명확하지 않다. 수비수와 공격수가 존재하지만, 경기장 내에서 어디든지 이동 가능하다. 수비수가 골을 넣을 수도 있고, 공격수도 수비에 가담해야 하는 경우가 많다. 심지어 골키퍼가 공격에 가담하는 일도 벌어진다.

축구와 야구는 성과를 측정하고 배분하는 방식도 다르다. 야구에서는 팀 성적도 중요하지만 개인 성적이 중요하다. 개인의 성과가 타율이나 타점, 홈런 또는 실책 횟수 등 명확하고 구체적으로 측정된다. 이에 따라 개인별로 조직 기여도가 명시적으로 계산된다. 반면 축구는 개인별 성과를 측정해 명확히 제시하기 어렵다. 물론 골 득점으로 판단할 수도 있겠지만, 이는 스트라이커 개인의 성과로만 보기 어렵다. 공격수나 수비수 등 개인의 성과를 명확히 측정하여 계산하고, 조직에 대한 기여도를 계량적으로 나타내기가 쉽지 않다. 팀에 대한 기여도도 수비수와 공격수를 비교하여 설명하기 어렵다.

감독의 통제 방식도 다르다. 야구와 축구 모두 감독이 경기장 밖에 있다는 것은 같지만, 경기 중에 선수들에게 지시하고 관리하는 방식은 매우 다르다. 야구 감독은 선수들의 개별 행동을 구체적으로 결정하고 지시한다. 온몸으로 사인을 주면서 끊임없이 지시한다. 감독 말고도 1루 코치와 2루 코치가 있어 추가로 지시하기도 한다. 반면, 축구 감독은 경기 중에 선수들의 행동을 직접 지시하지 않는다. 설령 감독이 지시를 하더라도 구체적으로 이루어지기 어렵고, 선수들도 그대로 실천하기 어려운 경우가 많다. 감독은 포괄적·전략적으로 지시할 뿐이다. 유일하게 할 수 있는 감독의 명확하고 구체적인 권한은 선수 교체뿐이다.

심판의 경기 운영 방식도 차이가 있다. 야구와 축구 모두 심판의 자율성은 인정된다. 야구의 경우, 심판 내용이 명확하고 엄격하다. 야구의 주심은 투수가 공을 던지면 스트라이크인지, 볼인지를 바로 판정한다. 1루와 2루, 3루 심판의 경우도 아웃과 세이프가 명확하다. 홈런인지 아닌지, 파울인지 아닌지, 그리고 터치가 되었는지 안 되었는지 모두 분명하다. 이에 반해 축구 심판은 선수들의 행동을 직접 규율하기보다는 경기를 전반적으로 운영한다. 경기 운영 과정에서 정해진 규정을 적용할 것인지는 그때그때 상황에 따라 다르다. 따라서 심판의 결정에 대한 논란이나 항의가 야구보다 심하다. 축구 심판은 경기의 원만한 진행자이지 규정의 엄격한 집행자는 아니다.

축구와 야구 경기장도 차이가 있다. 야구 경기장은 부채꼴이다. 또한 내야석과 외야석이 구분되고, 내야석도 1루석과 3루석이 구분된다. 따라서 관중석 중 좋은 자리와 나쁜 자리의 경계가 분명하고, 경기장과 1·3루 관중석은 관중을 보호하기 위해 얼개망을 쳐서 구분한다. 1루석과 3루석은 팀별로 구분된 경우가 많다. 하지만 축구는 관중들이 좌측과 우측의 관중석 어디를 가도 상관없다. 관중석도 자기 팀과 상대 팀의 구분이 크게 없다. 따라서 축구는 관중들의 파도타기가 가능하지만, 야구는 파도타기를 하기가 어렵다. 그리고 야구는 선수가 홈런을 치고 돌아오면 팀 선수들이 모두 일렬로 서서 반기지만, 축구는 골을 넣었을 경우 관중석을 향해 환호한다. 이와 같이 조직으로서 사람을 관리하고 운영하는 방식에서 축구와 야구는 차이가 있다.[57]

21세기 현대 조직은 야구보다는 축구다

현대 조직의 성공을 위해서는 어떤 방식을 택하는 것이 좋을까? 야구의 묘미와 재미를 부인할 수는 없다. 더운 여름 시즌의 시원한 홈런 한 방, 답답한 상황을 타개하는 짜릿한 안타, 투수와 타자 간의 긴장된 순간들, 예측을 빗나간 치밀한 경기 전략, 기회와 상황마다 터지는 탄성과 긴장 등은 관중들이 야구 경기에 푹 빠지기에 충분하다.

하지만 축구도 만만치는 않다. 판세를 수시로 뒤엎는 빠른 공수 전환, 철벽 방어를 뚫고 나가는 현란한 드리블과 패스, 예상을 뛰어넘는 환상적인 프리킥 골, 관중과 동료 선수들이 함께하는 화려한 골 세리머니, 흐르는 땀과 열기로 하나가 된 경기장, 힘과 기량이 넘치는 공격성, 규칙과 반칙 사이의 절묘한 줄타기, 선수와 심판 사이의 도전과 불복, 최고의 팀도 한순간 무너질 수 있는 예측 불가의 경기 묘미, 제한된 경기 시간의 긴장과 박진감 등 헤아릴 수 없는 재미가 있다.

현대 조직은 축구팀을 닮았다. 축구는 야구보다 더 많은 팀 활동과 더 높은 팀 의식이 필요하기 때문이다. 야구의 경우, 제한된 선수 영역, 명확한 공수 구분, 심판의 단호한 결정, 감독의 묵직한 권위, 기계적인 규칙과 구조, 심판과 선수, 선수와 관중 간의 소통 부족 등이 현대 조직과는 다소 차이가 있다.

이와 달리 축구는 그 반대이다. 선수들의 활동 영역에 제한이 없다. 공수 구분도 수시로 이루어지고, 심판이나 감독도 명령과 지시만 하지 않는다. 단호하지만 소통과 공감이 먼저다. 한 선수의 단독 플레이는 승리에 도움이 되지 않는다. 규칙은 상황에 따라 탄력적으로 적용된다. 개인의 성과를 측정하기도 어렵다. 경기는 선수와 심판과 감독이 만든다. 그리고 경기를 지켜보는 관중이 완성한다. 관중의 참여와 환호가 없는 축구는 축구가 아니다. 이처럼 축구는 현대 조직의 특성을 빼닮았다.

"축구에서 11명이 모두 주전이 되려고 경쟁하면 실패한다. 왜냐하면 선수들 모두가 주전이기 때문이다." 영국 프리미어리그 맨체스터 유나이티드에서 7년을 뛴 박지성 선수의 말이다. 개인의 뛰어난 실력보다는 환상적인 팀워크가 성공의 열쇠라는 뜻이다. 어려서부터 키도 크지 않고 왜소한 편이었지만, 박지성은 정신력 하나를 무기로 성장했다. 그리고 마침내 영국 프리미어리그에서 뛴 최초의 한국 선수가 됐다. 그는 세계 최고의 기량은 아니었지만, 세계 최고의 팀원이었다. 맨유는 박지성이 선수 생활을 하는 동안 프리미어리그에서 세 번 우승하고, 챔피언스리그에서도 우승했다. 거스 히딩크 감독이나 알렉스 퍼거슨 감독은 왜 박지성 선수를 기용했고, 어떻게 팀을 운영했기에 성공으로 이끌었던 것일까. 박지성이 축구팀이 아니고 우리나라 조직에서 직장 생활을 했다면 과연 성공할 수 있었을까.

1990년대 후반 미국의 투자회사 엔론 사는 최고의 인재들을 선발한 것으로 유명하다. 세계 최고의 경영대학원 출신 젊은 인재들은 대담하고 창의적이며 열정적이었다. 이들에게는 항상 혁신, 기업가 정신, 높은 성과가 강조되었다. 회사는 새로운 사업 아이디어를 가진 사람은 임시팀을 꾸릴 수 있도록 지원했다. 또한 회사에 필요한 지식이나 기술을 습득하기도 전에 본부장이나 임원직을 주는 등 거의 무한정한 기회를 주었다. 단기간에 성과를 내면 다른 직무의 높은 직위로 언제든지 이동할 수 있었을 뿐만 아니라, 스톡옵션 등 막대한 보상도 함께 해주었다.[58]

하지만 이들 사이에는 팀워크나 성실성, 존경심 등은 없이 경쟁적인 실적 지상주의가 난무했다. 팀워크가 필요한 업무임에도 남들보다 앞서기 위해 협업을 하지 않는 분위기가 팽배했다. 자신감과 긍지로 똘똘 뭉친 인재들은 오만해졌다. 자신들은 다른 어느 회사 직원보다 똑똑하고 우수한 인재라는 자부심에 교만하기 이를 데 없었다. 뿐만 아니라 최고의 MBA 출신들은 업무 손실에 대한 책임을 지지 않고 더 좋은 조건을 제시하는 경쟁사로 대거 옮겨가 이직률이 무려 20%에 이르렀다. 결국 2001년 엔론 사는 파산 신청을 했고, 2004년 법원은 공식적으로 엔론의 파산을 인정했다.[59] 야구 경기와 달리 선수 간의 긴밀한 협력이 없는 축구 경기는 결코 승리할 수 없다.

브라질 축구냐, 영국 축구냐

축구에도 스타일이 있다. 축구는 협력과 경쟁이 함께하는 팀 스포츠이지만, 팀과 개인의 상대적 중요성에 따라 스타일이 다 다르다. 대표적 축구 스타일로 영국 축구와 브라질 축구가 있다. 영국 축구는 유럽 축구이고, 브라질 축구는 남미 축구이다. 영국은 축구의 종주국이고, 브라질은 최고의 축구를 자랑한다. 영국 축구는 팀워크 중심이고, 브라질 축구는 개인기 중심이다. 유럽 축구는 조직력, 즉 팀워크를 중시하는 데 반해, 남미 축구는 개인의 기량을 중시한다.

1930년 FIFA 월드컵이 시작된 이후 현재까지 총 21회 개최되었는데, 브라질은 그중에서 5번을 우승해 세계 최고임을 자랑하고 있다. 독일과 이탈리아는 각각 4번 우승했고, 영국은 1회 우승에 그쳤다. 계산해 보면 유럽이 12번, 남미가 9번 우승한 것이다.[60] 단순하게 보면 월드컵에서 우승하기 위해서는 개인기보다 조직력이 중요한 것으로 판단할 수 있다. 다만, 승리 격차가 크지 않고 상황에 따라 달라질 수 있다는 것을 인정하지 않을 수 없다.

2002년 한·일 월드컵 결승전은 브라질 삼바축구와 독일 전차군단의 대결이었다. 남미 축구와 유럽 축구의 차이를 뚜렷하게 보여준 경기였다. 전반전 독일의 수비 방어벽은 철벽 같고 탄탄했다. 브라질의 스트라이커 호나우두의 현란한 개인기도 크게 빛을 발하지 못했다. 양측의 팽팽한 긴장은 후반에 무너졌다. 독일의 철벽 방어벽이 무너지면서 브라질의 개인기가 빛났다. 결국 2대0으로 브라질이 승리했다. 남미의 공격형 축구가 유럽의 수비형 축구를 이긴 것이다.

하지만 2014년 브라질 월드컵 준결승전에서 다시 만난 독일과 브라질은 7대 1 독일의 승리로 끝났다. 독일의 조직력이 브라질의 개인기 위주 공격형 축구를 무참하게 무너뜨린 경기였다. 대부분의 골이 골문 앞에서 2~3회에 걸친 패스 후에 이루어진 슛팅으로 가볍게 얻은 득점이었다. 반면 브라질이 얻은 마지막 1점은 단독 드리블을 통한 개인기에 의존한 득점이었다.

만일 당신이 관리자라면 어떤 스타일의 인사 관리를 하기 원하는가? 영국 축구 스타일인가? 남미 축구 스타일인가? 정책 스타를 만드는 것도 나쁘지 않다. 박정희 시대의 오원철 수석, 노태우 정부 당시 토지공개념을 도입한 이규황 국장, 노무현 정부에서 최고의 공무원으로 칭송받았던 김진표 국장(현 국회의원), 혁신의 아이콘이 된 코트라 오영교 사장(전 행정자치부 장관), 정연한 논리로 설득하는 이용섭 국세청장(현 광주시장), 그리고 최근 정은경 질병관리청장이 대표적이다. 이들은 관료 출신으로 스타 공무원이 된 경우이다. 부분적으로 대통령과 정부 차원에서 만들어진 측면이 없진 않지만, 이들이 보여준 뛰어난 역량과 성과는 국민도 인정하지 않을 수 없었다.

하지만 스타 위주의 정책 관리나 인사 시스템은 한계가 있다. 스타는 영원할 수 없기 때문이다. 특히 정부 정책은 시대 변화에 따라 역사적 의미와 한계가 명확히 드러나기도 하고, 정치적 영향을 받아 정책 목적과 내용이 달라지기도 한다. 한때의 정책 영웅이 국민의 지탄을 받을 수도 있고, 국민의 정책 환호도 새로운 이슈에 묻혀 사라질 수 있다.

따라서 유럽 방식의 조직 축구를 생각해 봐야 한다. 신종감염병 코로나바이러스는 단순히 한 기관의 장이 혼자 해결할 수 있는 문제가 아니다. 여러 부처와 기관의 협력 없이는 성공적인 결과를 기대하기 어렵다. 특히 정부 정책은 환상의 하모니를 낳을 수 있는 기관이나 사람 상호간의 긴밀한 협력 체계가 없으면 성공하기 어렵다. 훌륭한 인사가 훌륭한 정책을 만들기 때문이다. 급변하는 환경 속에서 새로운 이슈가 끊임없이 생산되고 복잡한 양상으로 전개될 때, 조직은 어떻게 대응해야 할까?

축구 전술의 혁명, 토털 사커

축구의 팀 전술 중에 토탈 사커Total Soccer가 있다. 이는 현대 축구의 상징이 되었다. 1970년대 초 네덜란드 프로축구팀 AFC 아약스 감독이자 국가대표팀 감독이었던 리누스 미헐스는 혁명적 전술인 '토털 사커'를 도입했다.[61] 토털 사커는 모든 선수가 경기장 내 어떤 포지션에서도 플레이할 수 있도록 한 전술이다. 즉, 한 선수가 자기의 포지션을 떠나면 다른 선수가 즉시 그 포지션으로 이동하여 원래의 형태를 복원하는 전술이다.[62] 공격수가 수비수 위치로 이동하기도 하고, 수비수가 공격수 위치로 이동하기도 한다.

이를 위해서는 모든 선수가 모든 포지션에서 뛸 수 있는 능력을 가져야 한다. 이러한 능력을 발휘한 최고의 선수가 바로 유명한 요한 크라위프였다. 관중들은 그를 경기장 내 어느 곳에서도 쉽게 볼 수 있었다. 미헐스 감독과 함께 토털 사커를 완성한 요한 크라위프는 나중에 바르셀로나 감독이 되어 이를 계승했다.[63] 그는 히딩크 감독, 퍼거슨 감독과 함께 박지성 선수가 맨체스터 유나이티드에 입단할 때 추천서를 써주었던 세 사람 중 한 사람이기도 하다.[64]

토털 사커 전술의 가장 좋은 점 중 하나는 한 선수가 공을 소유하게 된 순간 어디로든 패스할 수 있다는 것이다. 수비수와 공격수가 다양한 패스 경로를 갖게 되고, '제3의 선수'인 레프트 윙어가 센터포워드의 위치로 이동한다. 강력한 압박도 장점이다. 그들은 상대방에게 어떤 시간이나 공간도 내주지 않고, 오프사이드 함정을 활용하여 강력한 방어 라인을 형성할 수 있다.[65] 상대방이 공을 잡으면 선수들이 떼 지어 적극 방어에 나서 그의 패스 옵션을 차단하고 공을 빼앗을 수 있기 때문이다.

토털 사커의 승률은 높다. 우리 조직을 이렇게 운영하면 어떨까. 이런 조직에는 어떤 역량을 가진 사람이 필요할까. 전문적인 기술과 역량이 뛰어난 사람, 전체의 맥락과 비전을 이해하고 자신의 위치를 정확히 파악하는 사람, 외부 환경에 신속하고 민첩하게 대응하는 사람이 아닐까. 이런 사람들을 활용하기 위해서는 어떤 인사 구조가 좋을까.

미국의 행정학자 마누엘 테오도로 교수는 조직 내 경력 구조를 '사다리ladder형'과 '경사로ramp형'으로 구분한다.[66] 전자는 경력과 계급 중심의 폐쇄적 인사 구조이고, 후자는 다양한 직무와 역량 중심의 개방적 인사 구조이다. 그에 따르면 사다리형 조직 구조는 권력 지향적 성격의 소유자들이 성공하는 시스템으로, 위험을 감수하지 않고 적극적으로 행동하지 않는다. 반면, 경사로형 조직 구조는 위험을 감수하는 성취 지향적 성격의 소유자들이 성공할 가능성이 높은 시스템이다. 사다리형 구조는 내부 승진 중심의 인사 시스템이고, 경사로형 구조는 외부 임용 중심의 인사 시스템이다.

우리나라는 전형적인 사다리형 인사 시스템을 채택하고 있다. 최근 들어 개방형 인사 등 적극적인 변화에도 불구하고 여전히 부처 내부의 승진 시스템으로 운영되고 있고, 부처 간 이동도 많지 않다. 결국 개인은 혁신적으로 생각하고 행동하기보다는 직속상관이나 인사권자의 의도에 따라 주어진 업무를 철저하게 처리하는 것이 가장 중요한 일이 된다.

이제 개방형 인사 구조, 수평적 조직 문화, 건강한 역량 경쟁, 공정한 평가와 보상, 자율과 분권, 참여와 토론이 활성화된 인사 시스템을 구축해야 한다. 토털 사커처럼 조직 구성원이 모두 하나가 되어 국민의 요구에 신속하게 대응하고, 변화와 성과를 위해 적극적으로 협력하며 움직여야 한다. 이를 위해서는 창의적 인재들을 격려하고, 도전하는 사람들을 지원하며, 적극적으로 행동하는 사람들을 칭찬하는 인간적 관료제로 바꿔 나가지 않으면 안 된다.

21 창의 인재, 그들은 유죄인가?

젊은이들의 눈에 비친 관료사회

안녕하세요. 2년차 현직 9급 공무원입니다. 공무원으로 일 년 반 정도 근무하면서 무능한 공무원들이 너무 많아서 화가 납니다. 잘릴 걱정 없다는 생각으로 배째라 드러눕는 공무원. 출장 달고 사라져서 퇴근 때 오는 공무원, 남들 일할 때 옆에서 드론 날리고 노는 공무원. 별의별 나태한 공무원들이 너무나도 많습니다. 같은 공무원으로서 진짜 화나고 분통 터지는 경우가 한두 번이 아닙니다. 한 명 두 명이면 사회 어느 곳에서든 겪을 수 있는 사람이라 하지만 너무나도 많습니다.

몇 년 전 한 젊은 공무원이 청와대 국민청원에 올린 내용이다. 지방의 어느 기관에서 근무하면서 직접 보고 느낀 신참 공무원의 참담한 심정이 담겨 있다. 현실에 안주하며 나태하기 짝이 없는 상사와 동료들에 대한 고발이었다. 특정 기관의 경험을 가지고 공직사회 전체를 말할 수는 없지만, 공직의 한 단면을 보여준 것만은 분명해 보인다.

이외에도 청와대 국민청원에는 공무원 관련 청원이 2만 건 넘게 올라와 있다. 젊은 9급 공무원이 말한 내용을 고스란히 국민의 목소리를 통해 확인할 수 있다. "국민 세금으로 가는 공무원 해외연수 특례 폐지를 청원합니다", "OOO XX 군수의 부당한 인사에 대한 국정감사를 요청합니다", "썩을 대로. 썩은. 대한민국. 공무원. 한심하다", "80년생 만 38살에 군인 연금 받는 대한민국, 미쳤군요", "공기업 평균 연봉 9,000만 원 돌파 미쳤군요", "정신 나간 공무원 자식들아 정신 좀 차려라!!!!", "공무원 수 50% 감원 청원!", "***동 주민센터 소속 공무원의 인격 모독을 고발합니다!", "신입 공무원이 상사 남자 공무원으로 인해 자살했답니다" 등등. 불철주야 헌신하고 봉사하는 공무원들에게 감사하고 칭찬할 일이 수백, 수만 가지이겠지만, 이런 글들을 접한 시민들은 또 얼마나 분노하고 있을까.

몇 년 전 A공공기관은 직원들을 상대로 "우리 조직이 망하는 길을 알려 주세요"라는 대담한 설문조사를 실시했다. 직원들의 솔직한 심정과 의견을 듣기 위해 익명으로 조사했는데, 기관장과 간부진은 설문 결과에 크게 놀라고 당황했다. 사원과 대리급 직원들의 현장 목소리는 심각한 수준이었다. "이대로 하면 절로 망함", "능력보단 친분과 아부로 승진하니까", "지금처럼만 하면 망할 거예요", "5년 후면 우린 망합니다", "무능한 임원들"…. 과장과 차장들의 답변도 이와 거의 비슷했다. "혈연, 지연, 학연", "나만 아니면 돼!", "고인 물은 썩는다. 회전문 인사", "애사심 없고 불만 있는 직원들이 많아질 때", "지금 같은 부서 이기주의가 더 심해지면…"

등을 꼽았다. 입에 담기 어려운 욕설도 많았다고 한다.

두 번째 질문은 조직 구성원들이 "가장 자주 하는 말과 행동은?"이었는데, 그 답변 역시 참담했다. 사원과 대리급이 가장 자주 하는 말은 "일하기 싫다", "짜증난다", "죄송합니다", "지긋지긋하다", "그만두고 싶다"였다. 과장과 차장들은 "해봤자 소용없다", "직원들이 너무 오래됐다", "우리가 제일 고생한다", "승진하기 어렵다", "규정 잘 지켜라. 튀지 마라. 중간만"이었다.

이런 불만을 제기하는 공무원들만을 비판할 수 있을까. 개인의 창의성을 말살하는 시스템의 결과라고 해석하면 개인의 책임을 너무 가볍게 생각하는 것일까.

관료제, 종말을 고하다

시골 소지주의 아들로 태어난 우크라이나 작가 니콜라이 바실리예비치 고골은 관리가 되려는 꿈을 안고 페테르부르크에 상경해 내무부에 들어가지만, 3개월 만에 그만둔다. 이러한 경험 때문인지 고골의 작품 중에는 자신이 직접 체험한 말단 관료사회를 다룬 단편이 유난히 많다. 그의 대표적 단편소설 중 하나인 「외투」는 가난에 시달리는 9급 서기의 말 못할 애환을 추억처럼 그리고 있다.

주인공 아까끼 아까끼예비치는 사무실에서 정서正書하는 일을 담당하는 말단 관리이다. 당시 9급 말단 관리는 "밟혀도 끽소리 한번 못하는 사람들을 억압하는 훌륭한 습성이 있는 온갖 종류의 작가들이 마음껏 놀려 대고 마구 비꼬는" 대상이었다.[67] "계장인지 무슨 대리라는 작자는 '정서해 주시오'라든가 '이거 재미있고 좋은 일감이지요'라는 기분 좋은 말 한마디 없이 코앞에 서류 뭉치를 불쑥 들이밀었다."[68] 그는 누가 이 일을 맡겼는지, 왜 이 일을 해야 하는지, 어떻게 하면 좋을 것인지 아무런 언급 없이 그저 종이만 바라보고 일했다고 묘사했다. 사실상 노예처럼 일하는 하급직 관리의 모습을 그린 것이다.

고위층 관리들도 관료주의에 빠져 있기는 마찬가지였다. 그는 "다른 사람들이 보기에는 별 볼일이 없는 자리를 대단히 중요한 것처럼 생각하고 자신의 중요성을 강화하기 위해 여러 가지 수단을 다 동원했다"고 묘사한다. "부하 관리들로 하여금 자신이 출근할 때 층계까지 나와서 맞도록 한다든지", "자신을 만나러 오는 사람들은 아무도 직접 방으로 들어오지 못하게 하고 반드시 경비원들을 통하게 한다든지", "14급 또는 13급에게, 12급은 9급이나 아니면 다른 관등에게 각각 보고를 하여 그 끝에 자신에게 보고가 들어오도록" 했다.[69] 자신의 권력과 직위를 과시하기 위한 관료들의 본능적 행태를 꼬집은 것이다. 직위를 과도하게 포장하고 공적 권력의 사유화를 당연시하는 고위층 관료사회의 일상을 조롱한 것이다.

영국의 소설가이자 비평가인 조지 오웰도 70년 전에 관료주의에 빠진 사무실을 묘사했다. 그의 대표작 『1984년』의 주인공 윈스턴 스미스는 피라미드형 건물의 진리성Ministry of Truth 기록국에 근무한다. 진리성은 보도, 연예, 교육, 예술을 관장하는 빅 브라더의 통치 기구이다. 기록국에서는 "수정해서 없애 버려야 할 모든 책과 신문 및 기록들을 찾아내어 정정하는 임무"를 맡고 있다.[70] 윈스턴은 그런 기록물들에 의한 거짓말이 역사가 되고 진실이 되는 충격적인 현실을 목격하고 소위 '이중사고'의 미궁 속으로 빠져든다.

'이중사고'란 알면서도 모른다는 것, 완전한 진실을 의식하면서도 꾸며 놓은 거짓말을 한다는 것, 과거의 본질상 변질될 수 없음에도 변하고 있는 것에 무의식이 되어 가는 과정을 말한다. 그는 "과거를 지배하는 자는 미래를 지배하고, 현재를 지배하는 자는 과거를 지배한다"는 당 슬로건을 실행하는 업무를 담당한다.[71] 극단적 관료주의가 아무런 의식 없이 만들어낸 거짓의 현실이 70여 년이 지난 지금은 사라졌을까?

우리 관료제도 예외라고 말할 수 있는가? 청와대 청원 사례나 공공기관 설문조사가 그 현실을 말해 주고 있다. 개인의 창의적 노력은 시스템의 지원이 없으면 꽃피우기가 힘들다.

『통치하기 어려운 나라』의 저자 오석홍 서울대 명예교수는 "모든 공무원들은 인간주의를 신봉하는 자유인"이 돼야 한다고 강조한다.[72] 개인의 가치와 창의력을 존중해야 스스로 동기를 유발하는 성취 지향적인 사람이 된다는 것이다. 조직이 개인을 철저하게 지배하는 관료제의 현실에 대한 역설적인 제안으로 생각된다. 그동안 제기된 수많은 민원과 불만은 상당부분 획일적이고 형식적인 관료주의에 억울하게 희생되고 있는 개인의 외침이 아니었던가. 급격한 정보화와 개인화 추세에도 불구하고 세계 어느 나라보다 고전적인 관료제를 지탱하는 힘은 과연 어디서 나오는 것일까.

2×2=5가 될 수 없는가?

　　미국의 유명 작가 니킬 서발은 『큐브: 칸막이 사무실의 은밀한 역사』에서 화이트칼라 사무실의 관료적 특성을 예리하게 묘사한다. 즉 사무실은 "과장된 악수와 공허한 친교의 공간이자 정신을 무디게 하는 지루한 작업과 개인의 고립이 존재하는 공간"이며,[73] "개인의 영혼을 갉아먹고 타고난 능력을 훼손하고 개인의 야생성을 조직의 변덕스러운 충동에 맞추도록 강요한다"는 것이다.[74] 개성과 자유가 사라진 딱딱한 사무실로 표상되는 우리 관료제의 단면을 말해 주는 것 같아 씁쓸하다.

　　남아프리카공화국 출신의 사회학자 레오 쿠퍼는 그의 저서 『제노사이드(인종학살): 20세기 정치적 활용』에서 관료제의 형식주의가 어떤 결과를 낳는지 이야기한다. 특별한 역할을 부여받은 나치 친위대 조직은 "엄청난 대량학살을 저지르고 있었음에도 이 거대한 관료 조직은 올바른 관료적 절차, 정확한 규정의 미세한 차이, 관료제적 규제의 소소한 사항, 그리고 법의 준수에 관심을 기울였다"는 것이다.[75] 관료주의의 형식주의가 반인륜적이고도 반사회적인 결과를 초래할 수 있음을 보여준 대표적 사례라 할 수 있다. 우리 관료제도 이러한 지적에서 완전히 자유롭다고 말할 수 있을까 생각해 본다.

　　극단적 관료주의는 개인들을 왜소화하고 집단 속의 미미한 존재로 전락시킨다. 러시아의 지성 도스토예프스키는 『지하로부터의 수기』라는 소설에서 관청의 인간을 "자기 자신을 기꺼이 인간이 아닌 생쥐로 간주해 버린"[76] 사람들로 묘사한다. 자신을 "정상적인 인간의 안티테제, 자연의 품이 아니라 증류기에서 나온 인간"으로서 강렬하게 의식하면서도 "자신의 안티테제 앞에서 완전히 항복"하는 인간이다.[77] 도스토예프스키는 이처럼 자연법적 규범에 매몰되어 자신의 의식과 영혼을 스스로 포기하는 관료제 속의 인간을 형상화하고 있다. "갑자기 밑도 끝도 없이 회의주의와 무심함의 주기가 엄습하면 그렇게 스스로 나 자신의 성마름과 결벽증을 비웃고 또 스스로 나 자신의 낭만주의를 힐난한다"고 자조하는 인간이다.[78]

우리 관료제는 이런 모습의 인간을 원할까? 그렇지는 않을 것이다. 하지만 현재의 시스템을 들여다보면 그런 인간이 되기를 원하고 있지 않나 의심이 든다. 공무원은 공식적 또는 비공식적으로 수많은 의무와 책임을 갖는다. 반면, 자유로운 사고와 행동을 할 수 있는 권리나 근거에 관한 규정은 거의 없다. 우리 국가공무원법 12개 장 중에서 권리를 규정한 장은 하나뿐이다. 나머지 11개 장은 대부분 의무나 책임을 강조하는 것들이다. '권리'나 '자유'라는 용어는 아예 없고, 의무는 총 17번, 책임은 23번이나 언급된다.

공직자로서 지녀야 할 책임과 의무가 중요하다는 것은 말할 나위가 없다. 다만 공직자도 국민의 한 사람으로서, 그리고 노동자의 한 사람으로서 가지고 있는 기본 권리와 자유가 있음에도 이에 대한 언급이 전혀 없다는 것은 과거 권위주의 정부의 공무원 제도와 거의 달라지지 않았음을 말해 준다. 권리와 자유의 보장 또는 확대라는 직접적인 표현이 아니더라도 권리와 자유를 제한하는 요건에 대한 설명도 거의 없다. 무차별적 제한과 억압의 가능성을 열어 둔 것과 크게 다르지 않다. 이와 같은 시스템에서 창의성을 발휘하라는 것은 연목구어緣木求魚와도 같다.

관료주의는 근본적으로 개인의 창의성을 거부한다. 관료주의는 2×2=4만을 주장하고 2×2=5가 될 수 있다는 가능성을 일절 부인한다. 그 역시 오랫동안 관리 생활을 했던 도스토예프스키는 2×2=4를 "어쨌거나 정말 참을 수 없는 것"이며 "정말로 뻔뻔스러움의 극치"라고 비판했다.[79] 그러면서 "2×2=4가 훌륭한 녀석이라는 점에는 동의하지만, 이것저것 다 칭찬할 바엔 2×2=5도 이따금씩은 정말 귀여운 녀석이 아닌가"[80] 하고 조심스럽게 새로운 길을 제안한다. 표준화된 이성과 규범만이 아니라 변덕스러운 욕망과 감정도 인간이 가진 순수함을 대변할 수 있음을 말한 것이다.

창업가형 국가, 파괴적으로 혁신해야

런던대학교 경제학과 마리아나 마추카토 교수는 그의 저서 『창업가형 국가』에서 국가 혁신을 위한 정부의 적극적이고 혁신적인 역할을 강조한다. 기존 경제학은 시장의 역할과 기능에 대한 환상에 사로잡혀 있다고 전제하면서, 이 경우 정부의 역할은 단순히 시장 실패를 치유하는 소극적인 시각에 머무르게 된다고 말한다. 하지만 실제 민간 기업의 혁신과 발전은 국가가 혁신을 주도하는 창업가형 국가의 역할을 했기 때문에 가능했다고 주장한다.

한마디로 정부는 관료주의의 상징이고 민간 기업은 기술혁신의 표상이라고 규정하는 것은 잘못됐다는 것이다. 기술혁신은 민간 기업만의 독자적이고 창의적인 노력의 결실이라기보다는 창업가형 정부가 미래를 위한 대규모 연구개발에 투자했기 때문이라는 것이다. 세계적 선도 기업인 애플이 아이팟, 아이폰, 아이패드를 개발하여 성공한 것도 결국 정부의 창의적이고 적극적인 투자에 힘입었다고 분석했다. 창업가형 정부의 역할과 책임을 강조한 것이다.

창업가형 정부는 기존 시스템의 파괴적 혁신을 요구한다. 하버드 경영대학원 클레이톤 크리스텐센 교수는 일찍이 '파괴적 혁신' 이론을 제시했다. 시장의 민심, 즉 고객의 속마음을 공략하여 단순하지만 편리하고 유용한 저가의 제품을 개발하는 것이다.[81] 우버와 에어앤비, 아마존, 애플처럼 고객의 마음속에 잠재해 있는 수요를 창출하는 것이다. '파괴적 혁신' 기업들이 대기업의 기존 시장을 파괴한 것이다. 기존 기업들이 기존 제품의 성능이나 품질을 조금씩 개선하는 '존속적 혁신'에만 몰두하고 있기 때문이다. 대기업의 오래된 경영 관행은 결국 자신의 족쇄가 된다.

공공부문도 이제 '파괴적 혁신'에 나서야 한다. 정책 수혜자인 국민이 진정 무엇을 원하는지 정확히 파악해야 한다. 잠재적 수요를 새롭게 창출하려는 노력이 필요하다. 저출산과 일자리, 중소기업과 청년실업 문제 모두 마찬가지다. 거대한 관료제의 경직성에 매몰된 정책은 실패할 수밖에 없다.

창업가형 정부를 위해서는 창업가형 관료가 필요하다. 행정학자 빅터 톰슨 교수는 그의 저서 『관료제와 혁신』에서 개인의 창의성을 확보하기 위한 4가지 조건을 제시한다. 심리적 안정과 자유의 보장, 투입 자원의 다양성 인정, 해결책 탐색을 위한 개인적 몰입, 적절한 구조와 우호적 경쟁이다. 개인의 창의성을 높이기 위한 방안으로는 직업적 전문성의 향상, 질서정연하지 않은 느슨한 구조, 분권화, 자유로운 의사소통, 프로젝트 중심 조직, 직무 순환, 집단적 의사결정 과정, 지속적인 구조 개편, 인센티브 시스템 강화, 관리 방식의 다양한 변화 등을 제시한다.[82] 지시와 명령으로 움직이는 것이 아니라 스스로 찾아서 일하고 책임을 다하는 능동적 인간을 만들어야 한다는 것이다.

창조적 비범함을 위하여

도스토예프스키는 『죄와 벌』에서 인간을 평범한 사람과 비범한 사람으로 구분한다. 주인공 라스콜니코프는 평범한 사람들은 보수적이고 점잖은 데다 순종하면서 자신과 비슷한 자들을 생산하는 사람들이고, 비범한 사람들은 법률을 넘어 "보다 더 나은 것의 이름으로 현재의 것을 파괴하길 요구"하며 "새로운 말을 할 수 있는 천부적인 재능과 능력"을 가진 사람들이라고 쓴다.[83] 비범한 사람들은 본성상 반드시 법과 규정을 위반하는 범죄자가 될 수밖에 없다는 것이다.

그에 따르면 "전자는 현재의 주인이며, 후자는 미래의 주인"이다.[84] "대중은 후자의 권리를 절대로 인정하지 않고 그들을 처형하고 목매달고, 완전히 옳은 일인데도 불구하고 보수적인 사명을 이행하고, 다음 세대에 가서는 그 대중이 처형된 자들을 단상 위에 세우고 그들에게 경배하는 것"이라고 말한다.[85] 비범한 사람들이 범죄를 저지를 권리를 인정한 셈이다. 도스토예프스키는 인간 유형을 극단적으로 비교하며 범죄에 이를 적용했지만, 창의성을 강조하는 현대 조직에서 인간의 비범한 성향이 어느 때보다 절실한 것만은 분명하다.

창조적 비범함은 일상생활에서 나온다. 어떤 생각을 하고 어떻게 행동하는지에 달려 있다. 15~16세기 이탈리아 르네상스를 대표하는 레오나르도 다빈치는 화가이자 발명가, 천문학자로서 창의적인 생활을 위한 20가지 수칙을 제시했다.[86]

첫 번째 수칙은 "호기심을 가져라"이다. 어느 누구보다도 창조적 인간이었던 그의 경험에서 나온 말이었다. 창의와 혁신을 위해서는 '가차없는' 호기심을 가져야 한다는 것이다. 특히 인간의 상상력을 자극하는 특이한 발상을 강조한다. "보이지 않는 것을 보라", "시각적으로 생각하라", "산만해져라", "미스터리를 받아들여라", "환상에 빠져 보라", "완전한 것을 나쁜 것으로 여겨라" 등이다. 새로운 아이디어를 만드는 구체적인 방법도 포함되어 있다. "관찰하라", "세세한 것부터 시작하라", "사실을 존중하라", "토끼굴 아래로 내려가라", "어린아이와 같은 경이로움을 가져라" 등이다.[87] 우리는 그의 제안을 몇 가지나 수용하고 실천하고 있을까.

하버드대 토드 로즈 교수는 그의 저서 『평균의 종말』에서 "개인들을 모두 평균에 맞추려는 조직은 성공할 수 없다"고 주장한다.[88] 개인들이 시스템에 맞추기보다는 시스템이 개인들에게 맞추어야 한다는 것이다. 평균 지향적 관료제의 현실은 말해 준 듯하다.

공직사회 내 젊은 세대 공무원들이 외치는 조용한 함성이 들린다. 병영관료제에서 벗어나 이들이 주체적으로 활동할 수 있는 새로운 시스템,

새로운 문화가 없다면 창조적 비범함은 요원한 일이다.

OECD는 2019년 35개 회원국과 5개 비회원국 장관 명의로 '공공부문 혁신 선언문Declaration on Public Sector Innovation'을 발표했다. 내용 중 하나가 "모든 공무원이 혁신할 수 있도록 장려하고 지원한다"는 것이다.[89]

구체적으로 "개방적인 문화, 시행착오를 통한 교훈, 칸막이 없는 협업을 통해 혁신할 수 있다는 것을 인정한다", "정부기관과 공무원이 적절한 위험을 감수하고, 새로운 생각·기술·일하는 방식을 핵심 과업으로 삼을 수 있도록 재량을 부여한다", "공무원이 보다 쉽게 혁신할 수 있는 체계·절차·근무환경을 제공하고, 혁신을 방해하는 요소를 지속적으로 알린다" 등이다.[90] 우리 공공부문도 개인의 창의와 혁신을 수용할 준비가 되어 있는가?

22 제5세대, 무엇을 원하는가?

스키피오와 파비우스의 논쟁

시오노 나나미의 『로마인 이야기』에는 에스파냐 전쟁을 승리로 이끈 30세 스키피오 장군과 원로원의 1인자 70세 파비우스 간에 벌어지는 논쟁이 나온다. 기원전 205년, 스키피오는 당시 집정관의 자격 연령이 40세였음에도 눈부신 전과를 인정받아 민회의 투표로 집정관에 선출된다. 집정관은 원로원 의원 중에서 군단을 직접 지휘할 수 있는 사령관으로 임명되며, 집정관의 임지는 원로원이 결정하게 되어 있었다.

그런데 젊은 스키피오는 한니발이 진치고 있는 이탈리아 남부가 아닌 한니발의 본거지인 아프리카 카르타고를 직접 공격하겠다고 주장한다. 이에 지구전을 통해 로마를 지탱한 최고의 공로자인 노정객老政客 파비우스는 아프리카 원정 실패의 역사와 현 상황을 고려할 때 이탈리아의 평화를 유지하는 것이 급선무이고 아프리카 공격은 다음 문제라고 주장한다.[91]

파비우스 : "의원 여러분, 우리가 젊은 나이에도 불구하고 스키피오를 집정관으로 인정한 것은 로마와 이탈리아를 위해서요. 스키피오가 개인의 야심을 만족시키도록 도와주기 위해서는 아닌 것이오. 로마는 영웅을 필요로 하지 않는 나라요."

스키피오 : "파비우스 막시무스, 그리고 원로원 의원 여러분, 저는 파비우스가 저를 반대하는 것이 질투 때문이라고는 절대로 생각하지 않습니다. 그리고 파비우스의 위대함을 능가할 생각은 전혀 없습니다."

파비우스 : "젊은이, 자네는 그때 태어나지 않아서 모를지도 모르지만, 우리한테는 제1차 포에니 전쟁 당시의 집정관인 레굴루스가 아프리카 원정에 실패한 쓰라린 경험이 있네."

스키피오 : "나는 젊어도 실전 경험은 젊지 않다고 자부합니다. 지금까지 성공한 방침도 필요하면 바꿔야 한다는 것입니다. 저는 지금이야말로 방침을 바꾸어야 할 때라고 생각합니다."

파비우스 : "먼저 해야 할 일은 이탈리아에서 다시 평화를 가져오는 것이오. 아프리카에 가서 싸우는 것은 그다음 문제요."

스키피오 : "저는 언젠가는 한니발과 대결할 것입니다. 하지만 한니발이 전쟁터에 나오기를 기다리지 않겠습니다. 제가 한니발을 전쟁터로 끌어내어 싸우겠습니다."

스키피오와 파비우스는 논쟁 끝에 의견을 절충하여 스키피오의 임지를 시칠리아로 정하는 것으로 마무리한다. 이탈리아 밖으로 나갈 수 있는 여지를 부여한 결정이었다. 이듬해 스키피오는 시칠리아를 보급 기지로 활용하여 카르타고에 상륙했고, 3년 후 카르타고 평원에서 치러진 자마 회전에서 승리를 거두어 로마의 평화를 되찾는다. 전쟁이 승리하기까지 다양한 요인이 작용했지만, 젊은이의 혁신 의지와 능력이 로마의 평화를 이끈 중요한 요소임에는 틀림없었다.

시오노 나나미는 이러한 논쟁에 대해 30세의 젊은 장군과 70세 노정객의 의견 대립은 나이 때문이 아니라 성공 때문이라고 해석했다. 성공이 사람을 완고하게 만든다는 것이다. 변혁이 필요한 상황에서도 성공을 경험했던 사람들은 성공으로부터 얻은 자신감으로 다른 길을 선택하기 어렵다는 것이다.

따라서 근본적인 개혁은 뛰어난 재능을 가지고 있으면서도 과거의 성공에 가담하지 않았던 사람만이 달성할 수 있다고 말한다.[92] 즉, 혁명적 사회 변화는 기성세대를 통해 이루어지기 어렵다는 것이다. 젊은 세대의 개혁적 마인드가 사회 개혁, 인사 개혁을 이끌 수 있다는 역사적 경험이기도 하다. 사회 원로들의 원숙함이 완고함이 되지 않고, 젊은 피를 유연하게 수용할 때에만 역사적 성공을 기대할 수 있을 것이다.

586세대가 2030년까지 지배할 것이다

세대란 "같은 시대에 살면서 공통의 의식을 가지는 비슷한 연령층의 사람 전체"를 말한다.[93] 공통된 경험을 통해 공통된 의식이 생겨나고 공통된 성향과 행태를 가지게 되는 것이다. 한 세대는 어린이가 어른이 되어 2세를 낳을 때까지 30년을 말하지만, 세대 개념은 시대와 국가에 따라 그 범위와 구분이 조금씩 다르다.

일반적인 세대 구분은 5세대이다. 미국을 중심으로 보면 '전통 세대'인 제1세대는 1925년 이후 1945년 이전에 태어난 세대를 말하고, '베이비부머'라 불리는 제2세대는 1945년 이후 1965년 이전에 태어난 세대이며, 'X세대'라 불리는 제3세대는 1965년 이후 1980년 이전에 태어난 세대이다. 'Y세대'라 불리는 제4세대는 1980년 이후 2000년까지 태어난 세대이며, 제5세대는 2000년 이후에 태어난 'Z세대'이다.[94]

이러한 세대 구분은 미국의 기준으로, 한국의 세대 구분과는 차이가 있다. 세계화와 정보화로 공통의 사건을 같이 경험하고 공통적인 생각을 공유하기도 하지만, 우리나라의 세대가 갖는 특성을 무시할 수 없다. 비록 한 세대가 살아온 연대기적 시대는 동일했을지라도 한국의 시대 흐름과 여건, 문화가 다르고, 각 세대가 공유했던 역사적 사건과 공유 가치도 다르기 때문이다. 미국의 작가이자 컨설턴트인 치프 에스피노자가 그의 책 『밀레니얼 관리하기Managing Millenials』에서 묘사한 세대별 특성을 우리나라에 적용해 보면 다음과 같다.[95]

우리나라에서 제1세대는 1953년 휴전 이전에 태어난 사람들이다. 일제강점기와 한국전쟁을 모두 경험한 세대로, 궁핍한 생활을 겪은 세대이다. 전통적 가치와 규범을 강조하고 충성심과 존경심을 중시한다. 권리보다는 의무와 책임을 강조하고, 폐쇄적이고 경직되어 있으며 완고하다. 또 안정성을 강조하고 위험을 감수하지 않는다.

제2세대는 1954년 이후 1971년 사이에 태어난 사람들로 보아야 한다.

한국에서 베이비부머 세대는 다르다. 한국전쟁이 끝난 직후인 1954년 출생자 수가 83만 명으로 급격히 증가했고, 1960년에는 108만 명으로 최고점을 기록했다. 이후 1971년까지 100만 명 이상의 출생자 수를 유지하다 1972년 이후 감소하기 시작했기 때문이다. 이들은 전후 복구와 정치 혼란, 경제성장의 태동기에 태어났다. 이들은 경쟁적이고 자기중심적이며, 권력 지향적이다. 업무를 강조하고 열심히 일하는 사람이 성공한다고 믿는다.

한국의 제3세대, 즉 X세대는 1971년부터 민주화 이후 1987년까지로 구분하는 것이 맞을 것이다. 1972년 10월 유신, 1980년 5월 광주민주화운동, 1987년 6월 민주항쟁 이전에 태어난 세대이다. 근대화와 민주화의 갈등 속에 태어났지만, 젊은 시절에 자유와 민주주의를 즐기면서 세계화와 정보화를 한 몸에 받고 자신만의 삶과 행복을 설계한 세대이다. 이들은 독립적이고 창의적이다. 기업가 정신이 강하고 실용적이다. 게으르고 유명인을 동경하고 환호한다. 생활을 위해 일한다.

한국에서 제4세대는 1988년부터 2002년 사이에 태어난 세대이다. 소위 90년대생이 대부분을 차지한다. 88올림픽, IMF 경제위기, 2002 월드컵이 시대적 환경이었다. 민주화·세계화·정보화의 성과를 모두 받고 자란 세대이다. 이로 인해 가치와 문화의 변화가 이전 세대와 가장 뚜렷하게 나타난다. 이들은 희망적이고, 자격을 갖추고 테크에 익숙하다. 성격이 급하고 버릇없고 무례하다. 함께 일하는 것을 좋아하고 협력적이다. 꿈을 가지고 좋아하는 일을 한다.

제5세대는 2003년 이후에 출생한 세대이다. 고령화, 출산율 저하, 정치 후퇴, 경제 불평등, 금융 위기, 부동산 위기, 18세 선거권, K-팝 등의 급격한 변화가 일어나 한국 사회의 어두운 미래를 처음으로 경험하고 있는 세대이다. 아직 직장을 다니지 않는다. 지난 국회의원 선거에서 최초로 투표권을 행사한 세대이다. 신기술에 민감하고 개인적이며 독립적이다. 경제를 우선시하고 소비에 적극적이다. 현실적이면서 신중하게 구매한다. 소셜미디어에 익숙하다.

이와 같이 한국과 미국의 세대 구분은 다르다. 뿐만 아니라 세대 구성도 다르다. 청년세대와 기성세대의 인구 비중을 보면 미국은 1·2세대가 차지하는 비중이 29% 정도인 반면, 한국은 31%이다. 4·5세대의 비중은 미국이 약 52%인 반면, 한국은 43%에 불과하다. 미국과 비교할 때 한국은 기성세대 비중이 높고 청년세대의 비중이 낮음을 알 수 있다. 이러한 세대별 인구 비중의 상대적 차이는 한국 청년 문제의 심각성을 말해 준다.

세대 구성과 관련하여 소위 '90년대생'과 '386(586)세대'의 인구 변화 추이를 보면 제5세대에 닥칠 위험한 미래를 예고하고 있다. 90년대생은 1990~1999년에 태어난 현재 20대 청년들이고, 386세대는 1960~1969년에 태어난 현재 50대 사람들이다. 2020년 1월 기준 통계청 조사 결과를 보면 90년대생은 총 700만 명이고, 386세대는 860만 명 정도다. 약 160만 명 차이가 난다. 전체 인구 중에서 차지하는 비율을 보면 각각 13.5%, 16.6%로 약 3%의 차이를 보인다. 절대적인 인구수를 보면 90년대생보다는 386세대가 많다는 것을 알 수 있다.

이보다 더 놀라운 사실은 2050년까지의 통계청 추계를 분석한 결과, 사망률을 감안할 때 두 세대의 인구 비중은 2045년에 동일해지고 그 이후가 되어야 90년대생이 역전한다는 것이다. 앞으로 35년 동안은 인구 구조상 90년대생이 386세대를 넘기 어렵다는 뜻이다. 현재 39세 이하인 세대가 55세 이후 세대를 10년 후인 2030년에 앞지르는 추이와 비교된다. 즉 386세대가 우리 사회에서 상당 기간 중추적 역할을 할 수밖에 없는 구조라는 것이다.

새파랗게 젊은 것들의 반란[96]

"새파랗게 젊은 것들에게 수모를 당하고 못해 먹겠다." 몇 년 전 국정감사를 받던 70대 한 기관장의 말이다. 자신보다 나이가 적은 사람에 대한 멸시와 비하의 속마음이 그대로 드러난다. 질문한 사람들이 50대 중반의 국회의원이었음에도 오직 나이가 자신보다 적다는 이유로 그들의 지위와 역할, 지식이나 능력은 철저하게 무시했다. 정작 나이를 이유로 수모당한 사람은 그 '젊은 것들'이 아니었을까.

우리의 현실을 보면, 로마 시대의 스키피오와 파비우스의 논쟁이 부러울 뿐이다. 대화 자체를 차단하고 거부하는 사례가 비일비재하기 때문이다. 박근혜 정부 때 비서실장이 청와대 직원 조회에서 "기러기는 날아갈 때 대장 기러기를 응원하며 힘을 보태야 한다"고 말한 적이 있다고 한다. 대통령을 보좌하는 비서실 직원들의 일사불란한 행동과 단합을 강조하면서 한 이야기이다. 기러기가 멀리 갈 수 있는 것은 함께 날아가기 때문이라는 점을 강조했겠지만, 그렇게 받아들였던 사람이 과연 몇이나 될까.

피터 밀러는 그의 저서 『스마트 스웜』에서 기러기 떼에는 명령하고 지휘하고 통제하는 '대장' 기러기가 없다고 썼다. 맨 앞의 기러기는 함께하는 동료일 뿐이다. 지치고 힘들면 서로 교대하면서 선두에 선다. 끊임없이 소통하고 공유하며 분권화된 시스템이다.

이러한 태도와 언행은 노인들에게만 나타나는 것이 아니다. 연령이나 지위 고하를 막론하고 어디서나 쉽게 볼 수 있는 우리 사회의 공공연한 일상이다. 10여 년 전, 40대 초반에 취임한 행정자치부 장관이 국회에서 호된 신고식을 치렀다. 당시 60대 중반의 국회의원으로부터 "젊은 나이에 장관 됐는데 기분 좋지요?", "아직 장관이 젊어서 잘 모를지 모르지만", "내가 나이도 장관보다 많고" 등 무수한 조롱을 받았다. 그는 결국 6개월 만에 물러났다.

나이를 들먹이며 행해지는 부당한 차별은 직장에서 더욱 심각하다. 20·30대가 치열한 경쟁을 뚫고 입사하면 직장에는 모두 '어른들'뿐이다. 10년 이상 자신을 낮추고 온갖 잡일 다 해가며 나이 든 선배와 상사를 모시다가 40대가 되어서야 겨우 한숨을 돌린다. 오죽하면 김용 세계은행 총재도 "입사 후 마흔이 되기 전까지 제 목소리를 낼 수 없었다"면서 "나이 차별이 있는 한 한국은 성공할 수 없다"고 했겠는가. 그래서인지 50대를 넘기면 이제부터 '내 맘대로 살아 보겠다'는 사람들이 많다.

이처럼 나이 차별은 우리 사회 전반에 뿌리 깊게 퍼져 있는 사회적 편견이다. 인간의 존엄과 가치를 해치고 성인의 권리를 훼손하는 악습이 아닐 수 없다. 또한 인간관계를 수직적으로 서열화함으로써 정상적인 대화와 토론을 가로막는다. 나아가 젊은 세대에게는 부당한 침묵을 강요하고 약자로서의 비굴함을 키운다. 최근 5년간 국가인권위원회의 차별 행위 상담 건수를 보면 나이와 사회적 신분에 의한 차별이 장애인과 성희롱 다음으로 많았다. 두 유형의 진정 접수 건수를 합하면 매년 200~300건으로 성희롱 진정 접수 건수를 능가한다.

연장자 중심의 제도와 관행도 바꾸어야 한다. 직장에서의 보수 지급 기준은 여전히 직무나 직급보다 나이와 근속 연수가 먼저다. 20대 후반에 입사해 30대, 40대까지 어렵고 힘들게 살다가 근속 호봉이 빵빵한 50대에 도달하면 악착같이 기득권을 지키는 세대 간의 차별적 악순환을 끊어야만 한다. 지난해 논란 끝에 확정된 공무원연금 제도의 개혁 역시 젊은 재직 공무원이나 신입 공무원들의 희생과 부담만을 더욱 키웠다는 평가를 받는다.

『청년을 위한 나라는 없다』의 저자 한윤형은 "20대는 386 부모 세대의 훼방만 이겨 낸다면 놀라운 잠재력을 발휘할 수 있다"고 주장한다. 그들이 "'집값'은 높이고 '사람값'은 낮추는 체제를 운용해 왔다"면서 "그 결과는 그 체제를 지지해 왔던 중산층 자신들의 자녀조차 월급으론 독립을 꿈꾸지 못하게 된 '멋진 신세계'다"라고 썼다. 그는 신세대였다. 그가 어떻게 살고 있는지 궁금해진다.

모 방송에서 인기를 누렸던 〈비정상회담〉이라는 프로그램에서 미국 대표였던 타일러는 나이가 어리고 지위가 낮다는 이유로 부당한 일도 참아 내는 우리들의 비정상을 "참지 말고 항의하라"고 일침을 놓는다. 한국을 방문하는 외국인들은 하나같이 나이 중심의 위계질서에 놀라움을 감추지 못한다. 우리 사회에서 나이가 계급과 권위가 아니라 존경과 감사의 상징이 될 수는 없을까.

제5세대, 그들은 인사혁명을 원한다

우리 사회에 밀레니얼 세대가 몰려오고 있다. 최근 10년 간 20만 명이 넘는 공무원이 신규로 채용되었다. 이제 중앙부처 공무원의 약 3분의 1은 20대와 30대이다. 이들은 개인적이고 독립적이며 실용적이다. 유튜브와 웹툰에 익숙하고 소셜미디어는 이들의 일상이다. 산업화나 민주화 시대보다는 IMF 경제위기와 촛불집회를 기억한다.

몇 년 전 한국을 방문한 마크 루터 네덜란드 총리가 대학생들과의 대화에서 "우리나라에는 위계질서가 없다. 한국 학생들이여, 와라"고 했다. 인터넷 카페, 블로그, 페이스북, 웹문서, 트위터에 환호가 넘쳤고 큰 반향을 일으켰다. 하지만 주요 일간신문에서 이에 대한 보도는 찾아볼 수 없었다.

스티브 잡스는 젊은 혁명가였다. 1984년 그는 애플사의 매킨토시 팀장으로서 개인용 데스크탑 컴퓨터를 처음으로 제작하여 출시했다. 컷과 페이스트를 할 수 있는 '마우스'를 처음으로 사용하게 했다. 스티브 잡스가 그 컴퓨터를 나이든 사람들에게 보여줬더니 가만히 앉아서 '그것이 무엇이냐(What is it)?'라고 하며 시큰둥했다. 반면 아홉 살짜리 아이에게 보여줬더니 "내가 그것으로 무엇을 할 수 있나요(What can I do with it)?"라고 물었다고 한다.

인류 역사의 가장 획기적인 발명품 중 하나를 어른들은 무관심과 냉소적인 태도로 대한 반면, 아이는 호기심 가득한 태도로 새로운 발명품의 실질적인 용도를 물었던 것이다. 이듬해 애플을 장악하고 있던 어른들은 30세의 청년 스티브 잡스를 해고했다.

그리고 12년 후 스티브 잡스는 자신의 실력으로 애플에 다시 복귀했다. 그는 기존 세대의 장벽을 뚫고 일어선 시대의 반항아였다. 한국에서도 이런 스티브 잡스가 나올 수 없을까.

빅토르 위고가 『레미제라블』에서 프랑스 혁명 후 구체제로 복귀하는 현실에 절망하면서도 희망을 잃지는 않았다. "1814년이라고 일컫는 저 불행한 과거가 되돌아온 후 기쁨은 사라져 버렸소. 슬프게도 작품이 미완성이었다는 걸 나도 인정하오. 우리는 현실에서는 구체제를 무너뜨렸지만, 사상에서는 그것을 완전히 소멸시킬 수 없었소. 폐습을 타파하는 것으로는 부족하오. 풍조를 바꾸어야 하오. 풍차는 없어졌지만 바람은 아직 남아 있소."[97]

1987년 민주혁명 후 30년이 지났다. 그 뒤로도 관료 시스템은 발전과 퇴행을 반복하고 있다. 아직도 19세기와 20세기에 머물러 있는 인사 제도를 21세기 시대에 맞게 바꿔야 한다. 조직 중심이 아니라 사람 중심의 조직을 만들어야 한다. 인사혁명은 다함께 행복한 조직을 만들기 위한 민주주의 혁명이다. 제도를 바꾸고 관행을 바꾸고 문화를 바꾸는 작업이다. 인간적이고 민주적인 조직을 위해 대한민국 인사혁명을 시작해야 한다. 그것이 새로운 시대, 새로운 세대를 위한 우리 시대의 책무가 아니겠는가.

미주

서문

1   한나 아렌트, 홍원표 옮김, 『혁명론』, 한길사, 2018, p.241.
2   Tapscott, D., *Grown up Digital*, Boston: McGraw-Hill Education, 2008.

Ⅰ 인사혁명 1 _ 인권

1   《뉴스타파》, 〈세월호 구조참사 110분의 기록〉, 2020.2.27. 동 자료에서 발췌하여
    활용한 내용임.
2   김영우, 「프랑스 공무원 제도의 경직성과 유연성: 주변국과의 비교 연구」, 『한국
    행정학보』, 36(1), 99-116, 2002, p.108.
3   막스 베버, 이상률 옮김, 『관료제』, 문예출판사, 2018, p.85.
4   Weber, M., *The Protestant Ethic and the "Spirit" of Capitalism and Other
    Writings*, Penguin, 2002.
5   막스 베버, 이상률 옮김, 『관료제』, 문예출판사, 2018, p.58.
6   앞의 책, p.71.
7   앞의 책, p.10, 49.
8   김용철, 『삼성을 생각한다』, 사회평론, 2010.
9   막스 베버, 앞의 책, p.85.
10 《경향신문》, 2020.1.31.
11 김구, 『백범일지』, 1988, 삼중당, p.283.
12 박노자, 『당신들의 대한민국』, 한겨레출판사, 2001.

13 우석훈·박권일, 『88만원 세대』, 레디앙, 2007.

14 장 폴 사르트르, 『말』, 민음사, 2008, p.96.

15 앞의 책, p.24.

16 우미형, 「공무원의 복종 의무와 그 한계−헌법 제7조와의 관계를 중심으로」, 『일감법학 38』, 2017, pp.358−360.

17 앞의 논문.

18 앞의 논문, pp.358−360.

19 Putnam Robert D., 안청시 등 옮김, 『사회적 자본과 민주주의』, 박영사, 2000, p.233.

20 앞의 책, p.231.

21 국회회의록, 19대 320회 법제사법위원회 국정감사, 2013.10.21, p.33.

22 앞의 자료, p.33.

23 http://www.businesspost.co.kr/BP?command=article_view&num=148861

24 오석홍·손태원·이창길 편저, 『조직학의 주요이론』, 법문사, 2019, pp.216−223; 스탠리 밀그램, 정태연 옮김, 『권위에 대한 복종』, 에코리브르, 2009.

25 데이비드 하비, 김병화 옮김, 『모더니티의 수도, 파리』, 글항아리, 2003, p.85.

26 한승주, 「공직생활의 소외 유형: 지방자치단체 중하위직 공무원을 대상으로」, 『한국행정학보』 48(4), 23−49, 2014, p.44.

27 막스 베버, 앞의 책.

28 막스 베버, 앞의 책.

29 Woodrow Wilson, "The Study of Administration," 1987.

30 Hilberg, Raul, *The Destruction of the European Jews,* 3rd edition, New Haven, CT: Yale University Press, 2003.

31 앞의 책.

32 지그문트 바우만, 정일준 옮김, 『현대성과 홀로코스트』, 새물결, 2013.

33 김두래, 「한국 행정관료의 정치적 중립성은 가능한가? 정치적 중립성의 비판적 이해와 정치적 통제의 병립 가능성」, 『한국행정학보』 54, no. 2, 2020, pp.3−31.

34 《매일경제》, 2018. 1. 12. https://www.mk.co.kr/opinion/contributors/view/2018/01/27922/

35 시오노 나나미, 김석희 옮김, 『로마인 이야기 9권 : 현제의 세기』, 한길사, 2006,

pp.166-167.

36 티모시 스나이더, 조행복 옮김, 『폭정』, 열린책들, 2017.

37 앞의 책, p.25.

38 Foucault, M., Translated by Alan Sheridan, *Discipline and Punish: The Birth of the Prison*, Vintage, 2012, p.195.

39 Mathiesen, T., *The Viewer Society: Michel Foucault's Panopticon' Revisited. Theoretical Criminology*, 1(2), 1997, pp.215-234.

40 De Tocqueville, A., *Democracy in America* (Vol. 10), Regnery Publishing, 2003[1835], p.296.

41 1980. 8. 6 조찬기도회, 전두환 국보위 상임위원장 연설문, 국가기록원 대통령 기록관 홈페이지 참조.

42 Fehrenbach, T. R., *This Kind of War: The Classic Korean War History*, Potomac Books, Inc., 2000, p.11.

43 시어도어 리드 페렌바크, 최필영·윤상용 옮김, 『이런 전쟁』, 플래닛미디어, 2019, p.11.

44 오석홍, 『통치하기 어려운 나라』, 법문사, 2018.

45 Foucault, M., Translated by Alan Sheridan, *Discipline and Punish: The Birth of the Prison*, Vintage, 2012, Translater's note.

46 국사편찬위원회 홈페이지, 조선왕조실록에서 검색한 내용임.
    http://sillok.history.go.kr/main/main.do

47 대통령기록관 홈페이지에서 역대 대통령의 연설문을 검색하여 확인했으며, 최근 두 명의 대통령의 경우, 정책 브리핑 홈페이지의 정책 DB에 나와 있는 대통령 연설문을 검색한 결과임.

48 대법원 2018. 8. 30. 선고 2016두60591 판결.

49 대법원 2018. 8. 30. 선고 2016두60591 판결.

50 대법원 2015. 11. 26. 선고 2013두13174 판결.

51 대법원 2015. 11. 26. 선고 2013두13174 판결.

52 대법원 2017. 4. 13. 선고 2014두8469 판결.

53 프리드리히 니체, 장희창 옮김, 『차라투스트라는 이렇게 말했다』, 민음사, 2019[2004], pp.35-38.

54　법정,『무소유』, 범우문고, 1976.

55　앞의 책.

56　Cooley, T. M., *A Treatise on the Law of Torts or the Wrongs Which Arises Independently of Contract*, Chicago: Callaghan & Co., 1888, p.29.

57　Warren, S. D. & Louis D. B., "The Right to Privacy," *Harvard Law Review*, 4: 1890, pp.193-220.

58　Prosser, W. L., "Privacy," *California Law Review*, 48: 1960, pp.383-389.

59　존 스튜어트 밀, 서병훈 옮김,『자유론』, 책세상, 2015[1859], p.38.

60　이민영,「미국의 언론보도와 프라이버시」,『세계 개인정보보호와 언론』, 한국언론재단, 2008, pp.75-123. p.80.

61　연합뉴스, 2017.6.16. https://www.yna.co.kr/view/AKR20170616180051004

62　제350회 국회 국무총리(이낙연) 임명동의안에 관한 인사청문특별위원회 회의록(2017.5.24.), p.11.

63　제374회 국회 법제사법위원회 국무위원 후보자(법무부장관 추미애) 인사청문회 회의록(2019.12.30.), pp.4-5.

64　이민영,「미국의 언론보도와 프라이버시」,『세계 개인정보보호와 언론』, 한국언론재단, 2008, pp.75-123. pp.80-95.

65　Feinberg, W., "Recent Developments in the Law of Privacy," *Columbia Law Review*, 1948, p. 713, 726.

66　이민영, 앞의 책. p.93.

67　이민영, 앞의 책, p.102.

68　Thompson, D. F., *Political Ethics and Public Office*, Harvard University Press, 1987, pp.134-135.

69　대법원 2018. 8. 30. 선고 2016두60591 판결.

70　Thompson, D. F., 앞의 책, pp.144-145.

71　Thompson, D. F., 앞의 책, p.143.

72　Thompson, D. F., 앞의 책, p.143.

73　이민영, 앞의 책, p.121.

74　정준현,「캐나다의 개인정보보호제도와 언론보도」,『개인정보보호와 언론』, 한국언론재단, 2008, 124-150, p.141.

75 한위수,「공인의 명예훼손 소송 관련 국내 판결의 경향」,『언론중재』 24: 2004, pp.22–39.

76 정준현, 앞의 논문.

77 손태규,「'현실적 악의 규정'에 대한 인식과 판단: 한국 법원과 외국 법원의 비교」, 『한국언론학보』 49-1, 2005, pp.192–220.

78 KBS News, 신재민 전 기재부 사무관 기자회견, 2019. 1. 1.

79 《한겨레신문》, 2019. 1. 2.

80 《경향신문》, 2016. 7. 8.

81 서울행정법원 2017. 9. 29. 선고 2016구합84665 판결 : 항소 [파면처분취소청구] > 종합법률정보 판례.

82 2019. 3. 20. H국장 페이스북.

83 2019. 8. 14. H국장 페이스북.

84 2019. 7. 11. 페이스북에 게시한 것으로 2019. 8. 22.《서울신문》 기사에서 인용된 문장임.

85 2009. 3. 2. H국장 페이스북.

86 2019. 12. 10 H국장 페이스북에 게시된 글로, 본인이 소청심사위원회에 참석하여 했던 발언.

87 2017. 7. 23. H국장 페이스북.

88 이승선,『표현의 자유를 구속하는 열 가지 판결』, 커뮤니케이션북스, 2014, p.3.

89 헌법재판소 2020.10.28. 선고2008헌마638 결정.

90 대법원 2012. 4. 19. 선고 2010도6388 전원합의체 판결 [국가공무원법위반·집회및시위에관한법률위반] > 종합법률정보 판례.

91 민주사회를위한변호사모임, 2018. 7. 26,「전교조 시국선언·김형근 교사 사건 재판 거래 의혹」, ISSUE PAPER, 2018-13.

92 국가인권위원회, 국가공무원 복무규정 개정안에 대한 의견 표명, 2009.11.17. 보도자료.

93 존 스튜어트 밀, 서병훈 옮김,『자유론』, 책세상, 2015, pp.36–37.

94 존 스튜어트 밀, 앞의 책, p.109.

95 Whyte, W. H., *The Organization Man*, University of Pennsylvania Press, 2013, p.12.

96   Graham, J. W., "An Essay on Organizational Citizenship Behavior," *Employee Responsibilities and Rights Journal*, 4(4), 1991, pp.249-270.

97   미연방특별조사국(Office of Special Counsel, OSC), Hatch Act Guidance on Social Media, 2018. https://osc.gov/Resources

Ⅱ   인사혁명 2 _ 공정

1   Kingston, R., *Bureaucrats and Bourgeois Society: Office Politics and Individual Credit in France 1789-1848*, Springer, 2012, p.144.

2   앞의 책, p.142.

3   앞의 책, p.144.

4   앞의 책, p.148, 151.

5   앞의 책, pp.142-143.

6   앞의 책, p.143.

7   앞의 책, pp.142-143.

8   Krislov, S., *Representative Bureaucracy*, Quid Pro Books, 2012.

9   앞의 책.

10   Kingsley, J. D., *Representative Bureaucracy: Classic Readingsand Continuing Controversies*, 1944, pp.12-18.

11   인사혁신처, 『2020 인사혁신통계연보』, 2020.

12   김수진, 「독일 공무원 승진 결정에 적용되는 '최고선택의 원칙'과 적극적 평등 실현을 위한 여성 우대조치의 관계 설정에 관한 연구」, 『법학논집』 23(1), 2018: 293-317, p.300.

13   김두래, 「한국 행정관료의 정치적 중립성은 가능한가? 정치적 중립성의 비판적 이해와 정치적 통제의 병립가능성」, 『한국행정학보』 54, no. 2, 2020, pp.3-31.

14   앞의 논문.

15   《오마이뉴스》, 2002.9.9. 노무현 후보, 안티 학벌 선언. http://www.ohmynews.com/NWS_Web/View/at_pg.aspx?CNTN_CD=A0000087134

16   《서울신문》, 2020. 3. 16. http://www.seoul.co.kr/news/newsView.php?id=20200316017002

17 앞의 기사.

18 『총무처연보 1981』(총무처 발간) 및 인사혁신처 홈페이지 통계 자료 활용.

19 고길곤·박치성, 「대학생의 직업 선택 동기와 공직 동기」, 『행정논총』 48(2), 2010, p.354.

20 Theriault, Sean M., "Patronage, the Pendleton Act, and the Power of the People," *Journal of Politics* 65, no. 1 (2003): 50-68.

21 Tenure in Office Act, 16th Congress, session I, chapter 102, 3 Stat. 582 (1820).

22 Theriault, Sean M. 앞의 논문, p.56.

23 앞의 논문, pp.57-58.

24 앞의 논문, pp.58-60.

25 Eric Hobsbaum, *The Age of Revolution 1789-1848*, Vintage Books, 1996 [1962], pp.189-191.

26 앞의 책, p.189.

27 앞의 책, pp.189-191.

28 Warwick, D. P., & Meade, M., *A Theory of Public Bureaucracy: Politics, Personality, and Organization in the State Department*, Harvard University Press, 1979.

29 앞의 책.

30 앞의 책.

31 Philip Geyelin, 1980 February The Atlantic, The craft and craftiness of Henry Kissubger, 1980. https://www.theatlantic.com/magazine/archive/1980/02/the-craft-and-craftiness-of-henry-kissinger/304010/

32 앞의 책.

33 행정부공무원노동조합 정책연구소, 『한국의 장관들』, 티핑포인트, 2016, p.34. 2008년 5월 5일 '진실화해를 위한 과거사정리위원회'의 결과보고서에서 인용.

34 앞의 책, p.34. 1980년에 시행했던 행정고시 24회와 25회 3차 면접 결과였음.

35 《한겨레신문》, 2015. 7. 7.
http://www.hani.co.kr/arti/society/society_general/699171.html

36 시오노 나나미, 김석희 옮김, 『로마인 이야기 7권: 악명 높은 황제들』, 한길사, 2006[1995], p.152.

37 시오노 나나미, 김석희 옮김, 『로마인 이야기 11권: 종말의 시작』, 한길사, 2006 [1995], p.279.

38 시오노 나나미, 김석희 옮김, 『로마인 이야기 7권: 악명 높은 황제들』, 한길사, 2006[1995], p.152, 244.

39 앞의 책, p.331.

40 앞의 책, p.407.

41 시오노 나나미, 김석희 옮김, 『로마인 이야기 9권: 현제의 세기, 한길사, 2006 [1995], pp.181-182.

42 한영우, 『과거, 출세의 사다리 4』, 지식산업사, 2013, pp.425-431.

43 앞의 책, pp.425-431.

44 앞의 책, p.12.

45 앞의 책, p.15.

46 앞의 책, p.18.

47 미야자키 타쿠마, 『소니 침몰』, 북쇼컴퍼니, 2006, pp.117-118.

48 앞의 책, pp.117-118

49 김용철, 『삼성을 생각한다』, 사회평론, 2010.

50 앞의 책.

51 Fukuyama, F., *The End of History and the Last Man*, Simon and Schuster, 2006, pp.146-147.

52 앞의 책, pp.146-147.

53 앞의 책, p.147.

54 강성훈, 「플라톤에서 영혼의 기개적 부분과 분노」, 『철학사상』, 2013, pp.33-65.

55 앞의 논문, pp.33-65.

56 앞의 논문, p.58.

57 앞의 논문, p.56.

58 Fukuyama, 앞의 책, p.182.

59 키케로, 허승일 옮김, 『키케로의 의무론』, 서광사, 1989, p.57.

60 Fukuyama, 앞의 책, p.182.

61 정재명, 『주요국의 공무원 인사제도에 관한 연구』, 한국행정연구원, 2006, p.146.

62 장호석, 「공직생활에 대한 인식 조사」, 한국행정연구원, 2012, p.69.

63 한국행정연구원, 「2019년 공직생활에 대한 인식 조사」, 2020, pp.74-78.

64 앞의 자료, pp.79-82.

65 일본 인사원 홈페이지. https://www.jinji.go.jp/kisoku/ichiran.html

66 국회의안정보시스템, [의안번호 1901511] 국가공무원법 일부개정법률안 (서영교 의원 등 13인), 2012. 9. 3.

67 정재명, 앞의 책, pp.209-211.

68 정재명, 앞의 책, pp.298-299.

69 Federal Ministry of the Interia, *The Federal Public Service*, 2014, p.40.

70 빅토르 위고, 정기수 옮김, 『레미제라블 1』, 민음사, 2017[1862], p.101.

71 이창길, 「고위공무원의 성격 유형과 직위 변화−관료제와 관료의 디커플링 (decoupling)」, 『한국정책학회보』 26(4), 2017, pp.35-64.

72 로렌스 피터, 레이먼드 헐, 나은경 옮김, 『피터의 원리』, 21세기북스, 2019, pp.23-24.

73 앞의 책, p.128.

74 앞의 책, p.128.

75 앞의 책, p.124.

76 Tanya Jansen, 2014, November 26, JFK and the Janitor: Understanding the WHY that is behind what we do. https://www.beqom.com/blog/jfk-and-the-janitor의 내용을 번역 정리한 것임.

77 위와 같음.

78 페터 한트케, 윤용호 옮김, 『페널티킥 앞에 선 골키퍼의 불안』, 민음사, 2009 [1970], p.120.

79 서울중앙지방법원 판결문, 2019. 7. 18. 선고 2019노424 판결.

80 앞의 판결문.

81 대법원 판결문, 2019도11698 직권남용권리행사방해, 2020. 1. 9.

82 《중앙일보》, '검사도 몰랐던 檢인사의 비밀 원칙, 안태근 판결문에 있다', 2020. 1. 8. 14:42. https://news.joins.com/article/23677012

83 《국민일보》, 2012. 7. 16. 이환범, 「정실문화라는 이름의 탐욕」, 2015 (이창길 외, 『대한민국정부를 바꿔라』, 올림, 2015, pp.110-111).

84 《경향신문》, 2020. 1. 5. (정동칼럼) '아이 캔 스픽', 임은정 울산지방검찰청검사.

85 앞의 칼럼.

86 정재명, 앞의 책, p.208.

87 Federal Ministry of the Interia, *The Federal Public Service*, 2014, p.54.

88 한병철, 『피로사회』, 문학과지성사, 2012, p.66.

89 앞의 책, p.83.

90 앞의 책, pp.43-44.

91 David, O., & Ted, G., *Reinventing Government: How the Entrepreneurial Spirit Is Transforming the Public Sector,* 1992.

92 Weitzman, M. L., The "Ratchet Principle" and Performance Incentives, *The Bell Journal of Economics*, 1980, pp.302-308.

93 최성락·박민정, 「성과관리 도입과 관료의 대응: 톱니효과를 중심으로」, 『행정논총』 46(2), 2008, p.156.

94 Cappelli, P., & Tavis, A., "The Performance Management Revolution, *Harvard Business Review*, 94(10), 2016, pp.58-67.

95 팀 베이커, 구세희 옮김, 『평가제도를 버려라』, 책담, 2016.

96 앞의 책, pp.30-35.

97 앞의 책, pp.35-40.

98 Barankay, Iwan, "Rank Incentives: Evidence from a Randomized Workplace Experiment," 2012.

99 Donna Morris, Death to the Performance Review: How Adobe Reinvented Performance Management and Transformed Its Business, *WorldatWork Journal*, 2016, Second Quarter, pp.28-28.

100 팀 베이커, 앞의 책, pp.205-210.

101 앞의 책, p.270.

102 라즐로 복, 이경식 옮김, 『구글의 아침은 자유가 시작된다』, RHK, 2015, p.309.

103 앞의 책, p.307.

104 Putnam Robert D., 안청시 외 옮김, 『사회적 자본과 민주주의』, 박영사, 2000 [1994], p.293.

105 정재명, 앞의 책, p.154.

106 정재명, 앞의 책, p.155 (이상 인사원 규칙 10-2 제2조).

107 Federal Ministry of the Interior, *The Federal Public Service*, 2014, p.52.

108 시오노 나나미, 김석희 옮김, 『로마인 이야기 11권: 종말의 시작』, 한길사, 2006 [1995], pp.134-135.

109 De Tocqueville, Alexis, *Democracy in America*, Vol. 10, Regnery Publishing, 2003, pp.147-150.

110 https://www.erieri.com/salary/job/president/united-states 및 https://www.erieri.com/salary/job/president/france

111 Ministry of the Civil Service, The French Civil Service: Key figures for 2016). No.30에 근거하여 계산한 것임.

112 미국 인사관리처(OPM) 홈페이지, SalaryTable-2020-GS.

113 Government Office of Slovakia, Remuneration and Benefits in Central Government Civil Service in the EU Member States and European Commission, 2017, p.13.

114 《동아일보》, 1960. 7.19. 네이버 뉴스 라이브러리에서 검색하여 활용함. https://newslibrary.naver.com/viewer/index.nhn?articleId=19600 71900209104001&editNo=2&printCount=1&publishDate=1960-07-19&officeId=00020&pageNo=4&printNo=11792&publishType=00010

115 이주호·최슬기, 앞의 책, 2015.

116 줄리언 반스, 송은주 역, 『시대의 소음』, 다산책방, 2017.

117 양현모, 『독일정부론』, 대영문화사, 2006.

118 정재명, 앞의 책, p.210.

119 위와 같음.

120 김하영, 「직무급제는 공정한 임금체계인가?」, 『노동자연대』 260호, 2018.

121 앞의 책.

Ⅲ 인사혁명 3 _ 영혼

1 프란츠 카프카, 권혁준 옮김, 『소송』, 문학동네, 2010, p.184.

2 앞의 책, p.184.

3 앞의 책, p.190.

4 《경기매일》 2019.10.13. '20년 옥살이' 화성 8차 범인, 재심 무죄·배상 가능성?, http://www.kgmaeil.net/news/articleView.html?idxno=222933

5 KBS 뉴스, 2020. 1.8. [김경래의 최강시사] '특진에 눈먼 경찰은 물고문, 검찰은 슬리퍼로 뺨 때려'. http://mn.kbs.co.kr/news/view.do?ncd=4358087

6 Lance Schlihiter, *The Rules of Government*, Donlan Publishing, 2018.

7 프란츠 카프카, 앞의 책, pp.145-146.

8 레프 톨스토이, 박형규 옮김, 『부활 2』, 민음사, 2018[1899], p.201.

9 앞의 책, p.216.

10 앞의 책, p.218.

11 지그문트 바우만, 이일수 옮김, 『액체 근대』, 강, 2009.

12 리처드 H. 탈러, 캐스 R. 선스타인, 안진환 역, 『넛지』, 리더스북, 2009.

13 앞의 책.

14 앞의 책.

15 키케로, 허승일 옮김, 『키케로의 의무론』, 서광사, 1989, p.48.

16 앞의 책, p.49.

17 Worsley, P., *Marx and Marxism*, Routledge, 2013, p.23.

18 앞의 책, p.25.

19 조희연 교육감 블로그, 2016.4.1. http://blog.naver.com/chohiyeon/ 220671408879

20 오마이뉴스, 2019.12.18. http://www.ohmynews.com/NWS_Web/View/ at_pg.aspx?CNTN_CD=A0002597044

21 박석무, 『풀어쓰는 다산 이야기』, 다산을 감동시킨 어진 목민관(1107회, 2019. 4.6), 다산연구소, 2019.

22 Putnam Robert D., 안청시 외 옮김, 『사회적 자본과 민주주의』, 박영사, 2000, p.289.

23 Robertson, B. J., *Holacracy: The New Management System for a Rapidly Changing World*, Henry Holt and Company, 2015.

24 http://www.garyhamel.com/humanocracy and Hamel, G., & Zanini, M., "The End of Bureaucracy", *Harvard Business Review*, 96(6), 2018, pp.50-59.

25   Hamel, G., & Zanini, M., 앞의 글, pp.50-59.

26   오석홍·손태원·이창길, 『조직학의 주요이론』(제5판), 법문사, pp.254-255.

27   서울대 행정대학원 부설 한국행정조사연구소, "서울-부산간 고속도로 건설". 『한국행정사례집』, 1974, p.215; 노화준, 「한국 관료의 정책역량 변화」,『행정논총』, 34(2), 1996, 147-173, pp.163-164에서 재인용함.

28   노화준, 앞의 논문, p.171.

29   문명재·박진·이주호, 『한국 공공인력의 역량에 대한 실증 분석』, 한국개발연구원, 2015, p.125.

30   앞의 책, p.126.

31   앞의 책, p.89.

32   이주호·최슬기, 앞의 책, p.89.

33   플라톤, 이환 편역, 『국가론』, 돋을새김, 2006, p.74.

34   앞의 책, p.106.

35   앞의 책.

36   박동서, 「국정의 발전과 엘리트 관료의 양성」, 『행정논총』 23(1), 1985, pp.4-5.

37   문명재·박진·이주호, 앞의 책.

38   이창길, 「직무 역량의 기대 격차에 관한 연구」, 『인사행정학회보』 7, 2008, pp.87-115.

39   인사혁신처, 2020. 3. 15. http://www.mpm.go.kr/mpm/info/infoBiz/compAppr/compAppr01/

40   인사혁신처, 2020. 3. 15. http://www.mpm.go.kr/mpm/info/infoBiz/compAppr/compAppr02/

41   문명재·박진·이주호, 앞의 책.

42   이창길, '면접시험, 이제 인성보다 역량이다', 《서울신문》 열린광장, 2017.

43   박동서, 「국정의 발전과 엘리트 관료의 양성」, 『행정논총』 23(1), 1985, pp.4-5.

44   문명재·박진·이주호, 앞의 책, p.132.

45   인사혁신처, 2020.3.15. http://www.mpm.go.kr/mpm/info/infoBiz/

46   문명재·박진·이주호, 앞의 책.

47   일본 인사원 홈페이지에 나왔던 일본 국가공무원법 참조.

48   한나 아렌트, 김선욱 옮김, 『예루살렘의 아이히만』, 한길사, 2006, p.74.

49   앞의 책, p.343.

50   앞의 책, p.116.

51   앞의 책, p.245.

52   앞의 책, p.115.

53   감사원 감사 결과보고서, 문화체육관광부 기관운영 감사결과(특정 문화예술인·
      단체 부당지원 배제), 2017. 6. 13.

54   문화예술계 블랙리스트 진상조사 및 제도개선위원회, 2018.5.8. 진상조사 및
      제도개선 결과 종합발표.

55   감사원 감사 결과보고서, 문화체육관광부 기관운영 감사결과(재단법인 설립
      허가 업무 부당 처리), 2017. 6. 13.

56   위 보고서.

57   위 보고서.

58   알베르 카뮈, 김화영 옮김, 『페스트』, 민음사, 2011, p.393.

59   앞의 책.

60   알베르 카뮈, 김화영 역, 『반항하는 인간』, 책세상, 2003.

61   앞의 책.

62   대한의사협회 홈페이지 참조.

63   메디칼업저버(http://www.monews.co.kr) 2017.09.08.
      http://www.monews.co.kr/news/articleView.html?idxno=105388

64   《한국일보》 2020.03.12. 12:57 "이해찬 "홍남기 해임 건의할 수도"… 추경 증액
      반대에 격앙.

65   《경향신문》, 2019. 1. 19.

66   경제정의실천시민연합, 2018.11.09 보도자료.

67   Teodoro, M. P., "Bureaucratic Ambition: Careers, Motives, and the Innovative
      Administrator", *JHU Press*, 2011, pp.174-177.

68   앞의 책. p.175.

69   앞의 책, p.176.

70   윌리엄 이스털리, 김홍식 옮김, 『전문가의 독재: 경제학자, 독재자 그리고
      빈자들의 잊힌 권리』, 열린책들, 2016.

71   앞의 책, pp.20-24.

72   앞의 책, p.111.

73   앞의 책, p.529.

74   E. H. 카, 김택현 옮김, 『역사란 무엇인가』, 까치출판사, 1997[1961], p.229.

75   앤디 메리필드, 박준형 옮김, 『아마추어, 영혼 없는 전문가에 맞서는 사람들』, 한빛비즈, 2018, p.40.

76   Edwad Said, BBC Radio Lecture, 1992.
      https://www.youtube.com/watch?v=7R-mOAtzEc4

77   앞의 자료.

78   앞의 자료.

79   앤디 메리필드, 박준형 옮김, 앞의 책, p.40.

80   Hannan, M. T., & Freeman, J., "The Population Ecology of Organizations," *American Journal of Sociology*, 82(5), 1977: 929-964. p.946.

81   앞의 논문, p.947.

82   티모시 스나이더, 조행복 옮김, 『폭정』, 열린책들, 2017, p.52.

83   장하준, 이종태 옮김, 『국가의 역할』, 부키, 2006.

84   Hibbert, C., *The French Revolution*, Penguin UK, 1982, pp.72-77 내용을 요약하여 정리한 내용임.

85   앞의 책. p.77.

86   앞의 책. p.78.

87   앞의 책, p.78.

88   앞의 책, p.78.

89   조지프 스티글리츠, 이순희 옮김, 『불평등의 대가』, 열린책들, 2014, pp.408-411.

90   앞의 책. p.409.

91   앞의 책. p.409.

92   De Tocqueville, A., *Democracy in America* (Vol. 10), Regnery Publishing, 2003[1835], pp.122-123.

93   앞의 책, pp.122-123.

94   류시조, 「한국 헌법상의 정치적 중립성에 관한 연구」. 『공법학 연구』 16(1), 2015, pp.49-70, p.60.

95   안주열, 「공무원의 정치적 중립성에 관한 헌법적 고찰」, 『한국자치행정학보』 23(2), 2009, p.416.

96   Federal Ministry of the Interior, *The Federal Public Service*, 2014, p.38.

97   권상대, 「미국 공무원의 정치활동 및 집단행동 규제」, 『국외훈련검사 연구 논문집』 제27집, 2012, pp.683-793, p.686.

98   국회의안정보시스템, [의안번호 2008346] 국가공무원법 일부개정법률안 (이재정 의원 등 30인). 2017. 8. 2.

99   국회의안정보시스템, [의안번호 2005938] 국가공무원법 일부개정법률안 (윤소하 의원 등 10인) 2017. 3. 2.

100   크리스티안 아만푸어 인터뷰, 2018.8.25. https://www.youtube.com/watch?v= Hn8PkpWvqMs&list=LLmx7TY-kzM4krQZ5Rvb8NbQ&index=919

101   앞의 자료.

102   김두래, 「한국 행정관료의 정치적 중립성은 가능한가? 정치적 중립성의 비판적 이해와 정치적 통제의 병립 가능성」, 『한국행정학보』 54(2):3-31, 2020, p.6.

103   앞의 논문, p.6.

104   참여연대 공개좌담회, 2010.2.25. 교원·공무원과 정치적 기본권, 의정감시센터. http://www.peoplepower21.org/Politics/543073

105   시오노 나나미, 김석희 옮김, 『로마인 이야기 6권 : 팍스 로마나』, 한길사, 1995(2006), p.169.

106   참여연대 공개좌담회, 2010.2.25. 교원·공무원과 정치적 기본권, 의정감시센터. http://www.peoplepower21.org/Politics/543073

107   앞의 자료.

108   이한태, 「공무원의 '정치적' 표현의 자유」, 뉴스티엔티, 2018. 1.30.

109   국가인권위원회, 공무원·교원의 정치적 자유 보장에 대한 권고 결정, 2019. 4.19.

110   국회의안정보시스템, [의안번호 2008346] 국가공무원법 일부개정법률안 (이재정 의원 등 30인), 2017. 8. 2.

111   《매일경제신문》, 2019. 11.19. https://www.mk.co.kr/news/world/view/ 2019/11/961769/

112   《한겨레신문》, 1988. 10. 6.

113   Topography of Terror, Andreas Nachama, 2010.

114   앞의 책.

115   Von Preradovich, Nikolaus, *Die Generale der Waffen-SS*, Kurt Vowinckel Verlag KG, 1985.

116 앞의 자료. 위키피디아/ https://en.wikipedia.org/wiki/Maximilian_von_Herff

117 프란츠 카프카, 권혁준 옮김, 『소송』, 문학동네, 2010[1925], p. 271.

118 앞의 책, p.272.

119 이창길, 『인적자원행정론』, 법문사, 2019, p.70.

120 미국 인적자본법.

121 기획재정부와 그 소속 기관 직제 시행규칙.

122 이창길, 「공공기관 과연 꿈의 직장인가: 인사만족도 높여야」, 재정경제연구원, 2015.

123 박경철, '공무원 클린 인사 선언' 관심, 소통뉴스.
     http://www.sotongnews.com, 2014.05.30.

IV 인사혁명 4 _ 민주

1   김구, 『백범일지』, 삼중당, 1988, p.285.

2   지그문트 바우만, 정일준 역, 『현대성과 홀로코스트』, 새물결, 2013[1989], pp.194-195.

3   Carnevale, D. G., & Stivers, C., *Knowledge and Power in Public Bureau-cracies: From Pyramid to Circle*, Routledge, 2019, pp.3-4.

4   앞의 책, pp.5-6.

5   앞의 책, p.10.

6   Mason, Ronald Milton, *Participatory and Workplace Democracy*, PhD diss., University of Iowa, 1976.

7   앞의 책.

8   Dahl, R., *A Preface to Economic Democracy*, Berkeley, CA: University of California Press, 1985, p.111.

9   Rawls, J., *Justice as Fairness: A Restatement*, Harvard University Press, 2001, p.178.

10 Landemore, H., & Ferreras, I., "In defense of workplace democracy: Towards a justification of the firm-state analogy," *Political Theory*, 44(1), 2016, pp.53-81.

11   앞의 논문.

12   William Rainey Harper, *The University and Democracy*, 1899. Cited by Benson, L., Harkavy, I. R., & Puckett, J. L., *Dewey's Dream: Universities and Democracies in an Age of Education Reform: Civil Society, Public Schools, and Democratic Citizenship*, Temple University Press, 2007, p.13.

13   앞의 책, p.18.

14   Dewey, J., *Democracy and Education: An Introduction to the Philosophy of Education*, Macmillan, 1923.

15   앞의 책.

16   앞의 책.

17   《조선일보》 2020. 5. 25. https://www.chosun.com/site/data/html_dir/2020/ 05/25/2020052501585.html

18   〈김현정의 뉴스쇼〉, 권영철 CBS 선임기자, 2018. 1. 26. https://www.nocutnews.co.kr/news/4913183

19   Marc Bloch, *Strange Defeat*, Amaxon.com (Kindle edition), Location 2684, 1940[2018].

20   Schutz, A., *John Dewey's Conundrum: Can Democratic Schools Empower?*, Teachers College Record, 103(2), 267-302. 2001, p.282.

21   Putnam Robert D., 안청시 등 옮김, 『사회적 자본과 민주주의』, 박영사, 1994, p.139.

22   Dahl, R. A., *On Democracy*, Yale University Press, 2008, pp.37-38.

23   정세욱(1995), 지방자치. 2020. 3. 16. 검색. 한국민족문화대백과사전. https:// encykorea.aks.ac.kr/Contents/Item/E0054202

24   위와 같음.

25   행정부공무원노동조합 정책연구소, 『한국의 장관들』, 티핑포인트, 2016, p.650.

26   앞의 책, p.690.

27   박남춘, 『대통령의 인사』, 책보세, 2013.

28   《한겨레신문》, 2010. 8. 5, '박영준 라인 질기다'. http://h21.hani.co.kr/arti/ special/special_general/27885.html 2020.3.17. 검색.

29 《허핑턴포스트》, 2015.2.24, '박근혜 정부 수첩인사의 비극은 계속된다'. https://www.huffingtonpost.kr/2015/02/23/story_n_6740460.html 2020.3.17. 검색

30 《조선일보》, 2014. 7. 2. http://news.chosun.com/site/data/html_dir/2014/07/02/2014070204338.html

31 http://news.jtbc.joins.com/article/article.aspx?news_id=NB10228224

32 박동서, 「인사행정의 결정권」, 『행정논총』 27(2), 1989, p.33.

33 정재명, 『주요국의 공무원 인사제도에 관한 연구』, 한국행정연구원, 2006, p.208.

34 앞의 책, p.201.

35 Federal Ministry of the Interia, *The Federal Public Service*, 2014, p.41.

36 국회의안정보시스템, [의안번호 2016695] 국가공무원법 일부개정법률안 (곽대훈 의원 등 10인), 2018.11.20.

37 독일 공무원과의 인터뷰, 2019.10.9.

38 Federal Ministry of the Interior, *The Federal Public Service*, 2014, p.48.

39 앞의 책, pp.76-77.

40 앞의 자료.

41 앞의 책, pp.77-78.

42 정재명, 앞의 책, p.236.

43 정재명, 앞의 책, pp.193-194.

44 정재명, 앞의 책, pp.193-195.

45 행정부공무원노동조합 정책연구소, 『한국의 장관들』. 티핑포인트, 2016, p.34.

46 장택상, 『대한민국 건국과 나』, 창랑기념사업회, 1992, p.85.

47 정재명, 앞의 책, p.162.

48 《한겨레21》, 2007. 8.16. 제673호.

49 고용노동부, 『공무원 단체교섭 대상 판단 업무 매뉴얼』, 2019, pp.21-35.

50 노광표, 「노동자 경영참여와 노동이사제: 서울시 사례를 중심으로」, 한국노동사회연구소(KLSI), 『이슈페이퍼』, 2020.

51 Kingston, R., *Bureaucrats and Bourgeois Society: Office Politics and Individual Credit in France 1789-1848*, Springer, 2012, p.146.

52 앞의 책, p.145.

53 앞의 책, p.147.

54 앞의 책, pp.150-151.

55 앞의 책, p.153.

56 이창길, 『인적자원행정론』, 법문사, 2019, p.128을 참조하여 저자가 추가로 수정 보완한 내용임.

57 제프 앵거스, 황희창 옮김, 『메이저리그 경영학』, 부키, 2009.

58 이 내용은 Malcom Gladwell 2002 & 2010, McLean & Elkind 2003, and Spector B., 2003 참조하여 정리한 것임(이창길, 『인적자원행정론』, 법문사, 2019, p.8에서 인용).

59 위와 같음.

60 FIFA 홈페이지. https://origin.fifa.com/fifa-tournaments/statistics-and-records/worldcup/index.html

61 데즈먼드 모리스, 이주만 옮김, 『축구종족(The Soccer Tribe)』, 한스미디어, 2016, p.99.

62 Total Football, Johan Cruyff & The Dutch Team of the 1970s. https://www.youtube.com/watch?v=diojIrUZcD0

63 데즈먼드 모리스, 앞의 책, p.99.

64 https://yachuk.com/news/articleView.html?idxno=17482

65 Total Football, Johan Cruyff & The Dutch Team of the 1970s. https://www.youtube.com/watch?v=diojIrUZcD0

66 Teodoro, M. P., *Bureaucratic Ambition: Careers, Motives, and the Innovative Administrator*, JHU Press, 2011, pp.14-15.

67 니콜라이 고골, 조주관 옮김, 『외투(뻬쩨르부르크 이야기)』, 민음사, 2018 [1842], p.56.

68 앞의 책, p.58.

69 앞의 책, p.58.

70 조지 오웰, 『1984년』, 1957, p.44.

71 앞의 책, p.44.

72 오석홍, 『통치하기 어려운 나라』, 법문사, 2019.

73 니킬 서발, 『큐브, 칸막이의 은밀한 역사』, 이마출판사, 2014, p.18.

74 앞의 책, p.228.

75 Kuper, L., *Genocide: Its Political Use in the Twentieth Century*, Yale University Press, 1981, p.121.

76 표도르 도스토예프스키, 김연경 옮김, 『지하로부터의 수기』, 민음사, 2017, p.20.

77 앞의 책, p.20.

78 앞의 책. p.74.

79 앞의 책, p.59.

80 앞의 책, p.57.

81 Christensen, C. M., Horn, M. B., & Johnson, C. W., *Disrupting Class: How Disruptive Innovation Will Change the Way the World Learns* (Vol. 1), New York: McGraw-Hill, 2011.

82 Thompson, V. A., "Bureaucracy and Innovation," *Administrative Science Quarterly*, 1-20, 1965.

83 표도르 도스도예프스키, 김연경 옮김, 2012, 『죄와 벌 1』, 민음사, 2012, p.469.

84 앞의 책, p.470.

85 앞의 책, p.470.

86 Isaacson, W., *Leonardo da Vinci: la biografía*, Debate, 2018.

87 앞의 책.

88 토드 로즈, 정미나 옮김, 『평균의 종말』, 21세기북스, 2018.

89 OECD, Declaration to Public Sector Innovation, Paris, 2019.

90 위와 같음.

91 시오노 나나미, 김석희 옮김, 『로마인 이야기 2권:한니발 전쟁』, 한길사, 2006 [1995], pp.318-322. 소설에 있는 변론을 구분하여 대화체로 수정한 것임.

92 앞의 책, p.321.

93 네이버 국어사전. https://ko.dict.naver.com/#/main

94 Espinoza, C., & Ukleja, M., *Managing the Millennials: Discover the Core Competencies for Managing Today's Workforce*, John Wiley & Sons, 2016.

95 앞의 책. pp.20-22.

96 《서울신문》, 2016.10.11. https://www.seoul.co.kr/news/newsView.php?id=
    20161011030007#csidx7c34e4618e3bae6aab426435f51907c

97 빅토르 위고, 정기수 옮김, 『레미제라블 1』, 민음사, 2017, pp.77-78.

대한민국 인사혁명
휴머니즘 인사혁명을 위한 22가지 질문

초판 1쇄 펴낸날 2020년 11월 12일
초판 2쇄 펴낸날 2020년 12월 2일

지은이 이창길

펴낸이 최윤정
펴낸곳 도서출판 나무와숲 | 등록 2001-000095
주소 서울특별시 송파구 올림픽로 336 1704호(방이동, 대우유토피아빌딩)
전화 02)3474-1114 | 팩스 02)3474-1113 | e-mail : namuwasup@namuwasup.com

ISBN 978-89-93632-81-1   03320

• 이 도서의 국립중앙도서관 출판예정도서목록(CIP)은 서지정보유통지원시스템 홈페이지
  (http://seoji.nl.go.kr)와 국가자료종합목록 구축시스템(http://kolis-net.nl.go.kr)에서
  이용하실 수 있습니다. (CIP 제어번호 : CIP2020047137)